English Interview for Cabin Crew

Mastering English Interviewing Skills

항공 승무원을 위한 **영어 인터뷰**

영어 면접 기술 습득

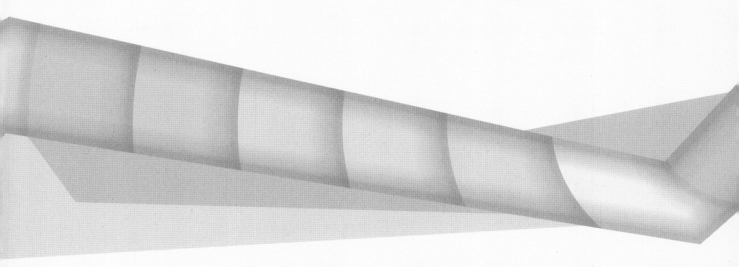

English Interview
for Cabin Crew
Mastering English Interviewing Skills

 Preface

English Interview for Cabin Crew is an ideal book for all prospective job seeking second language students to gain practical English interviewing skills. This book can be used by all students, especially for second language learners in various majors, including but not limited to, airline services, tourism, business and administration and English. One of the main goals of this book is to help English language students to communicate meaningfully and confidently in English during their job interviews. There are English interview books available for students wishing to become airline cabin crews; however, there is none that focuses on grammar structures and communication components to help students to use English meaningfully and appropriately. Thus, this book will cover essential skills in job interviews but will also include important aspects of English grammar and communication skills.

Each chapter consists of seven parts:

Goals help students to focus on the main learning they will do in each chapter.

Grammar Points provide a glimpse into the chapter's key grammar points.

Key Vocabulary highlights key and pertinent words that are covered in each chapter. Reviewing the key vocabulary will help students understand each chapter different interview questions and responses.

Interview Tips provide important interviewing techniques and skills to help students

to be prepared and to interview effectively when it is time for the real job interviews.

Interview Questions & Sample Responses outline interview questions and sample responses for each chapter.

Key Words & Expressions present some of the language patterns and expressions used in different topics for each chapter.

Communicative Activities provide purposeful opportunities for students to practice the important grammar structures meaningfully and appropriately. The activities will also allow students to develop all four aspects of language skills: listening, speaking, reading and writing.

이제시카선규

 머리말

항공 승무원을 위한 영어 인터뷰 책은 모든 직업 구직자 학생들에게 실용 영어 인터뷰 기술을 습득하기 위한 이상적인 책입니다. 이 책은 모든 학생, 특히 항공 서비스, 관광, 비즈니스 및 행정, 영어를 포함한 다양한 전공 영어 학습자에게 유용합니다. 이 책의 주요 목표 중 하나는 취업 면접을 준비하는 학생들이 의미있고 자신있게 영어로 의사소통 할 수 있도록 돕는 것입니다. 항공사 객실 승무원이 되기를 원하는 학생들을 위해 영어 인터뷰 서적들은 있습니다. 그러나 학생들이 영어를 의미있고 적절하게 사용할 수 있도록 문법 구조와 커뮤니케이션 구성 요소에 중점을 두는 것은 없습니다. 따라서 이 책에서는 취업 인터뷰의 필수 기술을 다루지만 영어 문법 및 의사소통 기술의 중요한 측면도 포함합니다.

각 장은 일곱 개 부분으로 구성되어있습니다:

목표는 학생들이 각 장에서 할 수 있는 주요 학습에 초점을 맞출 수 있도록 도와줍니다.

문법 포인트 섹션에서는 각 장의 핵심 문법 포인트를 보여줍니다.

어휘에서는 각 장에서 다루는 핵심 단어와 관련 단어를 강조 표시합니다. 주요 어휘를 검토하면 학생들이 각 장의 여러 면접 질문과 답변을 이해하는 데 도움이 됩니다.

인터뷰 팁은 중요한 인터뷰 기술과 기술을 제공하여 학생들이 실제 취업 면담을 준비할때 효과적으로 인터뷰 할 수 있도록 도와줍니다.

인터뷰 질문 및 샘플 답변에서는 인터뷰 질문 및 각 장의 샘플 응답을 간략하게 요약합니다.

핵심 단어 및 표현 섹션에서는 각 장마다 서로 다른 주제로 사용되는 언어 패턴과 표현의 일부를 제시합니다.

의사소통 활동 에서는 학생들이 의미 있고 적절하게 중요한 문법 구조를 연습 할 수 있는 목적이 있는 기회를 제공합니다. 이 실전을 통해 학생들은 듣기, 말하기, 읽기 및 쓰기의 네가지 언어 능력을 모두 개발할 수 있습니다.

이제시카선규

Contents

English Interview for Cabin Crew: Mastering English Interviewing Skills

항공 승무원을 위한 영어 인터뷰:
영어 면접 기술 습득

Chapter 01

Introduction : Airline Job Interview Overview
서론 : 항공사 면접 개요

Chapter 01

Introduction: Airline Job Interview Overview
서론: 항공사 면접 개요

What is a job interview process for flight attendants?
승무원으로 취업하기 위한 면접 절차는 무엇인가?

Getting hired for the career you want is not always easy and quick. In many cases, there are lengthy steps to get hired. Many companies often have different phases of interview process to select the best candidates for their companies. Getting hired as a flight attendant also requires several levels of interviews and assessments. Each airline has a list of specific requirements that every applicant has to fulfill before one can be invited for an interview. The following list provides basic hiring requirements and some of the different levels of interview process for cabin crew.

우리가 원하는 직업을 얻기 위해 취업하는 것은 항상 쉽게 이루어지거나 빠르게 이뤄지지 않는다. 대부분의 경우에 취업하기 위한 많은 단계가 필요하다. 많은 회사들은 종종 그들의 회사에 가장 적합한 인재를 선발하기 위해 각각의 다른 단계별 면접 과정을 가지고 있다. 승무원으로 채용되기 위해서는 여러가지 수준의 면접에서의 평가가 필요하다. 각 항공사는 모든 지원자가 면접을 보기 전에 반드시 필요로 하는 구체적인 조건의 목록을 가지고 있다. 다음 목록은 기본적으로 필요한 채용 조건과 다양한 수준별 승무원 면접 과정을 제시하고 있다.

The Basic Hiring Requirements
기본 채용 요건

Each airline has its own hiring requirements. Please visit different airlines' website homepages to learn more about their hiring requirements. (See pages 10-12)

각 항공사는 자체적인 채용요건을 가지고 있다. 각 항공사의 사이트에 접속하여 직원 채용 요건에 대해 자세히 알아보자. (10-12 페이지를 참조하세요)

☑ Age (Minimum age: 18 to 21 years, depending on the airline)
  연령 (최소 만 연령 18 ~ 21 세, 항공사에 따라 다름)

☑ Height (Minimum 160 cm or taller, depending on the airline)
  신장 (최소 160 cm 이상, 항공사에 따라 다름)

☑ Arm Reach Length (Minimum 208 cm or above-can be on tippy-toes, depending on the airline)
  팔 도달 길이 (최소 208 cm 이상-발가락 위에 있을 수 있다, 항공사에 따라 다름)

☑ Weight (Be proportional to your weight)
  체중 (당신의 체중에 비례)

☑ Vision (Corrected Eye Sight Above 1.0)
  시력 (교정시력 1.0 이상)

☑ Language Proficiency (Minimum TOEIC Score of 550 or above and HSK Requirement, depending on the airline)
  언어 능력 (최소 TOEIC 550 점 이상, HSK 요구 사항, 항공사에 따라 다름)

☑ Education Level (Associate Degree or higher, depending on the airline)
  교육수준 (2 년제 졸업 이상, 항공사에 따라 다름)

☑ Physical Ability (Lifting medium to heavy baggage into overhead bins/pushing a 200lb service cart up and down the isle/keeping balance during the flight/working long hours/managing jet lag and etc.)
  신체능력 (무거운 짐을 머리위로 올리기/90 kg 의 서비스 카트를 밀기/비행중에 균형 유지/장기간 근무/시차적응 관리 등)

☑ Physical Appearance (Well groomed/neat/conservative-no tatoos/no piercing except in the ears)
이미지 (건강한/깔끔한/단정한-문신이 없는/귀를 제외하고 피어싱 없는)

☑ Personal Qualities/Characteristics (Work well under pressure or in a team/do multitask effectively/have professional and work ethics and etc.)
인성 (팀 공동체의 조직에서의 적응 능력/효과적인 의사소통능력/전문성과 직업윤리의식 함양 등)

Different Levels of Interview Process
다양한 면접과정

It is important to highlight your qualifications, skills, and experience required of the cabin crew position on your job application in order to obtain an invitation for an interview. Thus, the first level of interview process is application or document screening. Once you have been selected for an interview, some airlines invite candidates for first, second, or even third interviews before they are hired. Some of these interviews may consist of group exercises or group interviews. During these interviews, candidates may also encounter different types of English interviews.

면접 요청을 받기 위해서는 입사 지원자의 승무원 직위에 필요한 자격, 기술 및 경력을 강조하는 것이 중요하다. 따라서 인터뷰 과정의 첫 단계는 지원서 또는 서류 심사이다. 일단 서류심사에 통과되면, 일부 항공사는 지원자를 채용하기 전에 1차, 2차 또는 3차 면접을 진행한다. 이러한 단계별 면접 중 일부는 그룹 실습 또는 그룹 인터뷰로 구성될 수 있다. 면접 기간 동안 후보자들은 다양한 유형의 영어 면접을 접할 수도 있다.

☑ Application Screening 서류심사　　　☑ First Interview 1차 면접

☑ Second Interview 2차 면접　　　☑ Third Interview 3차 면접

Important Interview Tips
중요한 면접 팁

 ### Dress Professionally 전문적인 복장을 준비하라

Always adhere to the dress code requirements by the airlines. Many foreign airlines do not have dress code requirements, but it is advisable to wear a conservative suit and dress shoes. For airlines stationed in Korea, it is recommended that airline candidates wear black skirt, white blouse, and dress shoes.

항상 항공사에서 요구하는 복장 규정요건을 준수해야 한다. 많은 외국 항공사들은 복장규정 요건을 갖추고 있지 않지만 단정한 복장과 신발을 착용하는 것이 바람직하다. 국내 항공사들은 입사 지원자들에게 검은 색 스커트와 흰색 블라우스, 구두를 착용할 것을 권장하고 있다.

 ### Provide Natural Smile 자연스러운 미소를 보여라

Research studies have shown that employers are more likely to hire those candidates who smile during interviews. Providing a genuine smile during an interview can demonstrate that you are warm, positive, energetic and confident.

연구 조사에 따르면 고용주들이 인터뷰 진행 시 미소 띤 얼굴의 면접자를 채용할 확률이 높은 것을 알 수 있다. 인터뷰에서 진정성 있는 미소는 지원자가 따뜻하고, 긍정적이며, 용기 있고, 자신감 있다는 것을 나타낸 것이다.

 ### Practice Good Posture 바른 자세를 연습하라

Train yourself to stand, sit, and walk straight.
바르게 서있는 자세, 앉는 자세, 걷는 자세를 연습하라.

The Correct Way to Stand: 바르게 서있는 방법

Stand straight in the proper direction facing the interviewers.
Hold your head up straight with your chin in.
Keep your shoulder blades back and knees straight.

Tuck your stomach in, place your right hand above your left hand tucking the thumbs together and gently place your gathered hands on your stomach (female candidates). Pretend holding an egg in each hand and stand with your arms straight down (male candidates).

면접관과 마주보는 방향으로 똑바로 선다. 턱을 아래로 당기며 머리를 바로 세운다. 어깨뼈를 뒤로 젖히고 무릎을 똑바르게 유지한다. 배를 집어넣고 오른손을 왼손 위에 올려 엄지손가락을 모아 부드럽게 배 위에 둔다(여성 지원자). 각각의 손에 달걀을 지듯 부드럽게 주먹을 쥐고 팔을 곧게 편다. (남성 지원자)

The Correct Way to Sit: 바르게 앉는 방법

Sit up with your back straight and your shoulders back. Keep your legs together and do not keep your legs crossed. Your back should gently touch the chair. Place your right hand above your left hand tucking the thumbs together and gently place your gathered hands on your lap (female candidates). Place your hand on each of your leg (male candidates).

허리를 곧게 펴고 어깨를 뒤로 젖힌다. 다리를 교차시켜 꼬지 말고 두 다리를 바르게 모은다. 허리가 의자에 살짝 닿도록 한다. 오른손을 왼손 위에 올려놓고 엄지손가락을 모아 무릎 위에 살며시 내려둔다(여성 지원자). 다리 위에 각각의 손을 가지런히 둔다. (남성 지원자)

Demonstrate Enthusiasm 열정을 보여주어라

Showing enthusiasm during an interview can demonstrate that you are passionate about the position and excited to work for the airline. You can express your enthusiasm by maintaining a positive demeanor. Keep a smile on your face and share positive experiences when responding to interview questions.

인터뷰에서 열정을 보여 주는 것은 당신이 항공사에서 일하는 것에 대해 열정적이고 기쁘게 생각한다는 것을 증명할 수 있다. 긍정적인 태도를 유지함으로써 자신의 열정을 표현할 수 있다. 면접 질문에 응대할 때 얼굴에 미소를 유지하고 긍정적인 경험을 공유하라.

Interview With Confidence 자신감 있는 태도를 가져라

Demonstrate your confidence from the moment you walk through the door to interview. Visualize a successful interview and practice your responses out loud in front of a mirror or with a friend. This will take pressure off and you walk in confidence knowing your materials to the interview. Imagining yourself being successful will help give you a boost to your confidence and self-esteem. Do practice "power posing -standing in a posture of confidence-" to make you feel more confident even when you do not feel it. (Cuddy, 2015)

면접을 위해 문을 통과하는 순간부터 자신감을 보여주어라. 성공적인 면접을 상상하며 거울이나 친구 앞에서 인터뷰 답변을 큰 소리로 연습하라. 이것은 압박감을 느끼게 될 면접 현장에서 당신이 연습한 자료를 통해 자신감 있게 인터뷰 할 것이라고 확신하게 된다. 자신이 성공했다고 상상하는 것은 자신감과 자존감을 높일 수 있도록 도와줄 것이다. 자신감 넘치는 자세로 태도를 취하는 연습은 자신감을 상실했을 때에도 자신감을 갖도록 만든다.

You are being interviewed for your ability/qualification for the job, but your attire, attitude, smile, voice and posture will be reviewed and observed carefully. So make a good first impression!

당신은 직업을 위해 능력/자격에 대한 면접을 보고 있지만, 당신의 복장, 태도, 미소, 목소리와 자세는 신중하게 검토되고 관찰된다. 따라서 첫 이미지를 긍정적으로 전달해야 한다.

Airlines & Website Hompage Information
항공사 및 항공사 웹 사이트 홈페이지 정보

Visit the following airlines' website homepages to learn more about their recruitment requirements and hiring processes.

채용 정보 및 채용 프로세스에 대한 자세한 내용을 보려면 다음 항공사의 웹 사이트 홈페이지를 방문하라.

📁 Korean Air (대한 항공)

https://recruit.koreanair.co.kr/

📁 Asiana Airline (아시아나 항공)

https://recruit.flyasiana.com/

📁 Jeju Air (제주항공)

http://recruit.jejuair.net/main.jsp

📁 Jin Air (진에어)

http://jinair.career.co.kr/

📁 Air Busan (에어부산)

https://recruit.airbusan.com/

📁 T'Way (티웨이항공)

https://recruit.twayair.com/WiseRecruitWeb/

📁 Easta Jet (이스타 항공)

https://recruit.eastarjet.com/

📁 Emirates Airline (에미레이트 항공)

http://www.emiratesgroupcareers.com/cabin-crew/

📁 Qatar Airways (카타르항공)

http://careers.qatarairways.com/qatarairways/vacancysearch.aspx

📁 Cathay Pacific (캐세이퍼시픽 항공)

https://jobs.cathaypacific.com/

📁 Singapore Airlines (싱가포르 항공)

http://www.singaporeair.com/ko_KR/kr/careers/

📁 Philippines Air (필리핀 항공)

https://www.philippineairlines.com/en/kr/home

📁 China Eastern Air (중국 동방 항공)

http://www.easternair.co.kr/

📁 China Southern Airlines (중국 남방 항공)

http://cs-air.co.kr/

📁 Air China (중국 국제 항공)

https://www.airchina.kr/

📁 Cathay Dragon Air (캐세이 드레곤 에어)

https://www.cathaypacific.com/cx/ko_KR.html

📁 Air Macau (에어마카오)

http://www.airmacau.co.kr/web/home/home_list.asp

📁 Finn Air(핀에어)

https://www.finnair.com/kr/ko/

📁 Air France (에어 프랑스)

http://www.airfrance.co.kr/

📁 Garuda Indonesia (가루다 인도네시아 항공)

https://www.garuda-indonesia.com/kr/ko/index.page

📁 Etihad Airways (에티하드 항공)

http://www.etihad.com/ko-kr/

📁 KLM Royal Dutch Airlines (KLM 네덜란드 항공)

https://www.klm.com/

📁 Lufthansa (루프트한자 독일항공)

http://www.lufthansa.com/kr/ko/Homepage

📁 Malaysia Airlines (말레이시아 항공)

https://www.malaysiaairlines.com/kr/en.html

📁 All Nippon Airways, ANA (ANA 항공)

http://www.ana.co.jp/asw/wws/kr/k/

📁 Thai Airways (타이항공)

http://www.thaiairways.com/ko_KR/index.page

📁 Vietnam Airlines (베트남 항공)

https://www.vietnamairlines.com/ko/home

📁 Hainan Airlines (중국 하이난 항공)

http://www.hnair.com/

English Interview for Cabin Crew:
Mastering English Interviewing Skills

항공 승무원을 위한 영어 인터뷰:
영어 면접 기술 습득

Chapter 02

Preparation for An Airline Job Interview:
Essential Tactics in English Interview

항공사 취업 면접 준비:
영어 인터뷰 필수 사항

Chapter 02

Preparation for An Airline Job Interview: Essential Tactics in English Interview
항공사 취업 면접 준비: 영어 인터뷰 필수 사항

Key Elements To Think About Before Going Into A Job Interview
면접에 들어가기 전에 생각해야 할 핵심 요소

Be prepared for a job interview 취업 면접 준비를 해야 한다

You cannot anticipate all interview questions. However, anticipate basic interview questions and prepare responses before hand. Practice out loud to ensure your responses are spoken naturally during an interview.

모든 면접 질문을 예상할 수는 없다. 하지만 기본적인 면접질문에 대한 답변을 미리 준비하라. 면접을 진행할 때 답변이 자연스럽게 이루어지도록 연습하라.

Do research on the position, the airline, and the industry
직책 또는 항공사 및 관련 기업에 대한 정보를 수행해야한다

After deciding on an airline you want to apply for, visit the airline's web site and know the key characteristics of its company and its mission. Read some of the current news and magazines on the employer and the industry. It may also help to see the most recent advertisements on the airline.

지원하고자 하는 항공사를 결정한 후 항공사의 웹 사이트를 방문하여 해당 항공사의 사명과 임무를 확인하라. 해당 항공사 관련 기업의 최신 경향의 기사와 잡지를 찾아 읽어보아라. 항공사의 최신 광고를 보는 것도 도움이 될 수 있다.

Know yourself 자기를 이해해야 한다

Be ready to talk about your qualifications. You cannot anticipate every interview question. However, make sure you reflect and be prepared to discuss your education, experience, and skills that are relevant to the airline job.

자신의 자격에 대해 말할 준비를 하라. 모든 면접 질문을 예상할 수 없지만 항공사 업무와 관련된 교육, 경험 및 기술에 대해 토론하고 관련 사항을 준비 할 수 있도록 하라.

Bring Concrete Examples 구체적인 예시를 준비 한다

As you provide responses to interview questions, it is important to have concrete examples to share and to support your answers. You may say that you describe yourself as an active person. However, if you do not have any specific example to demonstrate your active personality, it would be difficult for the interviewer to truly believe your response.

인터뷰 질문에 대한 답변을 제시할 때는 공감할 수 있는 구체적인 예시를 마련하여 답변을 준비하는 것이 중요하다. 당신은 당신 자신을 적극적인 사람으로 묘사할 수 있다. 그러나 적극적인 성격을 입증할 구체적인 사례가 없다면 면접관이 진정으로 자신의 답변을 믿는 것이 어려울 것이다.

 Closing 마무리

If there is an opportunity at the end, express enthusiasm about the job and provide a brief summary of why you are the best candidate for the job. This helps to differentiate yourself from other candidates.

마지막에 자신에 대해 말할 수 있는 기회가 있다면, 직업에 대한 열정을 표현하고, 왜 당신이 그 직업에 가장 적합한지에 대해 간략하게 요약해서 준비하라.

Essential Tactics in English Interview
영어 면접의 필수 사항

In general, job interviews can be stressful, and an airline job interview in English can be even more so as English is not the interviewee's native language. Prospective flight attendants not only have to prepare for a regular job interview process, but they also have to prepare for a job interview in foreign languages. The good news is that airline English interviews can be prepared. Studying the common airline interview questions and responses in English is one of the best ways to prepare for an English interview.

일반적으로 면접은 스트레스가 될 수 있는데, 영어로 진행되는 항공사 면접은 영어가 모국어가 아니기 때문에 더욱 그럴 수 있다. 예비 승무원은 정규 면접 과정을 준비할 뿐만 아니라 외국어로 취업 면접을 준비해야 한다. 좋은 소식은 항공사 영어 인터뷰가 준비될 수 있다는 것이다. 일반적인 항공사 면접 질문과 답변을 영어로 공부하는 것은 영어 면접을 준비하는 가장 좋은 방법 중 하나이다.

Airline English interviews focus on the candidates' ability to understand interview questions and their ability to express themselves in English. Thus,

항공사 취업 면접 준비: 영어 인터뷰 필수 사항
Chapter 02 Preparation for An Airline Job Interview: Essential Tactics in English Interview

19

the key is to review common interview questions and to practice expressing oneself in English as comfortably and confidently as one can. Interviewers often ask follow-up questions to monitor candidates' understanding of the interview questions, so it is always good to prepare follow-up questions and responses with the common interview questions.

항공사 영어 인터뷰는 지원자가 인터뷰 질문을 이해하는지, 그리고 영어로 자신을 표현할 수 있는 능력에 중점을 둔다. 따라서 핵심은 일반적인 인터뷰 질문을 검토하고 영어로 자신을 편안하고 자신있게 표현하는 연습을 하는 것이다. 면접관은 인터뷰 질문에 대한 지원자의 이해를 확인하기 위해 추가 질문을 하기 때문에 일반 면접 질문에 대한 추가 질문과 답변을 준비하는 것이 좋다.

Good Preparation Tactics for English Interview
영어 면접을 위한 최선의 준비 자세

Prepare for common interview questions & responses
(follow-up questions and responses included)

일반적인 면접 질문 및 답변을 준비하라 (추가 질문 및 답변 포함)

Provide positive responses with concrete examples

구체적인 예시를 통해 긍정적인 답변을 준비 한다

Speak comfortably and confidently

편안하고 자신있게 말하라

Use simple, clear & polite language

간결하고 명확하며 공손한 언어를 사용하라

Practice good eye contact and body gestures

편안한 시선처리와 비언어적 요소의 활용하라

Types of English Interviews
영어 면접의 유형

One-on-One Interview - One-on-one interview takes place in person with one to three hiring representatives of the airline. The content of the interview questions will be guided by application documents such as resume, cover letter, and application as well as simple small talk conversation.

1:1 면접 – 1:1 면접은 항공사의 면접관 1~3명을 만나게 된다. 면접 질문의 내용은 이력서, 지원서, 간단한 대화 등과 같은 문서에 의해 안내될 것이다.

Group Interview - A group interview is a screening process where multiple applicants are interviewed at the same time. Same questions may be often asked to the entire group or questions may be directed by each individual's application documents.

집단 면접 – 그룹 면접은 여러 명의 지원자가 동시에 인터뷰하는 심사 과정이다. 종종 동일한 질문이 그룹 전체에게 제시되거나 각 개인의 지원 서류로 질문이 제시 될 수 있다.

Group Discussion - A group discussion may be sometimes referred to as a group activity. In this type of interview process, a topic or a situation is given to the group of candidates and the group is asked to discuss the topic among themselves.

집단 토론 – 그룹 토론은 그룹 활동 이라고도 한다. 이런 유형의 면접 과정은 주제나 상황을 그룹원들에게 제시하고 해당 주제에 대해 토론하도록 한다.

Article Summarization - Article summarization requires applicants to read a short article in English and to summarize it.

기사 요약 – 기사요약은 지원자들이 영어로 된 짧은 기사 글을 읽고 요약하도록 한다.

Picture Description - Picture description requires applicants to view a photo and to describe it as is.

사진 설명 – 지원자가 제시되는 사진을 보고 그대로 묘사하도록 요구한다.

In-Flight Announcement - In-flight announcement reading tests require candidates to read in-flight announcements in English in addition to other relevant foreign languages.

기내방송 – 기내 방송 읽기 시험은 다른 관련 외국어 뿐만 아니라 영어로 기내 방송을 읽어야한다.

Know the Following Key Expressions
알아야할 주요 표현

Simple Greetings 간단한 인사말

How do you do?
(If this is your first time meeting the interviewer, use this expression.)

처음 뵙겠습니다. (면접관을 처음 만났다면 이 표현을 사용하라.)

Good morning, good afternoon & good evening.

안녕하세요. 좋은 아침 & 좋은 저녁이에요.

I am pleased to meet you.

만나서 반가워요.

I am honored to be here.

이곳에 오게 되어 영광입니다.

 ## Asking for Clarification 설명을 요구 할 때

I am sorry, but I didn't hear your question.
Could you please repeat the question?

미안하지만, 당신의 질문을 듣지 못했습니다. 질문을 다시 해주시겠습니까?

Would you mind repeating your question for me?

질문을 다시 한 번 말씀해 주시겠습니까?

I beg your pardon? Could you say that again, please?

다시 말씀해 주시겠어요? 다시 한 번 말씀해 주시길 부탁드려도 될까요?

I am afraid I didn't understand your question. Could you say it in a different way?

유감스럽게도 당신의 질문을 이해하지 못했어요. 다른 방식으로 말씀해 주시겠습니까?

 ## When Difficult Questions Are Asked 어려운 질문이 나올 때

That is a great question. Would you please give me a second to think about the answer?

그것은 훌륭한 질문입니다. 대답에 대해 잠시 생각할 시간을 주시겠습니까?

Could you give me a second to answer your question?

질문에 대답 할 수 있는 시간을 좀 주시겠습니까?

Thank You Phrases 감사인사를 표현하는 문장

Thank you.

고맙습니다.

Thank you for your kind words.

좋은 말 해주서서 감사합니다.

I appreciate your time.

시간 내 주셔서 감사합니다.

Thank you for this opportunity.

이런 기회를 주셔서 감사합니다.

Thank you for everything.

모든 것에 감사합니다.

English Interview for Cabin Crew:
Mastering English Interviewing Skills

항공 승무원을 위한 영어 인터뷰:
영어 면접 기술 습득

Chapter 03

Greetings & Small Talk
인사와 간소한 대화

Chapter 03

Greetings & Small Talk
인사와 간소한 대화

Chapter Goals 챕터 목표

- To introduce and greet people formally and informally in English
  공식적, 비공식적 영어로 사람들과 소개하고 인사하기
- To use appropriate expressions to respond to warm-up/small talk questions
  기본적인 질문들에 대해 대답하기 위한 적절한 표현 사용하기
- To differentiate and use appropriately present and past verb tenses
  현재와 과거의 동사 시제를 적절하게 구별하여 사용하기

Grammar Points 핵심 문법

The Present Tense 현재시제

Use the simple present tense verbs when talking about actions in the present that do not usually change. See the following different uses of the present tense:

보통 변경되지 않는 현재의 동작에 대해 이야기 할 때 단순 현재 시제 동사를 사용하라.
현재 시제의 다음과 같은 다양한 용도를 참조하라.

Present Habits: I often exercise on weekends. My niece always takes a nap in the afternoon. I usually do not eat breakfast.

현재 습관: 저는 주말 운동을 자주합니다. 내 조카는 항상 오후에 낮잠을 합니다. 나는 보통 아침 식사를 하지 않습니다.

Opinions and Feelings: I enjoy eating spicy food. My boss does not like drinking coffee.

의견 및 느낌: 나는 매운 음식을 먹는 것을 즐깁니다. 사장님은 커피 마시는 것을 좋아하지 않습니다.

General Facts and Truths: Many graduates worry about finding a job after they graduate.

일반적인 사실과 진실: 많은 졸업생들은 졸업 후에 직업을 찾는 것에 대해 걱정합니다.

The Past Tense 과거시제

Use the simple past tense to talk about action completed in the past. Add -ed or -d to the base verb for regular verbs. For irregular verbs, see appendix 5.

과거에 완성된 행동에 대해 이야기 할 때 는 시제 단순 과거를 사용한다. 정규 동사의 기본 동사에 -ed 또는 -d를 추가한다. 불규칙 동사의 경우 부록 5를 참조하라.

Key Vocabulary 주요 단어

excited
흥분한

nervous
긴장한

Chinese characters
한자

polite
공손한

positive
확실한

confident
자신감

detailed 자세한	encouraging 격려의	wisely 현명하게
noble life 고귀한 삶	supportive 지지	public transportation 대중교통

 Key Expressions 핵심 표현

See each section for key expressions.

각 부분에서 핵심 표현을 참고하자.

Interview Tips 면접 팁

Small talk is defined as informal, friendly conversation about unimportant matters or subjects before the main event (i.e., meetings or interviews). The conversation, or sometimes it is called a chit-chat, usually takes place with strangers or people you have not seen for a long time. Small talk allows people to fill the silence and to avoid awkwardness when talking with strangers. Knowing how to small talk is an important skill to have because it can help you build a meaningful bond with a person.

간소한 대화는 회의나 인터뷰가 진행되기 전에 무겁지 않은 내용의 비공식적이고 친근한 내용의 가벼운 대화이다. 수다 혹은 가벼운 대화로의 잡담이라고 불리는 이 대화는 보통 낯선 사람이나 오랫동안 보지 못한 사람들과 진행된다. 낯선 사람과 이야기 할 때 이 가벼운 대화는 침묵을 깨뜨리고 어색함을 피할 수 있게 한다. 가벼운 대화법을 아는 것은 매우 중요한 기술이다. 사람들과의 의미 있는 유대관계를 형성할 수 있기 때문이다.

When you meet interviewers, it is always advisable to use polite and formal language. Do not abbreviate your responses such as 'gonna' or 'wanna' in your responses. Always respond with positive answers and provide positive experiences. Keeping a bright smile leaves a good first impression and conveys your positive personality.

면접관을 만났을 때, 항상 공손하고 공식적인 언어를 사용하는 것이 좋다. 답변을 할 때 간략하게 쓰는 'gonna' 또는 'wanna'와 같은 답변을 사용하지 말라. 항상 긍정적인 대답과 긍정적인 경험으로 답변하라. 밝은 미소를 유지하는 것이 좋은 첫인상을 남기고 긍정적인 성격을 전달한다.

Interview Questions
면접 질문

Q.1 How do you do?

안녕하세요?

Q.2 How are you feeling today? How are you? How do you feel now?

오늘 기분이 어때요? 잘 지냈어요? 당신은 지금 기분이 어때요?

Q.3 May I have your name? Can I ask your name?

제가 이름을 물어봐도 될까요? 당신 이름을 물어봐도 될까요?

Q.4 What is the meaning of your name? Do you have any meaning of your name?

당신 이름의 의미는 무엇입니까? 이름의 의미가 있습니까?

Q.5 How is the weather today?

오늘 날씨 어때요?

Q.6 How did you get here today?

오늘 여기 어떻게 왔어요?

Q.7 How long did it take to get here today?

오늘 여기까지 오는데 얼마나 걸렸어요?

Q.8 Did you have any difficulty finding this place?

이 장소를 찾는데 어렵지 않았어요?

Q.9 Did you sleep well last night?

어제 밤에 잘 잤어요?

Q.10 What did your parents or family say to you today?

오늘 부모님이나 가족이 당신에게 뭐라고 했나요?

Interview Questions & Sample Responses
면접 질문 및 샘플 응답

Q.1 How do you do?

안녕하세요?

R1 How do you do? It is nice meeting you.

안녕하세요? 만나서 반가워요.

How do you do is a formal greeting when meeting a new person. The response is the same as the question. Do not use the greeting again when meeting the same person for the second time.

'How do you do' 는 새로운 사람을 만났을 때 하는 공식적인 인사말이다. 답변은 질문과 동일하게 쓰인다. 같은 사람을 두 번째 만날 때는 다시 이 인사말을 사용하지 않는다.

Your Response: 당신의 대답

Q.2 How are you feeling today? How are you? How do you feel now?

오늘 기분이 어때요? 잘 지냈어요? 당신은 지금 기분이 어때요?

R1 I am feeling great today. Thank you for asking.
I am honored to be here.

오늘 기분이 좋은 날입니다. 물어봐줘서 고마워요. 이곳에 오게 되어 영광입니다.

R2 I am very well and excited to be here today.

오늘 여기 있게 되어 매우 기쁩니다.

R3 I am a bit nervous, but I am very happy to be here.
Thank you, sir or maam. It is great to meet you.

약간 긴장이 됩니다만 이곳에 있게 되어 매우 행복합니다. 감사합니다, 면접관님.
만나 뵙게 되어 반갑습니다.

Your Response: 당신의 대답

_____

_____

_____

_____

_____

_____

_____

_____

Q.3 May I have your name? Can I ask your name?

제가 이름을 물어봐도 될까요? 당신 이름을 물어봐도 될까요?

R1 Sure, my name is _____. I am very pleased to meet you today.

물론입니다. 제 이름은 _____입니다. 오늘 당신을 만나게 되어 매우 기쁩니다.

R2 Yes, I am _____. Thank you for giving me a chance to be here.

네 저는 _____입니다. 이곳에 올수 있도록 기회를 주셔서 감사합니다.

R3 My Korean name is _____.
My English name is _____.

저의 한국 이름은 _____이고 영어이름은 _____입니다.

Your Response: 당신의 대답

_____

_____

_____

_____

_____

_____

_____

Q.4 What is the meaning of your name? Do you have any meaning of your name?

당신 이름의 의미는 무엇입니까? 이름의 의미가 있습니까?

R1 My name, _____ means kind hearted. My father named me.

저의 이름은 _____이고 친절한 마음을 의미합니다. 저의 아버지가 지어 주신 이름입니다.

R2 My name is _____, and it was given to me by my grandmother. Based on Chinese characters, the first character means beautiful mind and the second character means grace.

저의 이름은 _____이고 할머니께서 지어주신 이름입니다. 한문으로 구성된 이름으로 첫 번째 문자는 아름다움 마음을 의미하고, 두 번째 문자는 은혜를 의미합니다.

R3 My name means to live wisely and to have a noble life.

저의 이름은 현명하게 살고 고귀한 삶을 살라는 의미입니다.

Your Response: 당신의 대답

_____

_____

_____

_____

Q.5 How is the weather today?

오늘 날씨 어때요?

R1 It is warm and sunny today. It is a nice day for a walk.

따뜻하고 화창한 날입니다. 산책하기 좋은 날이죠.

R2 It is a bit chilly today. But I enjoy this kind of weather. Fall/winter is my favorite season.

조금 쌀쌀한 날입니다. 하지만 저는 이런 날씨를 즐깁니다.

가을/겨울이 제가 제일 좋아하는 계절입니다.

Your Response: 당신의 대답

_____

_____

_____

_____

_____

_____

_____

_____

_____

Key words and expressions · 핵심 어휘와 표현

☑ It's sun shining. 햇살이 따뜻합니다.
☑ It's raining. 비가 옵니다.
☑ It's foggy. 안개가 끼었습니다.
☑ It's snowing. 눈이 옵니다.

☑ It's windy. 바람이 붑니다.
☑ It's cloudy. 구름이 가득합니다.
☑ It's humid. 습도가 높습니다.

Q.6 How did you get here today?

오늘 여기 어떻게 왔어요?

R1 I got here using the public transportation. There is a subway station near my house.

저는 대중교통을 이용해서 왔습니다. 저의 집 근처에 지하철 역이 있습니다.

R2 I took a bus here today.

저는 오늘 버스를 타고 왔습니다.

R3 I drove here today. Since I know my way around here, it was easy to find this place.

저는 운전을 하고 이곳에 왔습니다. 저는 이곳 주변의 길을 알고 있어서 길을 쉽게 찾을 수 있었습니다.

Your Response: 당신의 대답

_____

_____

_____

Key words and expressions · 핵심 어휘와 표현

☑ I came here by bus. 저는 버스로 이곳에 왔습니다.

☑ I took the subway. 저는 지하철을 이용해 왔습니다.

☑ I got here by walking. 저는 걸어왔습니다.

☑ I took an airplane from Jeju to Seoul. From the airport, I used the public transportation.
  저는 제주도에서 서울로 오는 비행기를 탔습니다.
  공항에서 대중교통을 이용해서 왔습니다.

☑ My mother drove me here. 저는 어머니께서 데려다 주셨습니다.

📖 Grammar Tips 문법 팁 ··········

When the question is in past verb tense form, be sure to use past verb tense form when responding to the question.

질문이 과거 동사 시제인 경우 질문에 응답할때 과거 동사 시제를 사용해야한다.

Q.7 How long did it take to get here today?
오늘 여기까지 오는데 얼마나 걸렸어요?

R1 It took me only about 30 minutes to get here.
여기에 오기까지 30분 밖에 걸리지 않았습니다.

R2 There was a bit of traffic, so it took me about an hour to get here today. But it normally takes about 30 minutes. I left early, so it was no problem at all for me.
보통은 30분 정도 걸리는 거리인데 약간의 교통체중으로 한 시간 정도 걸렸습니다. 저는 일찍 떠났기 때문에 전혀 문제 되지 않았습니다.

R3 I currently live in _____, so it took about an hour to get here today.

저는 현재 _____에 살고 있어서 여기에 오는 데는 약 한 시간 정도 걸렸습니다.

Your Response: 당신의 대답

Q.8 Did you have any difficulty finding this place?

이 장소를 찾는데 어렵지 않았어요?

R1 No, not at all. I actually came here yesterday to get a good sense of direction. So it was quite easy to find this place.

아니요, 전혀요. 저는 사실 어제 이곳에 와서 방향 감각을 잘 잡았습니다. 그래서 이 장소를 찾는 것이 아주 수월했습니다.

R2 Not at all. I searched for this place on the internet, so it was pretty easy for me to find it.

전혀요. 인터넷으로 이 장소를 검색했기 때문에 쉽게 찾을 수 있었습니다.

R3 No, I didn't have any difficulty finding this place. Your web site posted the detailed directions.

아니요. 저는 이 장소를 찾는데 어려움이 없었습니다. 귀하의 웹 사이트에 자세한 지침이 게시되었습니다.

Your Response: 당신의 대답

Q.9 Did you sleep well last night?

어제 밤에 잘 잤어요?

R1 Yes, I actually slept very well last night.

네, 어제 아주 잘 잤습니다.

R2 Yes, I slept early last night to be well prepared for this interview.

네, 저는 면접을 위해 어제 밤에 일찍 잠을 잤습니다.

R3 Yes and no. I was too excited about this interview, so I ended up waking up very early. But I feel very energetic today.

그렇기도 하고 아니기도 합니다. 저는 이 면접이 매우 기대가 되어 일찍 일어났지만 에너지가 넘칩니다.

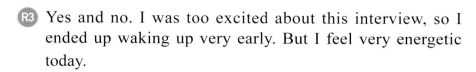

Your Response: 당신의 대답

Q.10 What did your parents or family say to you today?

오늘 부모님이나 가족이 당신에게 뭐라고 했나요?

R1 My parents wished me luck today. They also told me to do my best in this interview.

부모님께서 행운을 빌어 주셨습니다. 또한 면접에 최선을 다하라고 말씀해 주셨습니다.

R2 They told me to be myself and to think positively. They also told me not to get nervous. My parents are very encouraging and supportive.

저의 부모님께서는 긍정적으로 생각하라고 하셨고 너의 모습대로 하라고 하셨습니다. 그리고 또 긴장하지 말라고 말씀해 주셨습니다. 저의 부모님께서는 매우 격려해 주시고 지지해 주십니다.

R3 My parents told me to believe in myself and to have confidence.

부모님은 제게 자신을 믿고 자신감을 가지라고 하셨습니다.

Your Response: 당신의 대답

_____

_____

_____

_____

_____

_____

_____

_____

_____

_____

Practice Your English • 영어를 연습해보자

Activity 1: Reading/Writing 읽기/쓰기

Part A: Write five warm-up interview questions below. Use the appropriate expressions to write down your own response to each question.
아래에 5가지 워밍업 인터뷰 질문을 적어라. 적절한 표현을 사용하여 각 질문에 대한 응답을 작성하라.

Example

Q: Did you sleep well last night?
R: No, I didn't.

Part B: Write down any relevant follow-up questions after each of your interview responses.
인터뷰 응답 후 모든 관련 후속 질문을 적어라.

Q: Did you sleep well last night? 어젯밤 잘 잤니?
R: No, I didn't. 아니, 잘 못 잤어.

Follow-up Question

Why didn't you sleep well?
왜 잘 못 잤어?

Part A: Warm-Up Interview Questions & Responses

1) Q: _____

   R: _____

Part B: Follow-up Question:

_____

2) Q: _____

R: _____

Part B: Follow-up Question:

_____

3) Q: _____

R: _____

Part B: Follow-up Question:

_____

4) Q: _____

R: _____

Part B: Follow-up Question:

_____

5) Q: _____

R: _____

Part B: Follow-up Question:

_____

Activity 2: Listening/Speaking 듣기/말하기

Role-play with a partner 파트너와 함께 역할 놀이하기

1. You are a student. Greet your fellow classmate.

2. You are a student. Greet your new professor.

3. You are interviewing for an airline job position. Greet your interviewer.

4. You have moved into a new apartment. Greet your neighbor.

5. You are meeting your friend's mother. Greet your friend's mother.

6. You are a server at a restaurant. Greet your customer.

English Interview for Cabin Crew:
Mastering English Interviewing Skills

항공 승무원을 위한 영어 인터뷰:
영어 면접 기술 습득

Chapter 04

Personal Data
개인 정보

Chapter 04

Personal Data
개인 정보

Chapter Goals 챕터 목표

- To use appropriate expressions to respond to personal data questions
  적절한 표현을 사용하여 개인 정보 질문에 응답하기
- To differentiate the use of 'on' versus 'in' prepositions with dates
  날짜와 함께 쓰는 'on' 또는 'in' 전치사 사용을 구분하기

Grammar Points 핵심 문법

Prepositions With Dates 날짜와 함께 쓰는 전치사

Use the preposition 'on' with the month and the date, the day, and special day (Ex: on June 24th/on Friday/on my birthday).

전치사 'on'은 월 과 날짜, 요일 및 특정한 날과 함께 사용하라.

Use the preposition 'in' with the month, year, season only (Ex: in June/in 1997/in summer).

전치사 'in' 은 월, 년도, 계절에만 사용하라.

Key Vocabulary 주요 단어

address	sibling	improve
부르다	형제	개선

height	nickname	hometown
신장	애칭/별명	고향

close-knit	occupation/profession	prefer
정밀 히 가까운	직업	...쪽을 좋아하다

Key Expressions 핵심 표현

See each section for key expressions

각 부분에서 핵심 표현을 참고하자.

🖼 Interview Tips 면접 팁 ·

During interviews, maintain your responses professional and positive. Sharing your personal or negative feelings is not recommended.

면접 동안 귀하의 답변을 전문적이고 긍정적으로 유지하라. 개인적 또는 부정적 감정을 공유하는 것은 권장하지 않는다.

Interview Questions
면접 질문

Q.1 What do you prefer to be called? How should I address you? Do you have a nickname?

제가 뭐라고 부르면 될까요? 따로 부르는 애칭이 있나요?

Q.2 When were your born? When is your birthdate? When is your date of birth?

언제 태어났습니까? 당신의 생년월일은 언제입니까? 생년월일은 언제입니까?

Q.3 How old are you?

당신은 몇 살입니까?

Q.4 Where are you from? Where is your hometown?

고향이 어디 인가요?

Q.5 Please tell me something about your hometown.

저에게 당신의 고향에 대해 뭔가를 알려주세요.

Q.6 Where do you currently live?

현재 어디에서 살고 있습니까?

Q.7 What is your height? How tall are you?

키가 어떻게 되세요?

Q.8 What do you do at the moment?
What is your occupation/profession?

당신은 지금 무슨 일을 하나요? 당신의 직업은 무엇입니까?

Q.9 Do you have any siblings? Do you have any brother or sister?

형제나 여동생이 있습니까?

Q.10 Please tell me about your family. How many are in your family?

가족에 대해서 말해주세요. 가족이 몇 명인가요?

Q.1 What do you prefer to be called? How should I address you? Do you have a nickname?

제가 뭐라고 부르면 될까요? 따로 부르는 애칭이 있나요?

R1 I prefer to be called _____. That is my nickname.

나는 _____이라 불리는 것을 선호합니다. 그게 제 애칭/별명이에요.

R2 You can call me _____. I don't have a nickname.

나를 _____라고 부르세요. 나는 애칭/별명은 없습니다.

R3 Please call me _____. Thanks for asking.

저에게 _____라고 불러 주세요. 물어봐 줘서 고마워요.

Your Response: 당신의 대답

Q.2 When were your born? When is your birthdate? When is your date of birth?

언제 태어났습니까? 당신의 생년월일은 언제입니까? 생년월일은 언제입니까?

R1 I was born on July 10, 1995.

저는 1995 년 7 월 10 일에 태어났습니다.

R2 My birthdate is the 12th of May. I just turned 25 years old this past week.

제 생년월일은 5월 12일입니다. 나는 지난주에 25살이 되었습니다.

Your Response: 당신의 대답

_____

_____

_____

_____

📖 Grammar Tips 문법 팁 •••••••••••••••••••••

When providing birth date, use the preposition 'on' when providing month, date, and year. Use the preposition 'in' when providing month, season and/or year only. For example, say 'I was born in (correct) July, 1996' --NOT--'I was born on (wrong) July, 1996'. I was born in summer of 1996.

생일이나 월, 일 및 년도를 제시할때 'on' 이라는 전치사를 사용하라. 월, 계절 및 / 또는 년도를 제시하는 경우 'in' 이라는 전치사를 사용하라.

(Q.3) **How old are you?**
당신은 몇 살입니까?

(R1) I am 26 years old. My birth year is _____.

저는 26세입니다. 내 생년은 _____입니다.

(R2) In Korean age, I am _____ years old. However, I am _____ years old using international age standard.

한국의 나이로는 나는 _____ 살입니다. 그러나 국제 연령 기준을 사용하면 _____ 살입니다.

Your Response: 당신의 대답

_____

_____

_____

_____

📺 Interview Tips 면접 팁 ● ● ● ● ● ● ● ● ● ● ● ●

When being interviewed by foreign airlines, use international age. People turn a year older once they pass their birth date not when the new year passes. So if your birth date has not passed, you are two years younger than the actual Korean age.

외국 항공사와의 인터뷰 시에는 만 나이로 이용하라. 새해가 지나갈 때가 아니라 생년월일이 지나면 사람들은 1년 더 나이를 먹는다. 그래서 생일이 지나지 않았으면 당신은 실제 한국 나이보다 두 살 어리다.

Q.4 Where are you from? Where is your hometown?
고향이 어디 인가요?

R1 I am from Busan. I was born and raised in Busan.

나는 부산에서 왔습니다. 나는 부산에서 태어나 자랐습니다.

R2 My hometown is Daegu, but I live in Seoul now. Daegu is about four hours away from Seoul.

제 고향은 대구입니다. 하지만 저는 서울에 살고 있습니다. 대구는 서울에서 약 4시간 거리에 있습니다.

R3 I am originally from Jeju Island. I have been living in Seoul for the last four years because of my school.

저는 원래는 제주도에서 왔습니다. 학교 때문에 지난 4년 동안 서울에서 살고 있습니다.

Your Response: 당신의 대답

_____

_____

_____

_____

_____

_____

_____

📖 Grammar Tips 문법 팁 • • • • • • • • • • • • • • • • • •

Beginning English language students often ask the difference between the questions 'where are you from?' and 'where do you live?'. Remember 'where are you from?' is asking where you are from in terms of country and/or hometown. The question-- 'where do you live'-- is asking where you are living at the moment.

영어를 배우는 학생들은 종종 '어디에서 왔니?' 와 '너 어디서 사니?' 라는 질문 사이의 차이점을 묻는다. '어디에서 왔니?' 라는 질문은 국가 및 / 또는 고향의 관점에서 출신국을 요청한다. '당신은 어디에서 살고 있니?' 라는 질문은 현재 당신이 살고 있는 곳을 묻는다.

Q.5 Please tell me something about your hometown.

저에게 당신의 고향에 대해 무언가를 알려주세요.

R1 My hometown is Busan. Busan is the second largest city in Korea with a population of 3.4 million. Busan is famous for beautiful beaches and resorts. There are many tourist attractions such as Gukje Market and Busan Towel.

저의 고향은 부산입니다. 부산은 340만 인구의 한국에서 두 번째로 큰 도시입니다. 부산은 아름다운 해변과 리조트로 유명합니다. 국제 시장과 부산 타월 같은 관광 명소가 많이 있습니다.

R2 My hometown is Jeju Island. Jeju Island sometimes is also referred to as Korea's little "Hawaii" and is a famous tourist site for many Koreans and foreigners. Jeju Island has many interesting resorts, restaurants, and museums. Many tourists visit Jeju Island for its beautiful white sand beaches and dormant volcano sites. I am very proud of my hometown.

제 고향은 제주도입니다. 제주도는 한국의 작은 하와이라고도 하며, 많은 한국인과 외국인에게 유명한 관광지입니다. 제주도에는 많은 흥미로운 리조트, 레스토랑, 박

물관이 있습니다. 제주도는 아름다운 백사장과 화산으로 많은 관광객들이 찾아옵니다. 나의 고향을 매우 자랑스럽게 생각합니다.

R3 I was born in Jeonju. Jeonju is located in Jeola province and takes about three hours by car from Seoul. Jeonju is a famous tourist town due to its hanok village. When you visit hanok village, you can experience Korean traditional food and learn about different traditions of Korean heritage. Our famous Korean signature dish bibimbap is from Jeonju.

저는 전주에서 태어났습니다. 전주는 전라 지방에 위치하고 있으며 서울에서 자동차로 약 3 시간이 소요됩니다. 전주는 한옥 마을 때문에 유명 관광지입니다. 한옥 마을을 방문하면 한국 전통 음식을 체험하고 다양한 전통 문화를 배울 수 있습니다. 유명한 한국 요리인 비빔밥은 전주 음식입니다.

Your Response: 당신의 대답

Key words and expressions • 핵심 어휘와 표현

My hometown is known for _____.

제 고향은 _____로 알려져 있습니다.

It is famous for its _____.

_____로 유명합니다.

It is a famous tourist city due to its _____.

_____로 인해 유명한 관광 도시입니다.

It has many interesting places to visit and to see.

방문하고 볼 수 있는 많은 흥미로운 장소가 있습니다.

It is known for many tourist attractions such as _____.

_____과 같은 많은 관광 명소로 유명합니다.

Many tourists visit _____ for its beautiful _____.

많은 관광객들은 _____를 아름다운 _____로 찾아옵니다.

📇 Interview Tips 면접 팁 ● ● ● ● ● ● ● ● ● ● ● ● ● ● ● ● ● ●

When talking about your hometown, it is recommended to talk about what is famous in terms of places, tourist sites, and/or food of your hometown.

고향에 대해 이야기 할 때 장소, 관광지 및 / 또는 고향 음식으로 유명한 것에 대해 이야기 하는 것이 좋다.

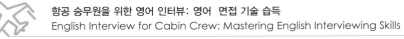
Q.6 Where do you currently live?

현재 어디에서 살고 있습니까?

R1 I live in Seoul at the moment. However, I am originally from Cheonan.

나는 현재 서울에 살고 있습니다. 그러나 원래는 천안에서 왔습니다.

R2 I currently live near Myungdong in Seoul. Myungdong is a great place to live because it has many good restaurants.

나는 현재 서울 명동 근처에 살고 있습니다. 명동은 좋은 식당이 많기 때문에 살기 좋은 곳입니다.

R3 I live in a small town called _____ in _____. It is about _____ hours away from Seoul by car. I have been living there since elementary school. _____ is a well-known place for having traditional Korean villages.

나는 _____이라는 작은 마을에 살고 있습니다. 서울에서 차로 약 _____ 시간 정도 떨어져 있습니다. 나는 초등학교 때부터 거기에 살고 있습니다. _____은 한국의 전통 마을을 가진 유명한 곳입니다.

Your Response: 당신의 대답

_____

_____

_____

_____

_____

Interview Tips 면접 팁 ·

When being interviewed by foreign airlines, please indicate how far your place is from Seoul. Not all cities and towns in Korea are familiar to the foreign airline interviewers, so it is advisable to provide some interesting facts about your town.

외국 항공사와 인터뷰를 할 때, 당신의 고향이나 사는 곳을 말할 때는 서울에서 얼마나 떨어져 있는지 알려야 한다. 한국의 모든 도시는 외국 항공사 면접관에게 친숙하지 않으므로 귀하의 도시에 대한 흥미로운 사실을 제공하는 것이 좋다.

Q.7 What is your height? How tall are you?

키가 어떻게 되나요?

R1 I am 168 center meters (cm) tall. I am about 5.6 feet.

저는 168 센터 미터 (cm)입니다. 나는 약 5.6 피트이다.

R2 My height is about 5.7 feet. In center meters, my height is 170 cm tall.

저의 신장은 약 5.7 피트입니다. 센터 미터로는 170 cm 입니다.

Your Response: 당신의 대답

_____

_____

_____

_____

Interview Tips 면접 팁 •

Be prepared to provide your height information in feet. For foreign airlines, they are more familiar with feet measurement. 165 cm equals 5 ft 4.960530 (inches).

신장 정보를 피트 단위로 제공 할 수 있도록 준비하라. 외국 항공사의 경우 피트 측정에 익숙하다. 165cm 는 5 피트 4.960530 (인치) 와 같다.

Q.8 What do you do at the moment? What is your occupation/ profession?

당신은 지금 무슨 일을 하나요? 당신의 직업은 무엇입니까?

R1 I have recently graduated from _____ University in February. At the moment, I have been preparing for this job interview.

저는 최근에 2월에 _____ 대학을 졸업했습니다. 지금은 면접을 준비하고 있습니다.

R2 I am not working at the moment. However, I am currently doing some volunteer work at a local community center. I am also preparing myself to be a cabin crew by improving my foreign language skills.

저는 지금 일하고 있지 않습니다. 그러나 현재 지역 커뮤니티 센터에서 자원 봉사 활동을 하고 있습니다. 저는 또한 외국어 능력을 향상하여 객실 승무원이 될 준비를 하고 있습니다.

R3 I am currently a senior at _____ University. I am expected to graduate in _____(month) this year.

저는 현재 _____ 대학교의 졸업생 입니다.
올해 _____ (월) _____에 졸업 할 것으로 예정입니다.

R4 I am a student at _____ University. This is my last semester/year. I will graduate with a bachelor's degree in _____.

저는 _____ 대학의 학생입니다. 이것은 내 마지막 학기 ___ / ___ 년입니다.
저는 _____에서 학사 학위를 가지고 졸업할 것입니다.

R5 I am studying _____ at _____ University. I will graduate next month.

저는 _____ 대학에서 _____를 공부하고 있습니다. 저는 다음 달에 졸업을 하게 됩니다.

R6 I graduated last year with a degree in _____. Since then I have been working at the customer service department at _____ Mall.

나는 _____ 학위를 받고 작년에 졸업했습니다.
그 이후로 나는 _____ 백화점에서 고객서비스 부서에 근무하고 있습니다.

R7 I have a part-time job working as a waitress at a family restaurant.

나는 가족 식당에서 웨이트리스로 아르바이트를 하고 있습니다.

Your Response: 당신의 대답

_____

_____

_____

Key words and expressions • 핵심 어휘와 표현

I am a student at _____ University.

저는 _____ 대학교의 학생입니다.

I am a sales clerk at a cosmetics store.

저는 화장품 가게에서 판매원입니다.

I work as a _____ at the _____ hotel.

나는 _____ 호텔에서 _____으로 일합니다.

I am between jobs right now.

지금은 일하고 있지 않습니다.

I have two part-time jobs right now.

나는 지금 두 개의 아르바이트를 하고 있습니다.

I am a student and work part-time at my university.

저는 학생이고 제 대학에서 아르바이트를 하고 있습니다.

I work full-time as a server at a coffee shop.

나는 풀타임으로 커피숍에서 서버로 일을 합니다.

📖 Grammar Tips 문법 팁 • • • • • • • • • • • • • • • • • •

For beginning English foreign language learners, it is easy to mistake the expression of 'what do you do?' for 'what are you doing?'. Remember that the expression 'what do you do' is using the simple present tense verb 'do'; therefore, your response should focus on habitual actions and/or routines. The expression 'what are you doing' is using the simple progressive verb be + base form of the verb + -ing. We use the present progressive to talk about an action that is in progress or is happening at the current moment.

영어를 처음 배우는 외국어 학습자의 경우 '당신은 무슨 일을 하고 있습니까?' 라는 표현을 실수로 '너 뭐하고 있니?' 쉽게 이해할 수 있다. '당신은 무슨 일을 하고 있습니까?' 라는 표현은 단순한 현재 시제 동사 'do'를 사용한다는 것을 기억하라. 따라서 귀하의 반응은 습관적인 행동 및 / 또는 일상에 초점을 맞추어야 한다. '무엇을 하고 있니?' 라는 표현은 현재진행 시제 동사 형태를 사용한다. 우리는 현재 진행형을 사용하여 현재 진행 중인 작업에 대해 이야기 한다.

🖥 Interview Tips 면접 팁 • • • • • • • • • • • • • • • • • •

It is important to keep your responses positive and to show that you keep yourself busy even if you do not have a job at the moment.

긍정적인 응답을 유지하고 당신이 지금 이 순간에 일이 없는 경우에도 바쁜 자신을 유지하는 것을 보여주는 것이 중요하다.

Q.9 Do you have any siblings? Do you have any brother or sister?

형제나 여동생이 있습니까?

R1 Yes, I have one older sister and two younger brothers.
My older sister is married and my younger brothers are attending middle school.

예, 저는 언니 한명과 남동생이 두 명 있습니다. 제 언니는 결혼했고, 제 남동생은 중학교에 다니고 있습니다.

R2 Yes, I do. I have one brother who is currently serving in the army.

네, 있습니다. 나는 현재 군대에 복무하고 있는 한 형제가 있습니다.

R3 No, I don't have any siblings. I am the only child. However, I have two close cousins who are in similar age as me. They are like my siblings.

아니요, 저는 형제가 없습니다. 저는 외동딸 입니다. 그러나 나에게는 비슷한 나이에 가까운 두 명의 사촌이 있습니다. 그들은 내 형제들과 같습니다.

Your Response: 당신의 대답

_____

_____

_____

_____

📖 Interview Tips 면접 팁 ••••••••••••••••••

Sometimes the interviewer may ask follow-up questions about your sister and/or brother. Be prepared to briefly talk about them.

Ex: Do you get along with your sister? How is your brother like? Tell me something about your sister/brother.

때때로 면접관은 자매 또는 형제에 대한 후속 질문을 요구할 수 있다. 그들에 대해 간단히 이야기 할 준비를 하라. 예: 동생과 잘 어울리는가? 형은 어떠한가? 네 누이 / 형제에 대해 무언가를 말하도록 준비하도록 하자.

Q.10 Please tell me about your family. How many are in your family?

가족에 대해서 말해주세요. 가족이 몇 명인가요?

R1 I come from a big family. I am currently living with my parents, grandparents, two younger brothers and one younger sister. Both of my parents work. Since my parents are often busy with their work, it is nice to have my grandparents who always welcome us when we come home. My two younger brothers are in high school and my younger sister is in elementary school. I try to help out at the house as much as I can. As a treat, my parents sometimes take all of us out for a picnic or a movie on weekends.

저의 가족은 대가족입니다. 현재 부모님, 조부모님, 남동생 두 명과 여동생 한 명과 함께 살고 있습니다. 부모님은 모두 일합니다. 부모님은 종종 자신의 일에 바쁘기 때문에 집에 없을 때 우리를 언제나 환영하는 조 부모님이 계신 것이 좋습니다. 두 남동생은 고등학생이고 여동생은 초등학생입니다. 나는 가능한 집에서 도우려고 노력합니다. 부모님은 때때로 우리 모두를 위해 주말에 피크닉을 가거나 영화를 보도록 데리고 갑니다.

R2 There are four members in my family. My parents both work at a university and my older brother is in graduate school. My brother works hard in his studies, so he often motivates me to do better in everything. It is nice to have a brother who encourages me a lot. My family is very supportive of one another.

우리 가족은 네명입니다. 우리 부모님은 대학에서 일하고 내 형은 대학원에 있습니다. 제 형은 열심히 공부합니다. 그래서 종종 모든 일에서 더 잘하도록 동기를 부여 합니다. 나를 격려하는 형이 있어서 좋습니다. 우리 가족은 서로를 매우 지지 합니다.

R3 We are a family of three. I am the only child of my parents. My father works for the government and my mother is a homemaker. My father is very diligent and always works hard for his family. My mother is very caring and a great cook. She always makes healthy breakfast for my father and me. We are a close-knit family.

우리는 3 명의 가족입니다. 저는 부모님의 외동딸 입니다. 아버지는 공무원이고 어머니는 주부입니다. 아버지는 매우 부지런하며 항상 가족을 위해 열심히 노력합니다. 우리 엄마는 매우 사려깊고 훌륭한 요리사입니다. 그녀는 항상 내 아버지와 나를 위해 건강한 아침 식사를 준비합니다. 우리는 친밀한 가족 입니다.

R4 My family consists of five members. They are my parents, one older brother, one younger sister and me. My father works for a bank and my mother works part-time as a pre-school teacher. My older brother is a math teacher in high school. My younger sister is a middle school student. My brother will be getting married next month, so we are all very excited about the wedding.

우리 가족은 다섯 명으로 구성되어 있습니다. 그들은 부모님, 오빠, 여동생 그리고 나입니다. 아버지는 은행에서 일하며 어머니는 어린이집에서 선생님으로 아르바이트를 하고 있습니다. 오빠는 고등학교 수학 교사입니다. 내 여동생은 중학생입니다. 저의 오빠는 다음 달에 결혼 함으로 우리는 모두 결혼식에 대해 매우 기대하고 있습니다.

Your Response: 당신의 대답

There are _____ members in my family.

우리 가족은 _____ 명입니다.

My family consists of _____ members.

우리 가족은 _____ 명입니다.

We are a family of _____.

우리는 _____의 가족입니다.

I come from a big family.

저의 가족은 대가족입니다.

I am the only child.

저는 외동딸입니다.

I am the first child.

저는 첫 번째 자녀입니다.

I am the second oldest of four.

저는 4형제 중 둘째 입니다.

I am the youngest of four children.

저는 네 자녀 중 막내입니다.

We get along very well.

우리는 사이가 참 좋습니다.

We are a very close-knit family.

우리는 매우 친밀한 가족입니다.

Interview Tips 면접 팁 ·········

It is not necessary to disclose personal information about your family. However, it would be helpful to briefly talk about what your family members do generally in terms of their professions. Also, if there is a big family event coming up, it is okay to share that information to keep the conversation interesting.

가족에 관한 개인 정보를 공개할 필요는 없다. 그러나 가족 구성원들이 일반적으로 자신의 직업에 관해 무엇을 하는지 간단히 이야기하는 것이 도움이 될 것이다. 또한 큰 가족 행사가 있을 경우 대화를 재미있게 하기 위해 그 정보를 공유하는 것도 괜찮다.

Practice Your English · 영어를 연습해보자

Activity 1: Speaking/Writing 말하기/쓰기

Use the following questions to help you talk and write about your family.
다음 질문을 사용하여 가족에 관해 이야기 해보고 적어보자.

- How many are in your family?
- What does your father do? Is there anything particular or special about your father?
- What does your mother do? Is there anything particular or special about your mother?

- What does your brother/sister do? Is there anything particular or special about your family?

- How do you get along with your family?

- What do you and your family usually do for fun?

- Is there any special event coming up with your family? (optional)

Please tell me about your family. 가족에 대해서 말해보아라.

Activity 2: Listening/Speaking 듣기/말하기

Role-play with a partner 파트너와 함께 역할 놀이

Use the following questions to ask your partner. Take turns asking and responding to the questions.

다음 질문을 사용하여 파트너에게 물어보고 교대로 질문하고 질문에 응답하라.

1. Do you have a nick name?
2. What do you prefer to be called?
3. How old are you?
4. When is your birth date?
5. Where is your hometown?
6. Where do you live?
7. How tall are you?
8. Do you have any siblings?
9. What do you do at the moment?
10. What does your father do?

English Interview for Cabin Crew: Mastering English Interviewing Skills

항공 승무원을 위한 영어 인터뷰:
영어 면접 기술 습득

Chapter 05

Hobbies and Special Interests
취미와 특별한 관심사

Chapter 05

Hobbies and Special Interests
취미와 특별한 관심사

Chapter Goals 챕터 목표

- To use appropriate expressions to talk about hobbies and interests
  취미와 관심사에 대해 이야기 할 때 적절한 표현 사용하기

- To use frequency of adverbs and time expressions correctly
  부사와 시간 표현의 빈도를 정확하게 사용하기

Grammar Points 핵심 문법

Singular nouns are words to illustrate that there is one person, one place, one thing, or one idea. When one single noun or pronoun is associated with the subject of a sentence, the verb needs to agree with the part of the subject. Ex: My hobby is reading books.

단수 명사는 한 사람, 한 곳의 장소, 한 가지 물건, 혹은 한 가지 아이디어가 있음을 설명하는 단어이다. 하나의 명사 또는 대명사가 문장의 주제와 관련이 되어 있을 때, 동사는 주제의 일부와 일치해야 한다. 예시: 나의 취미는 독서이다.

Plural nouns are words to illustrate that there is more than one person, one place, one thing, or one idea. When two or more nouns or pronouns are associated with the subject of a sentence, the verb needs to agree with the part of the subject. Ex: My hobbies are reading books and jogging on weekends.

복수 명사는 한 명 이상의 사람, 한군데 이상의 장소, 한 개 이상의 물건, 또는 한 개 이상의 아이디어가 있음을 나타내는 단어이다. 두 개 이상의 명사 또는 대명사가 문장의 주제와 관련되어 있을 때 동사는 주제의 일부와 일치해야 한다. 예시: 나의 취미는 주말에 독서와 조깅을 하는 것이다.

Use adverbs of frequency to describe how often something happens. Use frequency expressions describe how often we do something. Ex: I usually go out for a walk every weekend.

빈도 부사를 사용하여 무언가가 발생 하는 빈도를 설명해보자. 사용 빈도 표현은 우리가 얼마나 자주 무언가를 행하는지를 묘사한다. 예시: 나는 대체로 매주 주말 산책을 간다.

 ## Key Vocabulary 주요 단어

authentic 진품의	unexpected 뜻밖의	issues 중요 문제	upload 업로드 하다
dishes 접시, 요리	blog 블로그	encouraging 격려의	actually 사실은
hiking 등산	express 표현하다	mundane 일상적인	renowned 유명한
served 차려진	humor 유머	considered 깊이 생각한	comfortable/ relaxing 편안한
genres 장르	refreshed 기분이 상쾌한	avid 열심인	equipment 도구, 장비

Key Expressions 핵심 표현

See each section for key expressions

각 부분에서 핵심 표현을 참고하자.

Interview Tips 면접 팁

Interviewers ask questions directly related to your career, but they also often ask questions about your hobbies and interests. This is another opportunity for you to showcase your asset. Avoid generic answers such as watching TV and listening to music. Talk about hobbies that are truly meaningful to you. Hobbies should demonstrate your passion and enthusiasm.

면접관은 직업과 직접적으로 관련된 질문을 하기 도 하지만, 때때로 취미나 관심사에 관한 질문을 한다. 이는 장점을 보일 수 있는 또 다른 기회이다. TV를 시청한다거나 음악 감상을 한다는 일반적인 대답은 피하도록 하자. 진정 나에게 의미 있는 취미 생활에 대해 이야기 하는 것이 좋다. 열정과 열의를 나타낼 수 있는 취미여야 한다.

Interview Questions 면접 질문

Q.1 What is your hobby? What are your hobbies? What kind of hobbies do you have?

취미가 무엇인가요? 어떠한 취미들이 있는가요? 어떤 취미를 가지고 있는가요?

Q.2 Do you have a hobby? Do you have hobbies?

취미가 있는가요? 어떠한 취미들을 가지고 있는가요?

Q.3 What do you usually do in your spare time? How do you usually spend your free time?

여가 시간에 주로 무엇을 하는가요? 여유 시간에 주로 무엇을 하며 보내는가요?

Q.4 How do you spend your weekends?
주말을 어떻게 보내는가요?

Q.5 Do you like to read?
책을 읽는 것을 좋아 하나요?

Q.6 What kind of books do you like?
어떤 종류의 책을 좋아 하는가요?

Q.7 What kind of music/movies do you like?
어떤 종류의 음악/영화를 좋아하는가요?

Q.8 What are your favorite sports?
가장 좋아하는 스포츠가 무엇인가요?

Q.9 Do you have any special skills? What is your talent?
특별한 재능이 있는가요? 특기가 무엇인가요?

Q.10 Can you speak any other languages besides English? What foreign languages can you speak?
영어 이외에 다른 언어를 말할 수 있나요? 어떠한 외국어를 말할 수 있나요?

Interview Questions & Sample Responses
면접 질문 및 샘플 응답

Q.1 What is your hobby? What are your hobbies?
What kind of hobbies do you have?
취미가 무엇인가요? 어떠한 취미들이 있는가요? 어떤 취미를 가지고 있는가요?

R1 My favorite hobby is reading books. I particularly like books written by _____ author. He/she always writes interesting books with the most unexpected endings. The latest book written by him was _____. I really enjoyed reading it.

저의 취미는 독서입니다. 저는 특별히 _____ 작가님의 책을 가장 좋아합니다. 그는/그녀는 항상 예상치 못했던 결말이 있는 흥미로운 책들을 쓰십니다. 제가 가장 최근에 읽은 작가님의 책은 _____입니다. 정말 재미있게 읽었습니다.

R2 My hobbies are cooking and baking. In the past, I took some cooking classes, but at the moment I am taking a baking class. So I do a lot of baking and cooking whenever I have free time. These days I do more of baking, so my house smells very sweet.

저의 취미는 요리와 빵 굽기 입니다. 과거에는 요리 수업을 들었고, 지금은 빵 굽는 수업을 듣고 있습니다. 그래서 저는 여유 시간이 날 때 마다 요리와 빵을 자주 만듭니다. 요즘은 빵을 더 많이 만들어서, 저희 집에서는 아주 달콤한 냄새가 납니다.

R3 My hobbies are trying out authentic restaurants and writing reviews of them. I actually have a food blog. So I often take photos of the special dishes I try out and upload them on my blog. I started my blog just for fun, but I actually have some readers on my blog.

저의 취미는 정통 식당에서 식사를 해보고 리뷰를 남기는 것입니다. 사실 저는 음식 블로그를 운영합니다. 그래서 때때로 맛봤던 특별한 요리들의 사진을 찍어서 블로그에 포스팅 하곤 합니다. 재미로 시작한 블로그 인데, 지금은 구독자들도 있습니다.

Your Response: 당신의 대답

_____

_____

_____

Interview Tips 면접 팁 ·

The interviewers can ask follow-up questions to further carry on the conversation. Think of follow-up questions and responses to practice your interviewing skills.

면접관은 대화를 이어가기 위해 후속 질문을 할 수 있다. 면접 스킬 연습을 위해 후속 질문과 답변을 생각해 보자.

Q.2 Do you have a hobby? Do you have hobbies?

취미가 있는가요? 어떠한 취미들을 가지고 있는가요?

R1 Yes, my hobby is actually going hiking on weekends with my family. We have been doing this for over two years now. We first started go hiking to help our father with his health issues. But now going hiking has become all of our family's hobby.

네, 저의 취미는 주말에 가족들과 등산을 가는 것입니다. 우리 가족은 2년째 이러한 취미를 가지고 있어요. 처음에는 아버지의 건강을 위해 다 같이 등산을 시작했습니다. 하지만 지금은 등산이 가족 모두의 취미가 되었습니다.

R2 My hobbies are doing outdoor activities. One of my favorite hobbies is going camping. I try to go camping at least once a month with my family or friends. I have been collecting camping equipment since high school, so I have a good amount of gears for camping. My favorite camping place is _____. Another outdoor activity I really enjoy is riding a bicycle near Han river. I actually do this every weekend.

저의 취미는 야외 활동입니다. 가장 좋아하는 활동 중 하나는 캠핑을 가는 것입니다. 가족들이나 친구들과 함께 적어도 한 달에 한 번은 캠핑을 가려고 노력합니다. 고등학교 때부터 캠핑 장비를 모았기 때문에, 캠핑을 위한 충분한 장비들이 있습니다. 가장 좋아하는 캠핑 장소는 _____ 입니다. 제가 좋아하는 또 다른 야외 활동으로는 한강 근처에서 자전거 타기 입니다. 매주 주말 저는 자전거를 탑니다.

Your Response: 당신의 대답

> **Key words and expressions** • 핵심 어휘와 표현

My hobby is (gerund/verb + ing) _____.

저의 취미는 (동명사/동사 + ing) _____입니다.

My hobby is reading books.

저의 취미는 독서입니다.

My hobby is going to the movies with friends.

저의 취미는 친구들과 영화 보러 가는 것입니다.

One of my favorite hobbies is hiking.

제가 가장 좋아하는 것 중 하나가 등산입니다.

My hobbies are going camping and hiking.

저의 취미는 캠핑과 등산입니다.

I really enjoy cooking. So cooking is my favorite hobby.

저는 요리를 정말 좋아합니다. 그래서 요리가 저의 취미입니다.

I am into (verb + ing) _____. Ex: I am into collecting stamps.

저는 (동사 +ing) _____ 에 빠져 있습니다. 예시: 저는 우표를 모으는 것에 빠져 있습니다.

I like + (use infinitive/to + verb) to talk about specific hobbies.
Ex: I like to go fishing on weekends.
I like to eat Chinese food.

저는 _____하는 것을 좋아 한다 . 특정 취미에 대해 이야기하기 위해 (부정사 / to + 동사 사용) 을 사용하라. 예시: 저는 주말에 낚시 가는 것을 좋아 합니다.
저는 중국 음식을 먹는 것을 좋아합니다.

📖 Grammar Tips 문법 팁 •

Reading, cooking, hiking, and baking look like verbs, but they are actually gerunds working as nouns. Gerunds are formed by adding –ing to the end of a verb. Gerunds are NOT verbs. Gerund is an action being used as a thing or idea, so it functions as a noun.

독서 (reading), 요리 (cooking), 등산 (hiking), 베이킹 (baking) 단어들은 동사처럼 보이지만 사실 명사의 기능을 하는 동명사이다. 동명사는 –ing 을 동사 끝에 붙이면 만들 수 있다. 동명사는 동사가 아니다. 동명사는 물건이나 생각처럼 사용되는 동작이며, 명사의 기능을 한다.

Ex: Reading is my way of relaxing. I usually go hiking once a week to maintain good health.

예시: 저는 편안함을 얻기 위해 독서를 합니다. 저는 대체로 건강을 유지하기 위해 일주일에 한번 등산을 갑니다.

An infinitive uses 'to' before a verb. To read, to play, to eat, to watch are all examples of infinitives. Infinitives are NOT verbs, but they are used as nouns, adjectives, or adverbs. Because infinitives are not verbs, do not add s, es, ed, or ing at the end.

부정사는 동사 앞에 'to'를 사용한다. 읽는 것, 노는 것, 먹는 것, 보는 것 등은 부정사의 예이다. 부정사는 동사가 아니며 명사, 형용사, 혹은 부사로 사용된다. 부정사는 동사가 아니므로, s, es, ed, ing 을 부정사 끝에 붙여서는 안 된다.

Ex: I like to read non-fiction books.
   I have a lot of books to read at home.
   To learn how to read in a foreign language is difficult.

예시: 나는 논픽션 책을 읽는 것을 좋아합니다.
   저는 집에서 읽을 책을 많이 가지고 있습니다.
   외국어 읽는 것을 배우는 것은 어렵습니다.

Q.3 What do you usually do in your spare time? How do you usually spend your free time?

여가 시간에 주로 무엇을 하는가요? 여유 시간에 주로 무엇을 하며 보내는가요?

R1 In my spare time, I try to exercise by going to the gym. I try to work out three or four times a week. Exercising always helps me feel refreshed afterwards.

여가 시간에, 저는 체육관에 가서 운동을 합니다. 일주일에 3번에서 4번 정도 운동을 하려고 노력합니다. 운동은 항상 상쾌한 기분을 느낄 수 있게 해줍니다.

R2 I usually spend my free time watching American dramas. This is sort of my way of relaxing, but watching American dramas actually has helped me improve my English language skills.

저는 대체로 미국 드라마를 보며 여가 시간을 보냅니다. 드라마를 보는 것은 나를 편안하게 쉬게 해주기도 하지만, 영어 실력 향상에도 도움이 됩니다.

R3 When I am not working, I try to catch up with my friends. We sometimes go to the movies, but in many cases we just enjoy nice meals together to talk about any special events. We are very supportive of one another, so it is nice to have such encouraging friends.

일 하지 않을 때는, 친구들과 시간을 보내려고 노력 합니다. 우리는 가끔 영화를 보러 가지만 대체로 그냥 밥을 같이 먹고 특별한 일들이 있는지에 대해 이야기 합니다. 우리는 서로를 많이 의지하고, 이렇게 서로에게 용기를 줄 수 있는 친구가 있다는 것은 멋진 일입니다.

Your Response: 당신의 대답

> **Key words and expressions** • 핵심 어휘와 표현

I often work out at the gym in my spare time.

나는 여가 시간에 체육관에 갑니다.

I usually spend time with my friends.

나는 친구들과 함께 여가 시간을 보냅니다.

I usually read in my spare time.

나는 여가시간에 독서를 합니다.

I usually spend my free time to relax and to catch up with my friends.

나는 여가 시간에 휴식을 하고, 친구들을 만납니다.

I really enjoy baking in my free time.

나는 여가 시간에 빵 굽는 것을 즐깁니다.

Q.4 How do you spend your weekends?
주말을 어떻게 보내는가요?

R1 On weekends, I always try to catch up on my tasks that I have been putting off on the weekdays. In addition to doing mundane things such as house chores, I sometimes go to the movies or go shopping with friends.

주말에는 주중에 다 못해서 미뤄진 일을 끝내려고 항상 노력합니다. 집안일과 같은 평범한 일을 하는 것 외에도, 친구들과 가끔 영화를 보거나 쇼핑을 하곤 합니다.

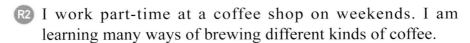
R2 I work part-time at a coffee shop on weekends. I am learning many ways of brewing different kinds of coffee.

주말에는 카페에서 아르바이트를 합니다. 여러 종류의 커피를 내리는 방법들에 대해 배우고 있습니다.

R3 I try to spend some quality time with my family on weekends. We like to do family activities, such as eating out, going on a picnic, or even visiting a local library together. I have one younger brother who is still in elementary school, so I also help him with his school work on weekends.

주말에는 가족들과 소중한 시간을 보내려고 노력 합니다. 우리는 외식이나 소풍, 지역 도서관 방문 같은 활동을 함께 하는 것을 좋아합니다. 남동생이 아직 초등학교에 다니기 때문에, 동생의 숙제를 도와주기도 합니다.

R4 I help out at my parents' family restaurant on weekends. I sometimes serve at the counter, but other times I also work as a waitress. Working at my parents' family restaurant has helped me gain excellent service skills.

주말에는 부모님이 운영하시는 패밀리 레스토랑 일을 도와드립니다. 때때로 카운터에서 일 하고, 그 외의 시간에는 서빙을 합니다. 부모님의 패밀리 레스토랑에서 일하면서 서비스 능력이 많이 향상된 것 같습니다.

Your Response: 당신의 대답

📖 Grammar Tips 문법 팁 • • • • • • • • • • • • • • • •

Adverbs of frequency tell how often something happens. They often come between the subject and the verb. To emphasize, some adverbs of frequency come at the beginning or at the end of a sentence. Adverbs of frequency come after the 'be' verbs.

빈도부사는 무언가가 얼마나 자주 발생 하는지를 알려준다. 빈도부사는 목적어와 동사 사이에서 자주 볼 수 있다. 강조를 위해, 몇몇 빈도부사는 문장의 시작이나 끝에 위치한다. 빈도부사는 'be' 동사 다음에 온다.

How often do you _____? How often do you exercise?

얼마나 자주 _____ 하는가? 얼마나 자주 운동 하는가?

always	almost always	usually	often/ frequently	sometimes	seldom/ rarely	never
항상	거의 항상	대체로	자주/ 빈번하게	때때로	드물게/ 거의 ~않다	절대로
100%	90-70%	70-60%	60-50%	50-40%	30-10%	0%

In many cases, frequency and time expressions come at the end of a sentence. However, sometimes frequency and time expressions can come at the beginning of a sentence. Make sure to use a comma (,) after the expressions at the beginning of a sentence.

Ex: I exercise twice a week. I try to exercise every evening. Twice a week, I eat out with my family.

대부분의 경우에, 빈도와 시간을 나타내는 표현들은 문장의 마지막에 위치한다. 그러나 빈도와 시간을 나타내는 표현들이 가끔씩 문장의 시작에 올 때가 있다. 문장 처음에 그러한 표현들이 올 때는 표현 뒤에 쉼표(,)를 사용하는 것을 잊어서는 안 된다.

예시: 나는 일주일에 두 번 운동 한다. 나는 매일 저녁 운동 하려고 노력 한다. 일주일에 두 번, 나는 가족들과 외식을 한다.

Frequency Expressions	Time Expressions
빈도를 나타내는 표현	시간을 나타내는 표현
all the time	in + the morning
항상	아침에
once a week/month/year	in + the afternoon
1주일에 한번/1달에 한번/	오후에
1년에 한번	
twice a week/month/year	in + the evening
2주에 한번/ 2달에 한번/ 2년에 한번	저녁에
three times a week/month/year	in + January
1주일에 세번/1달에 세번/1년에 세번	1월에
every morning/afternoon/evening/	in + 1996
night	1996 년에
매일 아침/매일 오후/ 매일 저녁/	
매일 밤	
every day/week/year	in + the summer/fall/winter/
매일/ 매주/ 매년	spring
	여름에/가을에/겨울에/ 봄에
every summer/winter/spring/	on + Monday(s)/weekends/
fall	May 1
매년 여름/ 매년 겨울/ 매년 봄/	월요일마다/주말마다/
매년 가을	매년 5월 1일마다
	at + night/noon/10:00
	밤에/정오에/10시에

> **Key words and expressions** • 핵심 어휘와 표현

On weekends, I usually stay home and relax with my family.

주말에 저는 집에서 가족들과 함께 휴식을 취합니다.

I usually do volunteer work at a local church on weekends.

대체로 저는 지역 교회에서 주말 봉사를 합니다.

I usually spend my weekends doing house chores.

대체로 저는 집안일을 하며 주말을 보냅니다.

I always work out on weekends.

저는 주말에 항상 운동을 합니다.

I often meet my friends every weekend.

저는 주말에 종종 친구들을 만납니다.

I sometimes go watch movies with my family on weekends.

저는 가끔 주말에 가족들과 영화를 보러 갑니다.

Q.5 Do you like to read?

책을 읽는 것을 좋아 하나요?

R1 Yes, I do. I enjoy reading a lot. When I was young, I was into fiction and fantasy, but now I enjoy reading more of the non-fiction and self-improvement books. These types of books are inspiring and motivational for me.

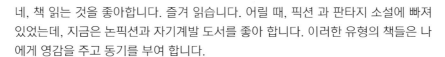
네, 책 읽는 것을 좋아합니다. 즐겨 읽습니다. 어릴 때, 픽션 과 판타지 소설에 빠져 있었는데, 지금은 논픽션과 자기계발 도서를 좋아 합니다. 이러한 유형의 책들은 나에게 영감을 주고 동기를 부여 합니다.

R2 Absolutely, I do. I am an avid reader. I like all kinds of books, thriller, science fiction, non-fiction, romance, adventure, and self-help. But my favorite type of book is non-fiction. Non-fiction books help readers to understand other people's experiences. My favorite non-fiction book is _____ written by _____.

정말 좋아합니다. 저는 읽는 것에 욕심이 많습니다. 저는 스릴러, 공상 과학, 논픽션, 로맨스, 어드벤처, 자기계발 등의 모든 종류의 책을 좋아합니다. 그 중에서도 가장 좋아하는 책은 논픽션입니다. 논픽션 도서는 독자들이 다른 사람의 경험을 이해하는 데 도움이 됩니다. 제가 가장 좋아하는 논픽션 책은 _____ 작가님의 _____입니다.

R3 Yes, I love to read. I try to read a new book once a month. I am currently into self-improvement books.

네, 저는 읽는 것을 좋아합니다. 저는 한 달에 한번 새로운 책을 읽으려 노력합니다. 최근에는 자기계발 도서에 빠져 있습니다.

Your Response: 당신의 대답

_____

_____

_____

_____

Q.6 What kind of books do you like?

어떤 종류의 책을 좋아 하는가요?

R1 I like reading novels. I especially like mystery fiction with a strong story line and plenty of suspense. But I also choose books based on authors. My favorite author is _____. She writes excellent novels.

저는 소설 읽는 것을 좋아합니다. 특별히 미스터리 픽션 소설에 강한 스토리 전개가 있고 긴장감 있는 소설을 좋아해요. 그리고 저는 작가를 보고 책을 고르기도 합니다. 제가 가장 좋아하는 작가님은 _____ 입니다. 작가님은 훌륭한 소설을 쓰십니다.

R2 I like to read self-improvement books. I recently read a book written by _____. He/she discussed ways to improve communication skills in life. I enjoyed learning about ways to better communicate with people around me.

저는 자기계발 소설을 읽는 것을 좋아합니다. 최근에는 _____ 작가님의 책을 읽었어요. 그는/그녀는 삶을 살아가는 데에 있어서 필요한 커뮤니케이션 스킬의 향상 방법을 다뤘습니다. 주위 사람들과 더 잘 소통 할 수 있는 방법을 배울 수 있어 즐거웠습니다.

Your Response: 당신의 대답

📖 Book Genres 책의 장르

- ☑ Drama/드라마
- ☑ Romance/로맨스
- ☑ Thriller/스릴러
- ☑ Non-fiction/논픽션
- ☑ Fiction/픽션
- ☑ Adventure/어드벤처
- ☑ Self-Help/Self-Improvement/자기계발

- ☑ Science Fiction/공상 과학
- ☑ Mystery/미스터리
- ☑ Religion/종교
- ☑ Health/건강
- ☑ Travel/여행
- ☑ Action/액션

Q.7 What kind of music/movies do you like?

어떤 종류의 음악/영화를 좋아하는가요?

R1 I like (K-pop/classical/Christian/R&B/hip pop/ballad) music. My favorite artist of _____ music is _____.

저는 (케이팝/클래식/기독교 음악/알앤비/힙합/발라드) 음악을 좋아합니다. 제가 가장 좋아하는 가수는 _____ 이고, 노래는 _____입니다.

R2 I like romantic comedies. Director _____ makes excellent romantic comedies, so I try to watch his/her movies when they come out.

저는 로맨틱 코미디를 좋아합니다. 감독님 _____ 는 훌륭한 로맨틱 코미디를 만듭니다. 그래서 저는 그의/그녀의 영화가 나오면 보려고 노력 합니다.

Your Response: 당신의 대답

Interview Tips 면접 팁 ●

The interviewer may ask questions about the content of the books you have read. Be prepared to respond to some specific details of your favorite book(s).

면접관이 책의 내용에 대해 문의 할지도 모른다. 가장 좋아하는 책의 자세한 내용까지 준비가 되어 있어야 한다.

 Music/Movie Genres 음악/영화의 장르

Music 음악	Movies 영화
hip hop 힙합	action 액션
R&B and soul 알앤비와 소울	adventure 어드벤처
rock 락	romantic 로맨틱
jazz 재즈	comedy 코미디
k-pop 케이팝	science-fiction 공상 과학 소설
Christian 기독교 음악	drama 드라마
rock & roll 락앤 롤	thriller 스릴러
country 컨트리	fantasy 판타지
classical 클래식	animated 애니메이션
ballad 발라드	classical 고전

 What are your favorite sports?
가장 좋아하는 스포츠가 무엇인가요?

R1 My favorite sports to watch are tennis and soccer. They are quite the opposite types of sports, but they are both very entertaining to watch. Soccer is very popular in

Korea, so I have always enjoyed watching soccer matches. I have just begun watching tennis matches because of _____ player. I just think that he/she is a renowned tennis player, who is so good.

제가 가장 즐겨 관람하는 스포츠는 테니스와 축구입니다. 두 스포츠는 전혀 다른 종류지만, 둘 다 아주 흥미로운 종목입니다. 축구는 한국에서 매우 유명하기 때문에 항상 축구 경기를 보아 왔습니다. 테니스 경기는 보기 시작한지 얼마 되지 않았는데, _____ 선수 때문에 보기 시작 했습니다. 저는 그/그녀가 아주 잘 알려진 훌륭한 테니스 선수라고 생각 합니다.

R2 I like swimming and playing squash. I live near a fitness center which allows me to do both. They both keep me very fit.

저는 수영과 스쿼시를 좋아 합니다. 피트니스 센터 근처에 살기 때문에 두 가지 모두 접할 수 있었습니다. 두 종목 모두 저를 튼튼하게 해줍니다.

R3 I like playing badminton and table tennis. My whole family is into them actually. So we try to play badminton and table tennis whenever we have free time.

저는 배드민턴과 탁구 치는 것을 좋아합니다. 사실 온 가족이 함께 하는 스포츠 입니다. 그래서 우리는 여유 시간이 있을 때 마다 배드민턴이나 탁구를 치곤합니다.

Your Response: 당신의 대답

_____

_____

_____

_____

🖼 Interview Tips 면접 팁 ••••••••••••••••••••••••••••••••••

"What are your favorite sports?" is a general question so be prepared to talk about your favorite sports to watch and to play.

가장 좋아하는 스포츠는 일반적인 질문이므로 즐겨 관람하는 스포츠에 관해 답변을 준비하고 참여하기 위해 좋아하는 스포츠에 관해 이야기 할 준비를 해야 한다.

Q.9　Do you have any special skills? What is your talent?
특별한 재능이 있는가요? 특기가 무엇인가요?

R1 I believe I have good leadership skills. When I was in college, I served as president in my _____ club. Being in that position provided opportunities for me to lead many different club events. My fellow club members have expressed that I was a good leader because I valued all members' input.

제 생각에 저는 리더십이 있는 것 같습니다. 제가 대학에 다닐 때, _____동아리의 회장을 맡았었습니다. 회장으로 활동 하면서 여러 가지 동아리 행사를 이끌 기회가 많았습니다. 모든 회원들의 의견을 소중히 했기 때문에, 회원들로부터 '좋은 리더였다' 는 평을 들을 수 있었습니다.

R2 Well, I feel speaking three languages is one of my special skills. In addition to speaking English and Korean, I also speak Chinese quite well. I did a study abroad program in China during my college days, which has helped me improve my Chinese tremendously.

3가지 언어를 말 하는 것이 저의 특기 중 하나가 아닐까 싶습니다. 영어, 한국어뿐만 아니라 저는 중국어도 꽤 잘합니다. 대학 시절 참여한 중국 유학 프로그램의 도움을 받아 중국어 실력이 크게 향상 되었습니다.

R3 My special talent would be that I have good interpersonal skills. I generally work well with people and enjoy doing team work. Because I am a people-oriented person, I have no problem getting along with team members or co-workers. I know that this trait will be very useful in the service field.

저의 특기는, 좋은 대인관계 능력입니다. 저는 대체로 사람들과 함께 일하는 데에 능하고, 팀워크 하는 것을 즐깁니다. 제가 사람 지향적인 사람이기 때문에, 저는 팀원들이나 직장 동료들과 함께 하는 데에 문제가 없습니다. 이러한 능력이 서비스 필드에서 아주 유용한 장점이라고 생각합니다.

R4 I am not sure if this is considered as a special talent, but I am good at making people laugh. People have told me that I have a great sense of humor. I know a lot of jokes because I started collecting jokes when I was in high school to help my fellow classmates reduce stress with the college entrance exam. So knowing lots of jokes has helped me make people around me laugh more.

이런 것을 특기라 해도 될 지 잘 모르겠습니다만, 저는 사람들을 잘 웃게 만듭니다. 사람들은 제가 유머감각이 있다고 말합니다. 저는 대학 입시 시험에 지쳐있는 친구들을 위해 고등학교 때부터 우스운 이야기를 모으기 시작했기 때문에, 우스운 이야기를 아주 많이 알고 있습니다. 농담을 잘 하는 것이 제 주변 사람들을 더 잘 웃게 만든 것 같습니다.

Your Response: 당신의 대답

Interview Tips 면접 팁 •

Even if you feel you do not have any special skills or talents, do not convey that kind of message. Think of this question as asking about your strength. So mention something that you are truly good at or passionate about. If you have some kind of awards or certificates to demonstrate your skills or talents, that is even better.

만약 특기나 장기가 없다는 생각이 들더라도, 그렇게 말을 해서는 안 된다. 이 질문을 본인의 강점이 무엇인가를 묻는 질문으로 받아들이면 된다. 정말로 잘하거나 열정이 있는 무언가에 대해 이야기 하면 되는 것이다. 만약 상을 받거나 자격증이 있어 특기나 장기에 대해 이야기 할 수 있다면 더 플러스가 될 것이다.

Q.10 Can you speak any other languages besides English? What foreign languages can you speak?

영어 이외에 다른 언어를 말할 수 있는가요? 다른 외국어를 말할 수 있는가요?

R1 I speak a little bit of Japanese as well. I took English and Japanese classes when I was in college. These days Chinese is one of the main languages to learn, so I am planning to attend a language institute to learn Chinese.

저는 일본어를 약간 할 줄 압니다. 대학에 있을 때 영어와 일어 수업을 들은 적이 있습니다. 요즘은 중국어를 대체로 많이 배우는 추세이기 때문에, 중국어 강좌에 등록할 예정입니다.

R2 In addition to speaking English and Korean, I also speak Chinese. I did a study abroad program in China for one year, so I feel comfortable communicating in Chinese as well.

한국어와 영어 외에도, 저는 중국어를 할 줄 압니다. 1년 동안 중국 유학 프로그램에 다녀왔기 때문에, 중국어로도 편안하게 의사소통을 할 수 있습니다.

R3 Besides English and Korean, I also speak a little bit of French. Even though I only took two French language courses in high school, I still remember many of the major expressions.

영어와 한국어 외에도 저는 불어를 약간 할 수 있습니다. 고등학교 때 프랑스어 수업을 두 강좌 밖에 듣지 않았지만, 아직도 자주 쓰이는 말들을 많이 기억 합니다.

Your Response: 당신의 대답

Practice Your English • 영어를 연습해보자

Activity 1: Listening/Speaking 듣기/말하기

Go around the classroom to find out your classmates' hobbies and list them below. Use the questions below to ask your classmates how often they get to participate in their hobbies.

교실을 돌아다니며 친구의 취미를 물어 아래에 써넣어 보자. 친구가 취미 활동을 얼마나 자주 하는지에 대해 물어볼 때는 아래의 질문을 사용하면 된다.

Ex: What is your hobby? What are your hobbies? What is your interest? What are your interests?

예시: 너는 취미가 뭐니? 너는 어떤 취미들을 가지고 있니? 너는 어떤 것 에 흥미가 있니? 너는 어떤 것들에 흥미가 있니?

Your classmates' hobbies 친구의 취미

1. _____

2. _____

3. _____

4. _____

5. _____

6. _____

7. _____

8. _____

9. _____

10. _____

How often do you _____?

너는 얼마나 자주 _____하니?

Do you enjoy _____?

너는 _____하는 것을 즐겨하니?

When do you usually _____?

너는 언제 대체로 _____하니?

Activity 2: Writing/Speaking 쓰기/말하기

What do you know about your classmates? How could you get to know them?
Use the following questions to find out about their habits and interests?
학급 친구들에 대해 무엇을 알고 있는가? 어떻게 알 수 있을까? 아래 질문을 활용해 그
들의 취미와 흥미에 대해 알아보자.

1. What do you usually do on weekends?
   주말에 대체로 뭐 하니?

2. How do you spend your free time?
   여가 시간에 뭐하니?

3. What do you like to do when you have spare time?
   여유 시간이 났을 때 뭘 하는 것을 좋아하니?

4. What kind of hobbies do you have?
   너는 어떤 취미가 있니?

Activity 3: Listening/Speaking 듣기/말하기

Use the activity 2 questions to ask your partner what his/her interests are.
Use his/her responses to create follow-up questions. The key here is to
practice your English conversation skills.
Activity 2의 질문을 활용해 파트너에게 그의/그녀의 관심사에 대해 물어보자. 그/그녀
의 질문을 활용해 후속 질문을 만들어보자. 여기서 포인트는 영어 대화를 연습하는 것
이다.

Ex: Your Question: What do you usually do on weekends?
Your Partner's Response: I have a part-time job, so I usually work on weekends.
예시: 당신의 질문: 너는 주말에 주로 뭐하니?
파트너의 답변: 나는 아르바이트 해서, 주말에 대체로 일을 해.

Your Follow-up Question:

Where do you work? Do you like your part-time job?
당신의 후속 질문: 어디서 일하는데? 지금 하는 아르바이트가 마음에 드니?

1)　　Q: _____

　　　　R: _____

Follow-up Question 후속질문:

_____

2)　　Q: _____

　　　　R: _____

Follow-up Question 후속질문:

_____

3)　　Q: _____

　　　　R: _____

Follow-up Question 후속질문:

_____

4)　　Q: _____

　　　　R: _____

Follow-up Question 후속질문:

_____

5) Q: _____

   R: _____

Follow-up Question 후속질문:

_____

Activity 4: Writing/Speaking 쓰기/말하기

Do you have similar interests with your partner? Write two statements that you enjoy or like and two statements that you do not enjoy or like for each of the categories below. Share your sentences with your partner. Do you have similar interests? Are you completely different?

파트너와 비슷한 관심사가 있습니까? 당신이 즐기거나 좋아하는 것들에 대한 문장 두 개와 즐겨하지 않거나 싫어하는 것들에 대한 문장 두 개를 아래의 각각의 분류에 따라 작성해보자. 문장을 파트너에게 공유해 보라. 비슷한 관심사가 있는가? 전혀 다른가?

Example: I enjoy watching movies about science fiction, but my partner enjoys watching only thrillers. But we both like listening to hip-hop music.

예시: 나는 공상 과학 장르의 영화 보는 것을 좋아하지만, 내 파트너는 스릴러 영화만을 좋아합니다. 하지만 우리는 둘 다 힙합 음악을 좋아합니다.

Movies 영화	I like to watch science fiction movies. 나는 공상 과학 영화 보는 것을 좋아합니다. I also enjoy watching adventure films. 나는 어드벤처 장르의 영화를 보는 것 또한 좋아합니다. I don't like romantic comedies. 나는 로맨틱 코미디는 좋아하지 않습니다. I also don't enjoy watching horror or thriller movies. 나는 공포나 스릴러 영화는 좋아하지 않습니다.

Books 책	
Food 음식	
Music 음악	

Travel Choices
여행

Sports to play/
to watch
좋아하는 운동 /
스포츠경기 관람

English Interview for Cabin Crew:
Mastering English Interviewing Skills

항공 승무원을 위한 영어 인터뷰:
영어 면접 기술 습득

Chapter 06

School Life
학교생활

Chapter 06

School Life
학교생활

Chapter Goals 챕터 목표

✕ To use appropriate expressions to talk about school life
적절한 표현을 사용하여 학교생활에 관해 이야기하기

✕ To ask 'Wh-Questions'/'Questions with Helping Verbs' and to respond accordingly
조동사를 활용한 의문문 그리고 Wh-의문문을 사용해서 질문하고 적절하게 대답하기

Grammar Points 핵심 문법

Wh-Questions/Wh-의문문

Use wh-questions to ask for specific information. Wh-questions are questions that start with: what, where, who, when, how, and why. These wh-questions expect responses or information other than yes or no response.

자세한 질문을 하기 위해서 Wh-의문문을 활용하자. Wh-의문문은 what (무엇을), where (어디서), who (누가), when (언제), how (어떻게), why (왜) 로 시작하는 의문문이다. 이러한 Wh- 질문은 예 또는 아니오 응답 이외의 다른 응답이나 정보를 기대한다.

Questions With Helping Verbs (Be, Do, Have, Can) / 조동사를 활용한 의문문 (Be, Do, Have, Can)

In questions, helping verbs or auxiliary verbs come before the subject. Generally, these questions ask for yes or no response with additional information. Ex: Do you like classical music? Yes, I really enjoy listening to classical music.

의문문에서는, 조동사가 주어 앞에 온다. 대체로, 이러한 의문문은 네 또는 아니오 외의 정보에 대해서도 질문 한다. 예시: 클래식 음악을 좋아하는가? 네, 저는 클래식 음악을 듣는 것을 좋아합니다.

 ## Key Vocabulary 주요 단어

relevant	memorable	participate	practical	versatile
관련 있는	잊지 못할	참여하다	실제적인	다용도의
related	dialects	principles	specialized	backgrounds
연관된	비표준어	원리	특화된	배경
proficient	apply	rewarding	usher	various
능숙한	응모하다	보람 있는	안내하다	다양한
address	connections	conduct	interpersonal	improve
연설하다	연관성	수행하다	대인 관계의	향상 시키다

 ## Key Expressions 핵심 표현

See each section for key expressions

각 부분에서 핵심 표현을 확인하자.

Interview Tips 면접 팁 ●●●●●●●●●●●●●●●●●●●●●●●●●●●

Interviewers commonly ask questions related to your educational background. This tactic is a way to find out about your major and degree, but it is a method to find out more about your personality and your involvement in school. Be prepared to discuss your major, degree, after school activities, volunteer work, and major classes related to the job of airline cabin crew.

면접관들은 대체로 교육 배경에 대한 질문을 하기 마련이다. 이러한 전략으로 그들은 전공과 학위에 대한 정보 뿐 아니라 인성과 학교에 관여한 정도까지 알아낸다. 항공사 기내 승무원과 관련된 전공, 학위, 동아리 활동, 봉사 활동과 주요 강의에 대해 이야기 할 수 있도록 준비하는 것이 좋다.

Interview Questions
면접 질문

Q.1 Have you graduated from your college?

대학을 졸업한 상태인가요?

Q.2 What did you study in college? What was your major?

대학에서 무엇을 공부 했습니까? 전공이 무엇이었는가요?

Q.3 Can you tell me about your major? Would you please tell me about your major?

전공해 대해 말해 줄 수 있습니까? 전공에 대해 이야기 할 수 있습니까?

Q.4 Why did you choose your major? What made your choose your major?

전공을 선택한 이유는 무엇인가요? 왜 그 전공을 선택했나요?

Q.5 How is your major relevant to the job of cabin crew?

당신의 전공과 기내 승무원이라는 직업은 서로 어떤 관련이 있는가요?

Q.6 What was (were) your favorite course(s)? Why?

가장 좋아했던 수업은 무엇이었습니까? 그 이유는?

Q.7 What do you remember the most about your school life? What was the most memorable moment of your school life?

학교생활 중 가장 기억에 남는 것이 무엇인가요? 학교생활 중 가장 기억에 남는 순간은 언제인가요?

Q.8 Did you participate in any extracurricular activities during your school days? What were your club activities in college?

학창시절 동안에 학교 특별활동에 참여 한 적이 있습니까? 대학에서 어떤 동아리에 참여 했습니까?

Q.9 What did you learn from your club activities?

동아리 활동을 통해 배운 점은 무엇인가요?

Q.10 How did you study English?

어떤 방법으로 영어 공부를 했습니까?

Interview Questions & Sample Responses
면접 질문 및 샘플 응답

Q.1 Have you graduated from your college?

대학을 졸업한 상태인가요?

R1 Yes, I have. I recently graduated from _____ in February. I majored in airline services.

네, 졸업 했습니다. _____ 대학에서 2월에 졸업 했습니다. 항공서비스 전공입니다.

R2 Not yet. I will be graduating this coming February. I am taking my last major courses in aviation service. I will be graduating with a bachelor's degree.

아직 졸업 하지 않았습니다. 다가오는 2월에 졸업할 예정입니다. 항공 운항 전공의 마지막 전공과목을 듣고 있습니다. 학사 학위를 얻게 될 예정입니다.

R3 Yes, I have graduated from my college.
I went to _____ and majored in tourism.

네, 저는 대학을 졸업 했습니다. _____ 대학에서 관광과를 전공 했습니다.

Your Response: 당신의 대답

_____

_____

_____

Key words and expressions • 핵심 어휘와 표현

I graduated with a bachelor's degree in _____ from _____ University.

저는 _____ 대학에서 _____ 전공으로 학사 학위를 취득 했습니다.

I graduated from _____ University with an associate degree.

저는 _____ 대학에서 준 학사 학위를 취득 했습니다.

I have recently graduated from _____ University.

저는 최근에 _____ 대학에서 졸업을 했습니다.

(Use 'recently' if you have graduated from your school within a year.)

(1년 내에 졸업을 했다면 '최근' 이라는 단어를 사용해도 좋다.)

Q.2 What did you study in college? What is your major?

대학에서 무엇을 공부 했습니까? 전공이 무엇이었는가요?

R1 I studied airline services in college. It has always been my dream to become a flight attendant.

저는 대학에서 항공서비스를 전공 했습니다. 승무원이 되는 것이 항상 저의 꿈이었습니다.

R2 My major is business administration. My major covers many areas that are useful for all students. I chose my major because it is very versatile.

저는 경영학을 전공 했습니다. 경영학 전공 학생들은 넓은 분야에서 많은 유용한 것들을 배웁니다. 저는 다양한 것들을 배우기 위해 경영학을 선택 했습니다.

R3 I specialized in aircraft cabin service management. My major is useful to work as a cabin crew.

저는 항공기 객실 서비스 관리 전문을 공부 했습니다. 저의 전공은 기내 승무원으로 일 할 때 아주 유용하다고 생각합니다.

Your Response: 당신의 대답

Key words and expressions • 핵심 어휘와 표현

I studied _____.

저는 _____를 공부 했습니다.

I am studying _____.

저는 _____를 공부 하고 있습니다.

My major is _____.

저의 전공은 _____입니다.

I am majoring in _____.

저는 _____을 전공하고 있습니다.

I major in _____.

저는 _____을 전공합니다.

I specialized in _____.

저는 _____을 전공 했습니다.

I majored in _____.

저는 _____를 전공 했습니다.

I obtained a degree in _____.

저는 _____학위를 취득 했습니다.

Different Types of Majors 전공의 종류

- ☑ English Education 영어 교육
- ☑ Business Administration 경영학
- ☑ International Business 국제 비즈니스
- ☑ Public Administration 행정
- ☑ Tourism Management 관광 경영

- ☑ Economics 경제학
- ☑ Early Childhood Education 유아 교육
- ☑ Aviation Services 항공 운항
- ☑ Chinese Language 중국어
- ☑ Hotel Services 호텔 서비스

Q.3 Can you tell me about your major? Would you please tell me about your major?

전공해 대해 말해 줄 수 있습니까? 전공에 대해 이야기 할 수 있습니까?

R1 Sure. My major is airline services. For this major, I took many courses that are important to work in the airline industry. Some of these courses include airline ticketing and reservation, flight announcement, global manners, and service marketing. Because I studied my major, I feel I am prepared to work for an airline.

물론입니다. 저의 전공은 항공서비스입니다. 항공 산업에서 일 할 때 중요한 많은 것들을 배웠습니다. 항공 발권, 예약, 비행 안내방송, 국제 매너, 서비스 마케팅 등의 강의를 들었습니다. 저의 전공 덕분에, 항공사에서 일 할 준비가 충분히 되었다고 생각 합니다.

R2 I studied tourism and aviation service. I feel my major is very practical and beneficial for anyone who is interested in working for the service industry. Many of the courses that I took covered basic principles of the service industry. I also took various foreign language courses, such as English, Japanese, and Chinese.

저는 관광과 항공 운항을 전공했습니다. 서비스 분야에서 일 하고 싶어 하는 모든 사람에게, 저의 전공이 아주 실용적이고 유익하다고 생각합니다. 제가 들었던 대부

분의 강의에서 서비스 산업의 기본에 대해 알 수 있습니다. 또한 저는 영어, 일본어, 중국어 등의 많은 외국어 수업을 들었습니다.

R3 I majored in international relations. My major coursework includes international business, business communication, international law, and international service skills. These courses have provided me with the knowledge and skills that I would need in order to better understand people from different cultural and social backgrounds. I feel my major has helped me improve my interpersonal and communication skills.

저는 국제관계를 전공 했습니다. 저의 전공 과목에는 국제 비즈니스, 비즈니스 커뮤니케이션, 국제법, 국제서비스가 포함 되어 있었습니다. 이러한 과목들은 다른 문화와 사회적 배경을 가진 사람들을 이해 할 수 있는 논리와 능력을 향상 시켜주었습니다. 저의 전공 덕분에 대인관계 능력과 커뮤니케이션 능력이 향상 되었다고 느낍니다.

R4 I actually majored in English when I was in college. For my major, I took various English language courses to help me become proficient in oral and written language. I enjoyed all of my classes, but I especially enjoyed learning about culture in various English-speaking countries and different dialects in English.

저는 대학에서 영어를 전공 했습니다. 저는 말과 글에서 능숙해지기 위해서 많은 영어 코스를 공부 했습니다. 모든 수업이 재미있었지만, 특히 영어를 사용하는 나라들의 문화 차이와 영어 비표준어를 배우는 것이 가장 재미있었습니다.

Your Response: 당신의 대답

_____

_____

_____

_____

_____

Q.4 Why did you choose your major? What made your choose your major?

전공을 선택한 이유는 무엇인가요? 왜 그 전공을 선택했나요?

R1 I chose my major because it has always been my dream to become a flight attendant. So it was quite easy for me to apply to my school in airline services. My school has a good reputation for my major, so it wasn't too difficult to decide what I wanted to study and where.

항상 꿈이 승무원이 되는 것이었기 때문에 이 전공을 선택하게 되었습니다. 그래서 저에게는 항공서비스과 지원을 결정하는 것이 매우 쉬운 일이었습니다. 저희 학교는 항공서비스 분야에서 유명하기 때문에, 어디서 어떤 공부를 할 지에 대해 결정하는 것이 그렇게 어렵지 않았습니다.

R2 I have always enjoyed traveling and learning about different cultures. So when I was a senior in high school, I decided to major in airline services. My parents were also supported of my decision, which made it so much more enjoyable in school.

저는 항상 여행하고 다른 문화를 배우는 것을 즐겼습니다. 그래서 제가 고등학교 졸업반 일 때, 저는 항공서비스로 진로를 정했습니다. 저희 부모님도 제 의사를 존중해 주셨기에 학교생활이 더 즐거울 수 있었습니다.

R3 I studied English and Chinese because learning them felt comfortable for me. My parents have told me that I was quite good at learning various languages when I was young. So I chose to study English and Chinese in college.

저에게 있어서 영어와 중국어는 공부하기 편한 과목이었기 때문에, 저는 영어와 중국어를 공부 했습니다. 제가 어릴 때 저희 부모님께서는 제가 여러 언어를 배우는 데에 소질이 있다고 말씀 해주셨습니다. 그래서 저는 대학에서 영어와 중국어를 선택 했습니다.

Your Response: 당신의 대답

 Helpful Words to Describe your Major 전공을 설명할 때 유용한 단어들

- ☑ educational 교육적인
- ☑ useful 유용한
- ☑ relevant 관련 있는, 적절한
- ☑ practical 현실적인, 타당한
- ☑ beneficial 유용한

- ☑ enjoyable 즐거운, 재미있는
- ☑ valuable 가치 있는
- ☑ interesting 흥미로운
- ☑ worthwhile 할 보람 있는
- ☑ informative 정보력이 있는

Q.5 How is your major relevant to the job of cabin crew?

당신의 전공과 기내 승무원이라는 직업은 서로 어떤 관련이 있습니까?

R1 My major in college is airline services, and it is very relevant to the job of cabin crew. I took many interesting and practical courses that would help me do the job of cabin crew. Some of these courses include ticketing and reservations, global service manners, food and beverage service and imaging making. My major has prepared me well in the position.

저의 대학 전공은 항공서비스이고, 기내 승무원이라는 직업과 밀접한 관련이 있습니다. 저는 흥미롭고 실용적인 많은 수업들을 들었고, 그 수업들은 모두 기내 승무원이라는 직업에 도움이 되는 과정 이었습니다. 몇몇 수업은 발권, 예약, 글로벌 서비스 매너, 식음료 서비스, 이미지 메이킹이 포함 되었습니다. 제 전공은 제가 승무원의 자질을 갖추도록 도와주었습니다.

R2 I studied tourism management in college. I feel my major is relevant to the job of cabin crew because my major courses covered topics on customer service. My major also provided practical courses that allowed me to gain service training.

저는 대학에서 관광 경영을 전공 했습니다. 저의 전공과목들이 고객 서비스를 포함하기 때문에 저는 저의 전공이 승무원과 밀접한 관련이 있다고 생각합니다. 또한 저의 전공은 저의 서비스 트레이닝에 필요한 실용적인 과정을 제공해 주었습니다.

R3 I majored in English and Chinese when I was in college. I am very proficient in both languages. Studying these languages has helped me better understand different cultures, and I appreciate diversity in the world even more. I believe what I learned from my major would be beneficial when I work as a cabin crew.

저는 대학에서 영어와 중국어를 전공 했습니다. 저는 두 가지 언어 모두에 매우 능숙합니다. 이 언어들을 공부 하면서 저는 다른 나라의 문화를 더 잘 이해할 수 있게 되었고, 세계의 다양성을 좀 더 인정 할 수 있게 되었습니다. 저는 제가 대학에서 전공 한 것들이 승무원이 되었을 때 유용하리라 생각합니다.

(R4) I gained both academic and practical knowledge relevant to the airline service industry from majoring in airline services. My school also provided hands-on skills in courses, such as imaging making, food and beverage services and air ticket reservations.

항공서비스 전공을 통해, 저는 항공서비스 분야에서 필요한 학문적 지식과 실용적인 지식을 모두 얻었습니다. 또한 저희 학교는 이미지 메이킹, 식음료 서비스, 항공권 발권 등의 실무 능력을 위한 코스를 제공 하였습니다.

Your Response: 당신의 대답

_____

_____

_____

_____

_____

_____

_____

_____

Q.6 What was (were) your favorite course(s)? Why?

가장 좋아했던 과목은 무엇이었습니까? 그 이유는?

R1 My favorite course in college was imaging making. I thought this class was interesting and very practical. I learned a lot about how to present myself as a future flight attendant in this class. We learned various skills, such as how to conduct ourselves as flight attendants, to wear make-up, and to dress professionally.

제가 가장 좋아했던 대학 과목은 이미지 메이킹 입니다. 저는 이 과목이 흥미롭고 아주 실용적이라고 생각 했습니다. 미래의 승무원으로서 어떻게 나 자신을 나타내야 하는지에 대해 많이 배웠습니다. 우리는 승무원으로서 자신을 어떻게 수행하고, 화장을 하고, 전문적으로 옷을 입는 것과 같은 다양한 기술을 배웠습니다.

R2 I really enjoyed my English interview class. My professor provided lots of opportunities for us to speak in the class. That class has helped me prepare well for this interview. I also became more interested in learning English afterwards.

저는 면접 영어 강의를 매우 즐겁게 들었습니다. 저희 교수님은 수업 내에서 이야기 할 수 있는 기회를 많이 주셨습니다. 그 수업이 이 인터뷰를 준비 하는 데에 도움이 되었습니다. 또한 나중에 영어를 배우는 데에 더 흥미를 가지게 되었습니다.

R3 In college, my favorite course was global manners. This course addressed interesting topics, but I also enjoyed the professor. She made learning fun because she was always energetic and made every effort to make connections with her students.

대학에서 제가 제일 좋아하던 과목은 글로벌 매너였습니다. 주제들도 흥미로웠고, 교수님도 제 마음에 드는 분이셨습니다. 교수님께서는 항상 에너지 넘치셨고 학생들과의 소통을 위해 노력 하셨기 때문에 배우는 것을 즐겁게 만들어주셨습니다.

Your Response: 당신의 대답

_____

_____

_____

_____

_____

_____

_____

Q.7 What do you remember the most about your school life? What was the most memorable moment of your school life?

학교생활 중 가장 기억에 남는 것이 무엇인가요? 학교생활 중 가장 기억에 남는 순간은 언제인가요?

R1 The most memorable moment of my school life was when I received an academic scholarship as a result of my excellent grades. I wasn't always the top student in high school, but I was determined to give my very best in college. So when I received that scholarship, I felt that my hard work has paid off. From then on, I always believe that I can accomplish anything if I put my mind to it.

학교생활 중 가장 기억에 남는 순간은 성적 장학금을 받았을 때입니다. 고등학교 때 저는 항상 최상위권 학생은 아니었지만, 대학에 와서는 최선을 다하기로 단단히 결심했습니다. 그래서 제가 장학금을 받았을 때 저는 노력에 대한 보상을 받는 기분이 들었습니다. 그 이후로, 저는 항상 마음만 먹으면 뭐든지 할 수 있다는 것을 믿습니다.

R2 I would say that winning the 3rd place in the foreign language speech contest was one of my rewarding college experiences. It was very difficult to prepare for the speech, but to stand in front of a big crowd to speak another language was even more difficult. I was proud of myself for just entering the contest, but when I won, it felt very rewarding.

외국어 말하기 대회에서 3등을 한 것이 저의 대학 생활 경험 중 가장 보람 있는 경험이라고 말할 수 있습니다. 발표를 준비 하는 것도 매우 힘들었는데, 많은 대중들 앞에 서서 외국어로 발표를 하는 것은 훨씬 더 힘들었습니다. 대회에 참여 한 것만으로도 스스로가 자랑스러운데, 상까지 받아 매우 보람을 느꼈습니다.

R3 There are a lot of memorable moments of my school life. But the most memorable moment of my school life was when our graduating students traveled to Dubai with our advising professors. This was a school trip and I could never forget the memories we made from the trip. The cultural and language experience we gained from the trip was just amazing.

학교생활을 하면서 기억에 남는 순간들이 참 많습니다. 그 중에서도 가장 기억에 남는 순간은 졸업반 학생들이 지도 교수님과 두바이로 여행을 떠난 것입니다. 학교 여행이었는데, 여행에서 만든 추억들을 잊을 수 없습니다. 우리가 여행을 하면서 얻은 문화적, 언어적 경험들은 정말 놀라웠습니다.

R4 Well, there are a few unforgettable moments of my school life. One was when I was selected to become a public representative for my school. There were many people who tried for this position and to be chosen for this part of a group was very rewarding for me. I gained tremendous social and communication skills leading and volunteering for many of the school activities.

학교생활 중 잊을 수 없는 추억이 몇 가지 있습니다. 그 중 하나는 제가 학교 홍보 대표로 선발된 일입니다. 많은 사람들이 신청 했었는데, 학생홍보 대표 일원으로 선발된 것은 저에게 매우 보람찬 일이었습니다. 저는 많은 학교 행사에서 진행과 봉사를 맡으며 엄청난 사회적, 커뮤니케이션 스킬을 쌓았습니다.

Your Response: 당신의 대답

_____

_____

_____

_____

Q.8 Did you participate in any extracurricular activities during your school days? What were your club activities in college?

학창시절 동안에 학교 특별활동에 참여 한 적이 있습니까? 대학에서 어떤 동아리에 참여 했습니까?

R1 Yes, I did. I participated in a school English club. This club was led by our professor in college and we were given lots of opportunities to discuss various topics in English. We sometimes read interesting articles related to current news and discussed facts and issues. This club definitely helped me improve my English language skills.

네, 참여 한 적이 있습니다. 저는 영어 동아리에 들었습니다. 이 동아리는 대학 교수님께서 지도하는 동아리였는데, 영어로 정말 많은 주제들에 대해 이야기 할 기회를 얻었습니다. 때때로 시사가 반영된 흥미로운 기사를 읽고, 사실과 이슈에 관해 토의하기도 했습니다. 동아리 활동은 영어 능력 향상에 많은 도움을 주었습니다.

(R2) I was involved in different extracurricular activities during my school days. I was part of a job interview club and a volunteer club. For my job interview club, we met once a week with fellow club members and our school professor to practice interviewing skills. For the volunteer club, we found different needs in the community and provided our service for them. For example, sometimes we visited retirement homes to provide entertainment for the elderly people. We also made box lunches on Saturdays and served to the needed families in our community.

학교에 다니면서 다양한 동아리 활동에 참여한 경험이 있습니다. 저는 취업 면접 동아리와 봉사 동아리의 팀원이었습니다. 취업 면접 동아리에서, 저희는 일주일에 한 번 씩 팀원들과 학교 교수님과 만나 면접 스킬을 연습 했습니다. 봉사 동아리에서는 지역에서 도움을 필요로 하는 곳을 찾아 도와드렸습니다. 예를 들면, 가끔씩 양로원을 찾아 어르신들을 즐겁게 해드렸습니다. 또한 토요일에 도시락을 만들어 지역의 도움을 필요로 하는 가족들에게 나누어 주기도 했습니다.

(R3) No, I didn't. I had a full-time job while going to school, so I couldn't participate in the extra-curricular activities. However, I gained service and people skills while working at my job. I worked as a hotel receptionist.

아니요, 저는 참여한 경험이 없습니다. 학교에 다니면서 직장에 다니고 있었기 때문에, 학교 동아리 활동에는 참여할 수 없었습니다. 하지만, 일을 하면서 서비스 마인드와 대인 관계 능력을 길렀습니다. 저는 호텔리셉션 일을 했습니다.

(R4) I belonged to a service club during my school days. In this club, our club members served VIP members who attended baseball games. We ushered the VIP members to their seats in the stadium and ordered food and beverages for them. Through this club activity, I was able to make connections to what I was learning at school to outside real service world.

저는 학교에 다니는 동안 봉사 단체에서 활동 했습니다. 이 단체에서는, 구성원들이 야구 경기를 보러 온 VIP 회원들에게 의전 서비스를 제공 했습니다. VIP 회원들에게 자리를 안내하고, 음식과 음료를 서빙 했습니다. 이 활동을 통해, 학교에서 배우는 것과 외부의 진짜 사회 서비스의 연결고리를 찾을 수 있었습니다.

Your Response: 당신의 대답

_____

_____

_____

_____

Key words and expressions · 핵심 어휘와 표현

I belonged to a _____ (club name).

저는 (동아리 이름) 동아리에 속해 있었습니다.

I joined the (club name).

저는 (동아리 이름) 에서 활동 했습니다.

I was part of the (club name).

저는 (동아리 이름) 의 구성원 이었습니다.

I was involved in the (club name).

저는 (동아리 이름) 에 속해 있었습니다.

I participated in the (club name).

저는 (동아리 이름) 에 참여 했습니다.

Q.9 What did you learn from your club activities?

동아리 활동을 통해 배운 점은 무엇인가요?

R1 I learned and gained a lot from my school activities. Not only did I meet new friends, but I gained confidence working with people. I also gained leadership and communication skills.

저는 동아리 활동을 통해 많은 것을 배우고 얻었습니다. 새로운 친구들을 만났을 뿐만 아니라, 사람들과 일하는 데에 있어서 자신감을 얻었습니다. 또한 리더쉽과 커뮤니케이션 스킬을 배웠습니다.

R2 I served as an executive member of my school council committee. I gained a real sense of responsibility and teamwork through it. When we had projects to do, our final products required all of us to work together. It was important that each member contributed time and effort so that our project became successful.

저는 학교 학생회에서의 집행 위원으로 활동 했습니다. 그것을 통해 책임과 팀 작업의 진정한 의미를 느낄 수 있었습니다. 우리가 할 프로젝트가 있었을 때, 우리의 최종 결과물은 우리 모두가 함께 일할 것을 요구했습니다. 프로젝트가 성공할 수 있도록 각 구성원이 시간과 노력을 기부하는 것이 중요했습니다.

R3 My club activities were very helpful in making me a cooperative and understanding person. I realized that in order to work as a team, being cooperative and understanding makes a big difference. Club activities allowed many opportunities for me to grow as a cooperative and understanding person.

동아리 활동은 제가 협력할 줄 알고 이해할 줄 아는 사람이 되는 데에 도움을 주었습니다. 팀으로 일 하려면, 협력하고 이해하는 것이 큰 차이를 만든다는 것을 깨닫게 되었습니다. 동아리 활동은 협력할 줄 알고 이해할 줄 아는 사람으로 성장하는데 도움이 되는 많은 기회를 주었습니다.

Your Response: 당신의 대답

_____

_____

_____

_____

Q.10 How did you study English?
어떤 방법으로 영어 공부를 했습니까?

R1 I studied English throughout my college days. I took advantage of joining the English club in my college, but I also took some extra English courses at a language institute.

저는 대학교 재학 중에 영어 공부를 했습니다. 영어 동아리에서도 도움을 받았고, 어학원에서 추가의 교육도 받았습니다.

R2 I was fortunate enough to travel to the United States of America after I graduated from college. I stayed with my relative in America during one summer, which really helped me improve my English skills.

저는 대학을 졸업하고 나서 미국에 갈 기회가 있었기에 운이 좋았습니다. 여름 방학 기간 동안 미국에서 친척과 지낸 것이 영어 실력 향상에 도움이 되었습니다.

R3 I listened to American songs and watched American dramas whenever I could to help me improve my listening skills. After many months of doing that, a lot of the expressions I heard and read in school made sense. Being motivated to learn English has helped me do well in my English language courses in college.

저는 영어 듣기 능력 향상을 위해, 시간이 되는 대로 미국 노래를 듣고, 미국 드라마를 봤습니다. 몇 달 동안 그렇게 하니까, 학교에서 듣고 읽는 영어 표현들이 이해가 되고 말이 되기 시작 했습니다. 영어를 배우는 데에 동기부여가 있었기 때문에, 대학 영어 과목에서 잘 할 수 있었습니다.

Your Response: 당신의 대답

Practice Your English • 영어를 연습해보자

Activity 1: Writing/Speaking 쓰기/말하기

On a piece of paper write five sentences about yourself related to your educational background. Exchange the paper with your partner. Using the information of your partner, introduce your partner to the class.

종이에 당신의 교육 배경에 대한 문장을 다섯 개 적어 보자. 그 종이를 파트너와 바꿔라. 파트너에 대한 정보를 이용해, 수업에서 파트너를 소개 해보자.

Example: This is _____. She is currently attending _____ University. She is majoring in _____. She is taking _____, _____, and _____ classes. Her favorite class is _____. She is active in her college. She is involved in _____ club.

예시: 이 사람은 _____입니다. 그녀는 지금 _____대학교에 다니고 있습니다. 그녀의 전공은 _____입니다. 그녀는 _____과목과 _____수업을 듣고 있습니다. 그녀가 가장 좋아하는 과목은 _____입니다. 그녀는 대학에서 활동적인 사람입니다. 그녀는 _____동아리에 속해 있습니다.

_____

_____

_____

_____

Activity 2: Writing/Speaking 쓰기/말하기

Study a country you would like to visit one day online. Write down five interesting facts and/or cultural differences you have learned about the country. Share them in class.

언젠가 가고 싶은 나라에 대해 인터넷을 통해 공부 해보자. 다섯 가지 흥미로운 사실이나/그 나라에 대해 새로 배운 문화적 차이에 대해 적어 보라. 그것들을 수업에서 공유해보자.

English Interview for Cabin Crew:
Mastering English Interviewing Skills

항공 승무원을 위한 영어 인터뷰:

영어 면접 기술 습득

Chapter 07

Travel & Overseas Experiences
여행 & 해외 경험

Chapter 07

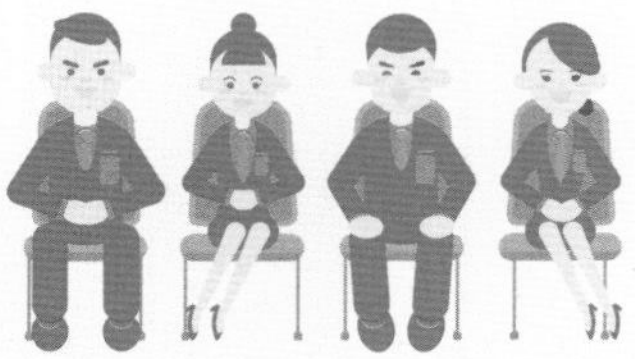

Travel & Overseas Experiences
여행 & 해외 경험

Chapter Goals 챕터 목표

- To use appropriate expressions to talk about travel and overseas experiences
  적절한 표현을 사용하여 여행 및 해외 경험에 관해 이야기하기

- To use appropriately present perfect verb tenses
  현재완료 시제를 적절히 사용하기

Grammar Points 핵심 문법

Use the present perfect tense (have/has + past participle) verbs to talk about an action that happened sometime in the past, but is still relevant in the present. We often use present perfect tense verbs when we talk about our different experiences.

과거에 발생한 일이 현재와 관련된 이야기를 할 때 현재완료 시제 (have / has + past 분사) 동사를 사용한다. 다양한 경험을 이야기 할 때 현재완료 시제 동사를 주로 많이 사용한다.

Key Vocabulary 주요 단어

sightseeing 관광	amazing 놀랄 만한	improved 개선된	fortunate 운이 좋은
tremendously 엄청나게	poetry 시	accustomed 익숙한	immigrated 이주한
enrolled/ 등록된	royal 왕의	landmark 경계표	fond 좋아하는
attraction/ 명소	surrounded 둘러싸인	site 대지/유적	

Key Expressions 핵심 표현

See each section for key expressions

각 부분에서 핵심 표현을 확인하자.

🖥 Interview Tips 면접 팁

When you talk about your travel and overseas experiences, share the most meaningful and positive experiences. Even if you had negative experiences, it is important to keep your responses positive. For example, you can share what you learned from your negative experiences. Your responses will demonstrate your ability to adapt to new environments, but they can also depict your personality.

여행 및 해외 경험에 관해 이야기 할 때 가장 의미 있고 긍정적인 경험을 나누어라. 부정적인 경험이 있더라도 긍정적인 답변을 유지하는 것이 중요하다. 예를 들어, 부정적인 경험으로부터 배운 것을 말하는 것이 좋다. 귀하의 답변은 새로운 환경에 적응할 수 있는 능력을 보여 주지만 귀하의 성격을 묘사 할 수도 있다.

Interview Questions
면접 질문

Q.1 Do you like traveling?
여행을 좋아하십니까?

Q.2 Have you ever been abroad (overseas)? Have you ever traveled to another country?

해외에 가본 적이 있습니까? 다른 나라로 여행 한 적이 있습니까?

Q.3 Have you ever been abroad for studying English?
해외에서 영어 공부를 한 적이 있습니까?

Q.4 What was the most memorable moment of your overseas trip?
해외 여행에서 가장 기억에 남는 순간은 무엇이었습니까?

Q.5 Was there a difficult moment while you were traveling?
여행하는 동안 어려운 순간이 있었습니까?

Q.6 What did you learn from your trip?
여행에서 무엇을 배웠습니까?

Q.7 Have you felt cultural differences when you stayed in a foreign country?

외국에 있을 때 문화적 차이를 느꼈습니까?

Q.8 Which country do you wish to visit the most when you become a flight attendant?

승무원이 되면 제일 많이 방문하고 싶은 나라는 어디인가요?

Q.9 When was the last time you went traveling?
마지막으로 여행 간 적이 언제였습니까?

Q.10 Where is a good travel site for foreigners to visit in Korea?
외국인이 한국을 방문하기에 좋은 여행지는 어디입니까?

Interview Questions & Sample Responses
면접 질문 및 샘플 응답

Q.1 Do you like traveling?

여행을 좋아하십니까?

R1 Absolutely, I do. I enjoy traveling so much that I make every effort to travel whenever I can. This summer, my sister and I visited China for a few days. We did lots of sightseeing and tried all kinds of Chinese dishes.

물론, 그렇습니다. 나는 여행을 좋아해서 할 수 있을 때마다 여행하기 위해 많이 노력합니다. 올 여름에는, 여동생과 나는 며칠 동안 중국을 방문했습니다. 우리는 많은 관광을 했고, 모든 종류의 중국 요리를 시도해 보았습니다.

R2 Yes, I do. I have visited many places in Korea, but I have not had a chance to travel to other countries. I hope to visit many foreign countries when I become a flight attendant.

네, 그렇습니다. 나는 한국의 여러 곳을 방문했지만 다른 나라로 여행 할 기회가 없었습니다. 나는 승무원이 되면 많은 외국을 방문하기를 희망합니다.

R3 Yes, I like traveling. That is probably one of the reasons why I want to become a flight attendant. I have already visited several countries in Asia and in Europe.

예, 나는 여행하는 것을 좋아합니다. 그건 아마 내가 승무원이 되고 싶은 이유 중 하나입니다. 저는 이미 아시아와 유럽의 여러 국가를 방문했습니다.

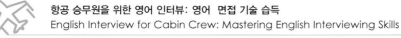

Your Response: 당신의 대답

Key words and expressions · 핵심 어휘와 표현

☑ I like or enjoy (---+ing). 나는 (--- + ing) 좋아한다.

☑ I like traveling. I like to travel. 나는 여행을 좋아한다.

☑ I like working. I like to work. 나는 일하는 것을 좋아한다.

☑ I like studying. I like to study. 나는 공부하는 것을 좋아한다.

☑ I like walking (in the park). I like to walk in the park.
나는 공원에서 산책 하는 것을 좋아한다.

☑ I like swimming (in the morning). I like to swim in the morning.
나는 아침에 수영하는 것을 좋아한다.

☑ I enjoy sightseeing when I travel. 내가 여행 할 때 나는 관광을 즐긴다.

☑ I enjoy shopping. 나는 쇼핑을 즐긴다.

☑ I enjoy meeting new people. 나는 새로운 사람들을 만나는 것을 즐긴다.
(**Always use gerund (-ing) with the verb 'enjoy'.**)
항상 'enjoy' 동사와는 동명사 (-ing) 를 사용한다.

Q.2 Have you ever been abroad (overseas)? Have you ever traveled to another country?

해외에 가본 적이 있습니까? 다른 나라로 여행 한 적이 있습니까?

R1 Yes, I have. I have been to Canada when I was young. It was a very memorable experience because it was my first time ever riding on an airplane. Also being in Canada, everything was so different and amazing. I would love to visit again.

네, 있어요. 나는 어렸을 때 캐나다에 갔었습니다. 그때가 처음으로 비행기를 타본 시간 이었기에 매우 기억에 남는 경험이었습니다. 또한 캐나다엔 처음 방문이었기에 모든 것이 너무나 달랐고 놀랍습니다. 또 다시 방문하고 싶습니다.

R2 Yes, I have. My family and I traveled to Japan over the summer for about a week. We really had a great time there.

네, 있어요. 가족들과 나는 여름에 일본으로 약 일주일 간 여행했습니다. 우리는 정말 즐거운 시간을 보냈습니다.

R3 Yes, I have. I was in China for one semester as an exchange student. My Chinese language skills improved tremendously during that time. That was a great experience for me.

네, 있어요. 저는 교환 학생으로 한 학기 동안 중국에 있었습니다. 그 시간 동안 내 중국어 능력은 엄청나게 향상되었습니다. 그것은 나를 위한 좋은 경험이었습니다.

R4 Unfortunately, I haven't. However, if I have a chance to visit, I would like to visit New York in America. I have always wanted to see the Statue of Liberty in person, so New York would be one of my first places to visit.

불행히도, 나는 해외에 가본 적이 없습니다. 그러나 방문 할 기회가 있으면 미국 뉴욕을 방문하고 싶습니다. 나는 언제나 자유의 여신상을 직접보고 싶었기 때문에 뉴욕은 처음 방문 할 곳 중 하나가 될 것입니다.

Your Response: 당신의 대답

_____

_____

_____

_____

_____

🖼 Interview Tips 면접 팁 ●

When talking about travel experience, indicate where/when you have visited and for how long you were there. You can also talk about the fun activities you have done and the memorable moments of your trip.

여행 경험에 관해 이야기 할 때, 방문한 장소와 시간, 그리고 그곳에 머문 시간을 말하라. 여행 중 즐거운 활동과 기억에 남는 순간에 대해서도 이야기 할 수 있도록 하라.

⋮ Key words and expressions • 핵심 어휘와 표현

I have traveled to _____.

나는 _____을 여행했다.

I have been to _____.

나는 _____에 간 적이 있다.

My family and I have traveled to _____ once.

우리 가족과 나는 한 번 _____ 여행을 갔다.

Yes, I have. My friends and I visited _____ last year.

네, 있다. 작년에 친구들과 저는 _____을 (를) 방문했다.

Yes, I have. I went on a trip to _____ when I was _____ years old.

네, 있다. 나는 _____ 살 때 _____ 여행을 갔다.

Yes, I have. I went to _____ with my _____ for one _____ week/month/summer/winter.

네, 있다. 나는 주 / 월 / 여름 / 겨울 _____ 일 동안 _____ 하고 _____ 으로 갔다.

Q.3 Have you ever been abroad for studying English?

해외에서 영어 공부를 한 적이 있습니까?

R1 Yes, I have. I went to Los Angeles in California for one summer when I was a middle school student. I stayed with my aunt and her family there. I participated in different summer camp programs, such as tennis, writing, and swimming classes.

네, 있어요. 내가 중학생 때 한 여름 동안 캘리포니아, 로스앤젤레스에 갔었습니다. 나는 이모와 그녀의 가족 집에 머물렀습니다. 저는 테니스, 글쓰기, 수영과 같은 다양한 여름 캠프 프로그램에 참여했습니다.

R2 Yes, I have. I studied in Sydney, Australia for about six months. I was enrolled in a language school and was fortunate enough to stay with a wonderful Australian host family. Because they were very helpful for me, I have become accustomed to the country very quickly.

네, 있어요. 호주 시드니에서 약 6개월간 공부했습니다. 저는 어학원에 입학했으며, 운이 좋게 멋진 호주인 가정에 머물었습니다. 그들은 나를 위해 매우 도움이 되었기 때문에, 저는 매우 빨리 그 나라에 익숙해졌습니다.

R3 Yes, I have been to Washington D.C. on a working holiday visa. I was in D.C. for about a year teaching Tae Kwon Do to young children. I also took some night courses at a local community college while I was there. This was a great experience for me because I obtained useful working experience and learned how to speak English better.

네, 워킹 홀리데이 비자로 워싱턴 D.C.에 갔습니다. 저는 약 1년 동안 D.C.에서 어린 아이들에게 태권도를 가르쳤습니다. 그리고 내가 거기 있는 동안 저는 지역 커뮤니티 대학교에서 야간 강좌를 수강했습니다. 유용한 직장 경험을 얻고 영어를 더 잘 말하는 법을 배웠기 때문에 이것은 나에게 필요한 경험이었습니다.

R4 I have studied in New Zealand for a year as an exchange student. It was very difficult for me in the beginning because I didn't know anyone. However, toward the end, it was tough for me to leave. I made lots of friends there and I still keep in touch with them.

저는 교환 학생으로 뉴질랜드에서 1년 동안 공부했습니다. 내가 아는 사람이 없었기 때문에 처음에는 매우 어려웠습니다. 그러나 끝에는, 뉴질랜드를 떠나기가 힘들었습니다. 나는 거기에서 많은 친구들을 사귀었고 나는 아직도 그들과 연락을 유지합니다.

R5 Unfortunately, I haven't. However, I have traveled to Guam and Hong Kong for vacation when I was young.

불행히도, 나는 해외에서 영어 공부를 한 적이 없습니다. 하지만 내가 어렸을 때 나는 휴가를 괌과 홍콩을 방문 했었습니다.

R6 I have never been abroad for studying English, but I have been to China to study Chinese for one summer.

나는 영어를 공부하기 위해 해외 가 본적이 없습니다, 하지만 한 여름 동안 중국어를 공부하려고 중국에 가본 적이 있습니다.

Your Response: 당신의 대답

Q.4 What was the most memorable moment of your overseas trip?

해외 여행에서 가장 기억에 남는 순간은 무엇이었습니까?

R1 The most memorable moment of my trip abroad was meeting my cousin for the first time. My family and I had traveled to Canada to visit my mother's sister who had immigrated to Canada many years ago. So it was just nice to meet my cousin and to have her show me around her town. She made my trip more enjoyable and comfortable.

나의 여행의 가장 잊혀 지지 않은 순간은 나의 사촌을 처음 만났을 때 입니다. 몇 년 전 캐나다로 이민간 어머니의 동생을 방문하러 캐나다로 제 가족과 저는 여행을 했습니다. 그래서 내 사촌을 만나고 그녀가 그녀의 마을 주변을 보여줘서 좋았습니다. 그녀는 나의 여행을 더 즐겁고 편안하게 했습니다.

R2 When I was traveling in the United States of America, I visited the famous Universal Studio in California. Unfortunately, I had lost my wallet there. However, after a week later, I received a message from the Universal Studio indicating that they had my wallet. I was very happy that I found the wallet. So I always have a fond memory of America and the Universal Studio.

미국을 여행할 때 캘리포니아의 유명한 유니버설 스튜디오를 방문했습니다. 불행히도, 나는 거기서 지갑을 잃어 버렸습니다. 그러나 일주일 후 유니버설 스튜디오에서 내 지갑을 찾았다는 메시지를 받았습니다. 나는 지갑을 발견하게 되어 매우 기뻤습니다. 그래서 저는 항상 미국과 유니버설 스튜디오에 대해 좋은 기억이 있습니다.

R3 The most memorable moment of my overseas trip was seeing the Statue of Liberty in person. The Statue of Liberty is such a special landmark of New York, and I was just amazed to be there.

나의 해외여행 의 가장 잊혀 지지 않은 순간은 자유의 여신상을 직접 보았을 때 입니다. 자유의 여신상은 뉴욕의 특별한 랜드 마크입니다. 내가 그곳에 있었다는 것에 놀랍습니다.

Your Response: 당신의 대답

_____

_____

_____

_____

_____

Q.5 Was there a difficult moment while you were traveling?
여행하는 동안 어려운 순간이 있었습니까?

R1 Yes. there was one difficult moment while I was traveling. I had gotten sick from eating something that might have been spoiled. This was in the summer time, so it was easy for food to go bad. Fortunately, I was only sick for one day. I felt better the next day.

예. 내가 여행하는 동안 어려운 순간이 하나 있었습니다. 나는 상한 무언가를 먹고 몸이 아팠습니다. 여름철 이었으므로 음식이 상하기 쉬웠습니다. 다행히도, 나는 하루 동안만 아팠어요. 그 다음날은 몸이 좋았어요.

R2 There were some occasions where I had difficulty communicating with the locals. I speak English quite well but speak very limited in French, so when I was traveling in Paris, I had some difficult moments finding my destinations. But the trip was lovely and I had picked up some more French expressions.

현지인과 의사소통 하는데 어려움이 있는 경우가 약간 있었습니다. 나는 영어를 아주 잘하지만 프랑스어로는 매우 제한적으로 말하기 때문에 파리 여행을 할 때 목적지를 찾는 데 조금 어려움을 겪었습니다. 그러나 여행은 아름다웠습니다. 그리고 나는 더 프랑스 표현을 배웠습니다.

R3 I didn't have a difficult moment, but I had a funny moment while I was traveling. I was trying to use the local language to order food in China, and somehow because of my mispronunciation, I ended up ordering a strange dish.

나는 어려운 순간을 겪지는 않았지만 여행하는 동안 재미있는 순간은 있었습니다. 나는 중국에서 음식을 주문하기 위해 현지 언어를 사용하려고 애썼고, 어쩌다 내가 잘못 발음했기 때문에 이상한 요리를 주문했습니다.

Your Response: 당신의 대답

_____

_____

_____

_____

🖥 Interview Tips 면접 팁 ••••••••••••••••••••••••••••

If you did not have any difficult moment during your trip, you can talk about a funny or strange moment that was memorable.

여행 중에 어려움을 겪지 않았다면 기억에 남는 재미있고 이상한 순간에 대해 이야기 할 수 있다.

(Q.7) **What did you learn from your trip?**
여행에서 무엇을 배웠습니까?

R1 Traveling abroad made me become a more adaptable and open-minded person. I learned that there are cultural differences in different countries. Sometimes these cultural differences can be strange, but being open-minded helps to become adaptable in new places.

해외여행은 나를 더 적응력 있고 개방된 사람으로 만들었습니다. 나는 여러 나라에서 문화적 차이가 있다는 것을 배웠습니다. 때로는 이러한 문화적 차이가 이상 할 수도 있지만 열린 마음을 가지면 새로운 곳에서 적응할 수 있습니다.

R2 I learned to have patience from my trip. I realized that when traveling, not everything turns out the way I had planned. So I have learned to become patient as unexpected situations can happen.

나는 여행에서 인내심을 얻는 법을 배웠습니다. 나는 여행 할 때, 내가 계획한대로 모든 것이 내 뜻대로 될 수 없다는 것을 깨달았습니다. 그래서 예기치 않은 상황이 발생할 수 있으므로 인내심을 갖도록 배웠습니다.

R3 I learned a lot from my trip. First, I have learned to appreciate different cultures and to value people from different backgrounds. Second, I have become a more understanding person. I learned that people could think differently because they grew up in different environments. After my overseas trip, I am not afraid to approach foreigners anymore. In fact, now if I see foreigners in Korea, I try to make a point to say hello to them.

나는 여행에서 많은 것을 배웠습니다. 첫째, 저는 다른 문화를 존중하고 다른 배경을 가진 사람들을 소중히 여기는 것을 배웠습니다. 둘째, 나는 더 많은 이해력을 가진 사람이 되었습니다. 다른 환경에서 자랐기 때문에 사람들이 다르게 생각할 수 있다는 것을 알게 되었습니다. 해외여행 후, 나는 외국인을 더 이상 접근하는 것을 두려워하지 않습니다. 지금은 한국에서 외국인을 본다면 나는 그들에게 인사를 하려고 합니다.

R4 After my trip, I am more independent and confident in myself. For some reason, I feel I can travel anywhere and do anything by myself. Traveling abroad was a great experience for me to grow up.

여행 후 좀 더 독립적이고 나에 대해서 자신감이 생겼습니다. 웬일인지 나는 어느 곳이라도 여행 할 수 있고, 나 자신이 혼자 무엇이라도 할 수 있다고 느낍니다. 해외여행은 내가 성장하는데 좋은 경험이었습니다.

R5 My English language skills got much better from traveling abroad. I definitely feel more comfortable and confident in speaking English.

내 영어 실력은 해외여행에서 훨씬 좋아졌습니다. 나는 확실히 영어로 말하기에 더 편안하고 자신감을 느낍니다.

Your Response: 당신의 대답

_____

_____

_____

_____

Q.7 Have you felt cultural differences when you stayed in a foreign country?

외국에 있을 때 문화적 차이를 느꼈습니까?

R1 Yes. When I first met my host family in America, they all gave me a hug. I thought it was very nice, and it felt very welcoming.

예. 내가 미국에서 처음으로 내 호스트 가족을 만났을 때, 그들은 모두 나에게 포옹을 했습니다. 나는 그것이 매우 멋지다 라고 생각했습니다. 그리고 그것은 매우 환영받는다는 느낌이었습니다.

R2 Well, when I was in America, it was difficult for me to call anyone by his or her first name. It was even more difficult when the person was older than me. I got used to it afterward, but I needed some time to get used to it.

글쎄요, 내가 미국에 있었을 때, 나는 이름으로 누구에게나 부르기가 어려웠습니다. 그 사람이 나보다 나이가 들었으면 더 어려웠습니다. 나중에 익숙해졌지만 시간이 좀 걸렸습니다.

R3 In Japan, I was quite impressed by how well people stood in lines when they waited for the train, bus, or subway. I thought it was wonderful and I learned a lot from living in Japan.

일본에서는 열차, 버스 또는 지하철을 기다렸을 때 사람들이 줄을 얼마나 잘 서 있었는지에 대해 매우 감탄했습니다. 나는 이것이 멋지고 일본에서 살면서 많은 것을 배웠다고 생각했습니다.

Your Response: 당신의 대답

Q.8 Which country do you wish to visit the most when you become a flight attendant?

승무원이 되면 제일 많이 방문하고 싶은 나라는 어디인가요?

R1 There are a lot of countries I would like to visit when I become a flight attendant. But if I had to choose, I wish to travel to France. France is an ideal travel place for many people.

승무원이 되면 저는 방문하고 싶은 나라가 많이 있습니다. 그러나 선택해야 한다면, 나는 프랑스 여행을 원합니다. 프랑스는 많은 사람들에게 이상적인 여행 장소입니다.

R2 I wish to visit Canada the most. This famous Korean drama, Goblin, was filmed in Quebec city, and I thought many of the drama scenes were so beautiful. So when I become a flight attendant, I would definitely like to visit the Quebec city in Canada one day.

나는 캐나다를 가장 방문하고 싶습니다. 유명한 한국 드라마 도깨비가 퀘벡시에서 촬영되었으므로 많은 드라마 장면이 너무 아름답다고 생각했습니다. 그래서 제가 승무원이 되면, 저는 언젠가 캐나다의 퀘벡시를 꼭 방문하고 싶다고 생각했습니다.

R3 It would definitely be America because it is my dream to visit New York. There are lots of famous tourist attractions, such as the Statue of Liberty, the Times Square, and the Empire State Building.

그것은 뉴욕을 방문하는 것이 나의 꿈이기 때문에 분명히 미국이 될 것입니다. 자유의 여신상, 타임 스퀘어 (Times Square), 엠파이어스테이트 빌딩 (Empire State Building) 과 같은 유명한 관광 명소가 많이 있습니다.

Your Response: 당신의 대답

Q.9 When was the last time you went traveling?

마지막으로 여행 간 적이 언제였습니까?

R1 The last time I went traveling was last year when I visited China with my friends.

마지막으로 여행 할 때가 친구와 함께 중국을 방문한 작년이었습니다.

R2 It was this summer. My family and I went to Dubai for a week.

이번 여름이었습니다. 우리 가족과 나는 일주일 동안 두바이에 갔다 왔습니다.

R3 It was last weekend. My cousin's wedding was on the island of Jeju, so our family went to Jeju for the weekend.

지난 주말이었습니다. 내 사촌 결혼식이 제주도에 있었기 때문에 우리 가족은 주말에 제주도를 다녀 왔습니다.

R4 It was a few years ago. My parents and I traveled to Singapore. We really had a great time because it was our first time traveling abroad.

몇 년 전이었습니다. 부모님과 나는 싱가포르를 여행했습니다. 처음 해외여행을 했기 때문에 정말 즐거운 시간을 보냈습니다.

Your Response: 당신의 대답

_____

_____

_____

_____

Q.10 Where is a good travel site for foreigners to visit in Korea?
외국인이 한국을 방문하기에 좋은 여행지는 어디입니까?

R1 I would say Insadong is a good travel site for foreigners. There are lots of unique stores that sell traditional handmade goods and souvenirs. There are also cafes, restaurants, and galleries that represent Korean arts and crafts.

인사동은 외국인을 위한 좋은 여행 장소라고 말할 수 있습니다. 전통적인 수제 상품과 기념품을 판매하는 독특한 상점이 많이 있습니다. 한국의 예술과 공예품을 대표하는 카페, 레스토랑, 갤러리가 있습니다.

R2 I think one of the best travel sites for foreigners to visit in Korea is Jeju Island. Sometimes Jeju Island is referred to as Korea's "little Hawaii". It has beautiful beaches and great resorts for tourists. Many foreigners visit Jeju Island every year.

제주도는 외국인이 한국을 방문하기에 가장 좋은 여행지 중 하나라고 생각합니다. 때로는 제주도를 한국의 작은 하와이라고 부르기도 합니다. 그것은 아름다운 해변과 관광객을 위한 훌륭한 리조트가 있습니다. 매년 많은 외국인들이 제주도를 방문합니다.

R3 A good travel site in Korea is Hanok Village in Jeonju. In Hanok Village, foreigners can taste all kinds of Korean traditional food and try on Korean traditional wear (hanbok). The village is surrounded by historical and beautiful Hanok houses.

한국의 좋은 여행 사이트는 전주 한옥 마을입니다. 한옥 마을에서는 외국인들이 모든 종류의 한국 전통 음식을 맛보고 한국 전통 의상 (한복)을 경험 할 수 있습니다. 마을은 역사적이고 아름다운 한옥 집으로 둘러싸여 있습니다.

R4 I recommend Myeongdong for foreigners to visit in Korea. Myungdong is such a great place for shopping and dining. In addition, there are other famous tourist attractions near

Myeongdong, so foreigners can do lots of sightseeing there. For example, Namsan Tower and Namdaemum Market are very near Myeongdong.

외국인에게 명동을 소개하고 싶습니다. 명동은 쇼핑과 식사를 하기에 좋은 곳입니다. 또한 명동 근처에는 유명한 관광 명소가 있어 외국인들이 많은 관광을 할 수 있습니다. 예를 들어, 남산 타워와 남대문 시장은 명동에서 매우 가깝습니다.

R5 Gyeongbok Palace is a great place for foreigners to visit in Korea. The Gyeongbok Palace is located in Seoul and is one of the main Korea's royal palaces. It is a historical place to learn more about how Korea's kings and queens used to live in the olden days.

경복궁은 외국인들이 한국을 방문하기에 좋은 장소입니다. 경복궁은 서울에 위치하고 있으며 한국의 왕궁 중 하나입니다. 옛날에 한국의 왕과 왕비가 어떻게 살았는지 더 자세히 알 수 있는 역사적인 장소입니다.

Your Response: 당신의 대답

Practice Your English • 영어를 연습해보자

Activity 1: Listening/Speaking 듣기/말하기

Walk around the classroom and find someone who has done each of the activities listed below. Use present perfect verb tenses to create questions. Ask a follow-up question to continue the conversation. Find out who you can talk to the most!

교실을 걸어보고 아래 열거된 각 활동을 한 사람을 찾으라. 현재 완료 동사 시제를 사용하여 질문을 구성하라. 대화를 계속하기 위해 후속 질문을 하라. 가장 많이 말할 수 있는 사람을 찾아보아라.

Example: travel abroad / 예시: 해외여행

A: Have you ever traveled abroad?
　해외로 여행 한 적이 있습니까?

B: Yes, I have. I went to Hong Kong last year.
　네, 있어요. 나는 작년에 홍콩에 갔었습니다.

A: Really? Who did you go with?
　정말요? 누구와 갔는데요?

B: I went with my family.
　나는 가족과 함께 갔어요.

a) travel abroad

b) visit a foreign country

c) study abroad

d) drive a car by yourself

e) fall in love

f) meet a famous person

g) work at a restaurant

h) feel cultural differences

Activity 2: Writing/Reading/Speaking 작문/독해/말하기
Expressing Yourself 자기를 표현하기

Select one of your favorite travel experiences. Write a short paragraph to talk about the trip. Then, share your story with your partner. Use the following questions to help you write the paragraph.

좋아하는 여행 경험 중 하나를 선택하라. 여행에 관해 이야기하기 위해 짧은 단락을 써보자. 그런 다음 귀하의 이야기를 파트너에게 공유하라. 다음 질문을 사용하여 단락을 작성하라.

Q1) Where/when did you go on a trip?

Q2) Who did you go with?

Q3) How long were you there?

Q4) What did you do there?

Q5) Was there any interesting/fun/unique moment during your trip?
Tell me about it.

Q6) Did you enjoy your trip?

Q7) Would you like to visit the place again?

Your Travel Experience: 당신의 여행 경험

_____

_____

_____

_____

English Interview for Cabin Crew:
Mastering English Interviewing Skills

항공 승무원을 위한 영어 인터뷰:
영어 면접 기술 습득

Chapter 08

Work Experience
직장 경험

Chapter 08

Work Experience
직장 경험

Chapter Goals 챕터 목표

✕ To use appropriate expressions to talk about work experience
적절한 표현을 사용하여 직장 경험에 관해 이야기하기

✕ To use appropriate verb tenses when talking about work experience
직장 경험에 대해 말할 때 적절한 동사 시제를 사용하기

Grammar Points 핵심 문법

Use the present, present continuous, or present perfect continuous when talking about current employment.

현재, 현재 진행, 또는 현재 완료 진행형을 사용해 최근의 직장에 대해 이야기 하라.

Use the past verb tenses when you are talking about past employment experience to indicate you are no longer working for them.

과거의 고용 경험에 대해 이야기 할 때 과거 동사 시제를 사용하여 더 이상 그 회사에서 일하지 않는다는 것을 나타낸다.

Use the present continuous (be verb+ing) in the following situations.

아래의 상황에는 현재 진행형 (be 동사 + ing)을 사용 한다.

➡ actions that are happening at the present
행동이 현재진행 중인 동작

➡ actions that are not habitual but temporary
습관적이지만 일시적인 동작

➡ situations that are changing
변화하는 상황

Use the present perfect continuous (have/has + been + verb +ing) to talk about unfinished past actions or actions that began in the past are happening now. Most likely these actions will continue into the future.

현재 완료 진행형은 (have/has + been + 동사 +ing) 아직 끝나지 않은 과거의 동작이나 과거에 시작되어서 지금까지 이어져 오고 있는 동작에 대해 말할 때 쓰인다. 이런 동작은 대체로 미래로 이어진다.

 ## Key Vocabulary 주요 단어

prior 사전의	processing 처리	arranging 조절	organizing 구성
duties 의무	proactive 대책	relocate 이전하다	itinerary 여행 일정표
combined 결합된	implemented 시행된	disadvantaged 불우한	complimentary 무료
remained 남은	short-staff 단기근무 직원 수	inventory 재고	

 ## Key Expressions 핵심 표현

See each section for key expressions
각 부분에서 핵심 표현을 확인하자.

🖥 Interview Tips 면접 팁 ● ● ● ● ● ● ● ● ● ● ● ● ● ● ● ● ●

Talking about your job experience is one of the most important aspects of job interview. Employers most often want to know exactly what you did in your previous work and how well you accomplished your duties. This is not the time to be modest of yourself. Be confident and be prepared to share the accomplishments and skills you have obtained from your previous work. Also, when talking about your previous work experience, select the experience that is most relevant to the job you are applying for. Work experience includes all part-time or full-time experience.

면접에서 과거의 직장 경험에 대해 이야기 하는 것은 가장 중요한 것 중 하나이다. 고용주는 대부분 이전 직장에서 당신이 어떤 일을 했고 어떻게 성취 했는지를 알고 싶어한다. 이 시간 에 겸손을 떨어서는 안 된다. 자신감을 가지고 이전 직장에서 성취한 것과 얻게 된 능력을 말할 준비를 해야 한다. 또한, 이전 직장의 경험에 대해 이야기 할 때 지금 지원하는 직장과 가장 연관성 있는 경험을 선택해서 이야기 하라. 이전의 업무 경험에는 모든 아르바이트 및 정규직 이 포함될 수 있다.

👤 Interview Questions
👥 면접 질문

Q.1 Do you currently work? What is your present job? What do you do at the moment?

현재 일을 하고 있습니까? 지금 어떤 일을 하고 있는가요?

Q.2 Do you have any work experience? Would you please tell me about your work experience?

일을 해본 경험이 있습니까? 일을 해본 경험에 대해 이야기 해줄 수 있을까요?

Q.3 Did you have any part-time job experience during your school days?

학교에 다니는 동안 아르바이트를 한 경험이 있습니까?

Q.4 What did you learn from your work experience?
일을 하면서 무엇을 배웠습니까?

Q.5 Do you have any accomplishment from your previous work?
이전 직장에서 성취한 것이 있습니까?

Q.6 What skills did you gain from your work experience?
일을 하면서 어떤 기술을 얻게 되었는가요?

Q.7 Did you encounter any difficulty while working at your job?
How did you overcome it?
직장에서 어려움이 있었던 적이 있습니까? 어떻게 그것을 극복 했나요?

Q.8 Do you have any useful experience for this cabin crew job?
이 객실 승무원 업무에 유용한 경험이 있습니까?

Q.9 What have you been doing since your graduation?
당신은 졸업 이후 무엇을 하고 있나요?

Q.10 Do you have any volunteering experience?
봉사활동의 경험이 있습니까?

Interview Questions & Sample Responses
면접 질문 및 샘플 응답

Q.1 Do you currently work? What is your present job? What do you
do at the moment?

현재 일을 하고 있습니까? 지금 어떤 일을 하고 있는가요?

R1 Yes, I currently work at a cosmetics store.
네, 저는 현재 화장품 가게에서 일하고 있습니다.

R2 I am currently working at a local library. I have been working there for a few months now.

저는 현재 도서관에서 일 하고 있습니다. 몇 달째 일 하고 있습니다.

R3 I am working part-time at an English academy teaching conversational English to elementary school students.

저는 영어 학원에서 초등학생들에게 영어 회화를 가르치는 아르바이트를 하고 있습니다.

R4 I am not working at the moment. I am a student and will be graduating this spring.

저는 현재 일을 하고 있지 않습니다. 현재 저는 학생이고, 이번 봄에 졸업할 예정입니다.

Interview Tips 면접 팁

Keep your answers simple. Stating too much can indicate you memorized your responses. Be prepared to respond to follow-up questions that come with the interview questions. For example: How long have you been working there? Do you enjoy working at _____?

대답을 간결하게 하라. 너무 많이 나열하면 답변을 외웠다고 생각 될 수 있다. 면접 질문 뒤에 따라오는 후속 질문에 답변할 수 있도록 준비하라. 예시: 그곳에서 얼마나 오래 일 하였는가? _____에서 일 하는 것이 재미있었는가?

Your Response: 당신의 대답

_____

_____

Q.2 Do you have any work experience? Would you please tell me about your work experience?

일을 해본 경험이 있습니까? 일을 한 경험에 대해 이야기 해줄 수 있을까요?

R1 Yes, I do. I worked at a fitness center as a receptionist for about a year. Prior to that experience, I also worked part-time at my college as an assistant in my major department.

네, 일을 한 경험이 있습니다. 저는 피트니스 센터에서 1년 동안 카운터 업무를 봤습니다. 그 전에는 대학에서 저희 학과 조교로 아르바이트를 했습니다.

📖 Grammar Tips 문법 팁 • • • • • • • • • • • • • • • •

Use the past tense verb to talk about job experience that is complete and you no longer work at the place. However, use the present perfect verb to talk about job experience that has started in the past and still continues in the present.

더 이상 그 곳에서 일하지 않고 일이 끝났다면, 과거 시제 동사를 사용해 일한 경험을 이야기 하라. 현재 완료 동사는 과거에 시작해서 현재에서 지속되고 있는 일에 대해 이야기 할 때 사용하면 된다.

R2 Yes. I am currently working as a receptionist in the doctor's office. I have been working there for about six months. My main duties include greeting customers, taking phone calls, and making appointments for customers.

네. 저는 현재 의사 사무실에서 업무를 보고 있습니다. 6개월 정도 근무했습니다. 저의 주요 업무는 고객을 맞이하고, 전화를 받고 고객들 약속을 잡는 것입니다.

R3 Yes. I have been working at a department store for about nine months now. I am a sales person in children's clothing line. Prior to that I worked at a fast food restaurant as a server.

저는 백화점에서 일한지 9개월 정도 되었습니다. 어린이 옷을 판매하는 일을 합니다. 그 이전에는 패스트푸드점 에서 서빙을 했었습니다.

R4 I have been working at the Marriott's hotel for about six months now. I started as an intern when I was in college, but just recently I have become a part-time employee. I work in the service desk and assist customers with making reservations and processing guest check-ins and outs.

저는 6개월째 메리엇 호텔에서 일 하고 있습니다. 대학에 다닐 때 인턴으로 일을 시작 했는데, 최근에 비정규직 직원이 되었습니다. 저는 서비스 데스크에서 손님들의 예약이나 체크인, 체크아웃을 돕습니다.

R5 Sure. For the past two years, I worked as a secretary for a small business owner. My duties included taking phone calls, preparing and arranging meetings, and organizing paper/computer files. I also prepared travel itineraries for my boss and assisted guests who visited our office. The business owner had to relocate, so now I am working at a family restaurant as a waitress.

물론입니다. 지난 2년 동안, 저는 작은 사무실에서 비서로 일했습니다. 제 업무는 전화를 받고, 약속을 잡고 또 준비하고, 서류와 컴퓨터 파일을 정리하는 것이었습니다. 또한 저는 저의 상사를 위한 여행 일정을 준비하고 우리 사무실을 방문한 고객들을 도왔습니다. 사무실이 이전을 해야 했기 때문에, 저는 현재 패밀리 레스토랑에서 웨이트리스로 일 하고 있습니다.

Your Response: 당신의 대답

Q.3 Did you have any part-time job experience during your school days?

학교에 다니는 동안 아르바이트를 한 경험이 있습니까?

R1 Yes, I had a part-time job working at a wedding hall during my school days. I worked on weekends and assisted wedding guests. I also worked other jobs during summer and winter vacations while I was a student. For example, I worked at a theater and a family restaurant.

네, 저는 학교에 다니면서 웨딩홀에서 아르바이트를 했습니다. 저는 주말마다 결혼식 손님들을 도와드리는 일을 했습니다. 여름방학과 겨울 방학 때는 다른 일을 했습니다. 예를 들면, 영화관과 패밀리 레스토랑에서 일을 했습니다.

R2 Yes, I had several different part-time jobs in the service industry during my college days. I worked at a coffee shop, a bakery, and a fast food restaurant. I usually worked at those places as a cashier or as a server providing service to customers.

네, 저는 대학에 다니면서 서비스 직종의 아르바이트 몇 개를 해봤습니다. 카페, 빵집, 그리고 패스트푸드점 에서 일 했습니다. 저는 주로 계산을 하거나 서빙을 했습니다.

R3 Yes, I did. While I was in college, I worked at Everland during summer and winter vacations. Everland is a big amusement park in Yongin, Korea. I guided customers, cleaned the park areas, and provided entrance tickets to customers.

네, 경험이 있습니다. 대학에 다닐 때 저는 여름 방학과 겨울 방학동안 에버랜드에서 일했습니다. 에버랜드는 한국 용인에 있는 큰 놀이공원입니다. 저는 손님들을 가이드 하고, 공원을 청소하고, 발권 하는 일을 했습니다.

R4 No, I didn't. I didn't work during college days because I was quite busy with school work and extra-curricular activities.

However, during summer and winter vacations, I often did volunteer work for my church. I have been on two mission trips. I visited Philippines and Indonesia.

아니요, 저는 일을 하지 않았습니다. 대학에 다니는 동안 학교생활과 동아리 활동으로 매우 바빴습니다. 하지만 여름과 겨울 방학에는 교회에서 봉사활동을 종종 했습니다. 선교 여행을 두 번 다녀왔습니다. 필리핀과 인도네시아를 방문 했습니다.

🖼 Interview Tips 면접 팁 • • • • • • • • • • • • • • • • • •

If you didn't have any job experience during your college days, be ready to share any volunteer or extra-curricular activity experience.

대학 기간 동안 일을 한 경험이 없다면, 봉사활동이나 특별 동아리 활동으로 답변을 준비하라.

Your Response: 당신의 대답

_____

_____

_____

_____

_____

_____

_____

_____

_____

Q.4 What did you learn from your work experience?

일을 하면서 무엇을 배웠습니까?

R1 Since I worked in the service industry, I learned a great deal about high quality service. I worked hard to be attentive to customers' needs and tried to be proactive so that I always provided satisfying service to customers.

서비스 직종에서 일을 하면서, 양질의 서비스에 대해 많이 배웠습니다. 고객의 필요에 귀를 기울이고 상황을 대비하는 행동을 하기 위해 노력하며 고객들에게 항상 만족스러운 서비스를 제공하기 위해 열심히 일했습니다.

R2 While working at a department store, I had to assist a wide variety of customers. So I learned to deal with all kinds of customers.

백화점에서 일 하면서 여러 손님을 도와드려야 했습니다. 그래서 다양한 손님을 대하는 방법을 배웠습니다.

R3 I learned so much from my work experience. I definitely have become a more responsible and focused person. Since I was working and going to school at the same time, I had to manage my time and my responsibilities well. Even though I was quite busy, I made sure I did well in school and at work.

저는 일을 하면서 정말 많이 배웠습니다. 저는 확실히 더 책임감 있고 집중할 줄 아는 사람이 되었습니다. 학교에 다니면서 일을 병행했기 때문에 저의 시간과 책임을 온전히 신경 써야 했습니다. 매우 바빴지만, 일과 학업 모두 성공적이었다고 자신합니다.

R4 Because of my work experience, I have become more professional. Since I worked with my manager and co-workers as well as a wide variety of customers, it was important that I always remained respectful and kind to everyone regardless of my moods.

일을 한 경험 덕분에 저는 더 전문적인 사람이 되었습니다. 상사, 동료들, 그리고 다양한 손님들과 접촉 하면서 일을 해야 했기 때문에 항상 존중해야 했으며, 내 기분과는 상관없이 모두에게 친절하게 대하는 것이 중요 했습니다.

Your Response: 당신의 대답

_____

_____

_____

_____

_____

Q.5 Do you have any accomplishment from your previous work?

이전 직장에서 성취한 것이 있습니까?

R1 Well, I am not sure if this is considered as an accomplishment, but a customer has written a complimentary note about me on social media because of my service. That customer indicated that I provided very satisfying service and said nice things about me and the store. My manager was happy to find out about that because his store received free advertisement. So he printed out the comment and posted it in the store.

이것을 성취라고 여겨도 될지 확신이 없지만, 고객이 인터넷에 저에 대한 칭찬 쪽지를 남긴 적이 있습니다. 그 고객은 제가 아주 만족스러운 서비스를 제공 했다고 언급 하며 저와 가게에 대해 좋은 말을 남겨 주셨습니다. 저희 매니저님은 무료 광고를 받아 행복해 하셨습니다. 그래서 그 댓글을 출력해 가게에 붙여 놓으셨습니다.

R2 I worked at a cosmetics store. During our business meeting, I provided a tip to better keep track of our store inventory and the manager liked my idea. So I implemented a new inventory sheet for her and it became the new inventory check sheet.

저는 화장품 가게에서 일했습니다. 회의가 있을 때, 재고 파악 하는 방법을 새로 제안 했는데 매니저님이 마음에 들어 하셨습니다. 그래서 제가 도입한 새로운 재고 파악 방법이 가게에서 쓰이게 되었습니다.

Your Response: 당신의 대답

_____

_____

_____

_____

_____

Q.6 What skills did you gain from your work experience?

일을 하면서 어떤 기술을 얻게 되었는가요?

R1 Because of my work experience, I gained effective communication skills. Everyday when I worked at the department store, I needed to communicate with a wide variety of customers and help them with their needs. As a result, I became very confident in talking with customers.

이전 직장에서, 저는 효과적인 커뮤니케이션 방법을 배웠습니다. 매일 백화점에서 일 하면서 다양한 유형의 고객과 소통하면서 그들을 돕고 요구를 충족시켜야 했습니다. 따라서 저는 손님들과 이야기 하는 데에 자신감이 생겼습니다.

R2 I gained a sense of strong interpersonal skills working with all kinds of people at my work place. It is important to be respectful and understanding because diverse people have different opinions.

직장에서 다양한 사람들과 일하면서 대인관계 능력이 향상 되었습니다. 다양한 사람들이 서로 다른 의견을 가지고 있기 때문에 상대방을 존중하고 이해하는 것이 중요합니다.

R3 My work taught me teamwork skills. Working at a restaurant, all of us had different duties. So it was important that we completed our tasks well in order to meet the needs of customers. Working with others really helps to develop excellent teamwork skills.

저의 직장은 저에게 팀워크 하는 방법을 알려줬습니다. 음식점에서 일하면서, 저희 모두는 맡은 일이 달랐습니다. 그래서 각자 맡은 일을 잘 끝내 손님들의 요구를 충족시키는 것이 중요 했습니다. 다른 사람들과 일하는 것이 팀워크 능력을 기르는데 정말 많은 도움을 주었습니다.

Your Response: 당신의 대답

Q.7 Did you encounter any difficulty while working at your job?
직장에서 일할 때 어려움이 있지는 않았는가요?

R1 I didn't really have any difficulty working at my job. But once in a while, we had an employee who would call in sick at the last minute. So when that happened, it was difficult to meet the needs of customers because we were short-staffed. However, I always provided a smile and worked extra harder while serving customers.

직장에서 일할 때 딱히 큰 어려움은 없었습니다. 그러나 가끔, 마지막 순간에 아프다고 전화를 하는 직원이 있었습니다. 그때 일손이 모자라 고객들의 요구를 충족시키는 것이 어려웠습니다. 하지만 미소를 잃지 않고 없는 직원 몫까지 열심히 서빙을 했습니다.

R2 Yes, I did. Sometimes we had difficulty meeting the needs of customers due to unexpected situations. For example, when we are out of stock with merchandise, we often order items for customers. But occasionally, few of the items would arrive with fault in them. When that happens, I always order the items again as soon as possible for customers.

네, 힘든 적이 있었습니다. 가끔씩 예상치 못한 상황에서 고객들의 요구를 충족시키는 것에 어려움이 있었습니다. 예를들어, 상품이 떨어졌을 때 고객들을 위해 주문을 하곤 합니다. 하지만 경우에 따라, 몇몇 품목이 잘못 도착하는 경우가 있습니다. 그런 일이 발생하면 항상 고객을 위해 가능한 빨리 상품을 다시 주문합니다.

R3 Well, in the beginning I did. I sometimes faced unfriendly and demanding customers. At first, I didn't know how to treat them. However, as time passed by, I became more confident serving them and satisfying their needs.

네, 일을 처음 시작 할 때는 힘들었습니다. 가끔씩 불친절하고 요구하는 것이 많은 고객들을 마주하곤 했습니다. 처음에는 어떻게 그들을 대해야 할지 몰랐습니다. 그러나 시간이 지나면서 그들을 대하고 만족시키는 데에 자신감이 생겼습니다.

Your Response: 당신의 대답

Q.8 Do you have any useful experience for this cabin crew job?

이 객실 승무원 업무에 유용한 경험이 있습니까?

R1 Yes, I do. I have customer service experience working at a department store and at a family restaurant for more than three years combined. Since I needed to work with many different types of customers everyday, I learned sophisticated service manners and effective communication skills in order to meet the needs of various customers.

네, 있습니다. 저는 총 3년 이상을 백화점과 패밀리 레스토랑에서 고객 서비스 업무 경험을 쌓으며 보냈습니다. 매일 다른 유형의 고객을 만나며 일을 해야 했기 때문에, 저는 수준 높은 서비스 매너와 효과적인 커뮤니케이션 능력으로 다양한 고객을 만족시켜야 했습니다.

R2 I am currently working as a front desk receptionist at a hotel. Everyday I interact via telephone and in person with various hotel guests. Also when customer issues arise, I have to solve them promptly and professionally. I believe my current experience will be very useful for this cabin crew job because I have gained excellent service skills.

저는 현재 호텔 프런트 데스크에서 일하고 있습니다. 매일 저는 다양한 호텔 고객들과 직접 그리고 전화로 소통합니다. 또한 고객에게 문제가 생기면, 신속하고 전문적으로 해결 합니다. 저는 이러한 지금의 경험이 저에게 서비스 능력을 더해준 만큼 승무원이 되는 데에 매우 유용할 것이라고 믿습니다.

R3 I majored in airline services in college. For this major, I took relevant courses that are useful and valuable. Some of the courses include service manners, airline ticketing and reservations, flight announcement and various foreign language courses. I also have two years of working experience in the service industry.

저는 대학에서 항공서비스를 전공 했습니다. 전공과목으로 저는 관련있고 유용하고 가치있는 수업들을 들었습니다. 서비스 매너, 항공 발권과 예약, 비행 방송과 다양한 언어 수업을 포함한 강의들이 있었습니다. 저는 또한, 2년의 서비스 분야 직무 경험이 있습니다.

Your Response: 당신의 대답

Q.9 What have you been doing since your graduation?

당신은 졸업 이후 무엇을 하고 있나요?

R1 Since my graduation, I have been working several part-time jobs while taking a night conversational English class. I work everyday but part-time as a receptionist at a dental office and at a small company.

졸업 이후로, 저는 야간 영어 회화 수업을 들으며 몇몇 아르바이트를 해왔습니다. 저는 매일 시간제로 치과와 작은 회사에서 사무를 봅니다.

R2 I have been working in the customer service department at a small telecommunication company. I have also been looking for career opportunities with airline companies, so I am so happy to be here for this interview.

저는 작은 통신 회사에서 고객 서비스 부서에서 일을 하고 있습니다. 저는 또한 항공사에서 일할 수 있는 기회를 알아보는 중이기 때문에, 오늘 이 면접에 참여할 수 있게 되어 매우 기쁩니다.

R3 I have been continuing with my education by taking several service marketing and English courses at my school. I have an associate degree from my college, so I am taking relevant and useful classes to help me be prepared for the job of flight attendants.

저는 학교에서 여러가지 서비스 마케팅 및 영어 과정을 수강하여 계속 교육을 받았습니다. 저는 대학에서 전문 학사 학위를 취득 했으므로 승무원의 직업 준비에 도움이 되는 관련 수업을 듣고 있습니다.

R4 I have been traveling and doing some volunteer work with my local church. I recently went on a mission trip to Philippines helping the disadvantaged children in the community.

저는 여행을 하고 저희 지역 교회에서 봉사활동을 해왔습니다. 최근에는 필리핀으로 선교 여행을 가서 그 지역 소외된 아동들을 돕고 왔습니다.

Your Response: 당신의 대답

Q.10 Do you have any volunteering experience?

봉사활동의 경험이 있습니까?

R1 Yes, I do. My mother is a social worker, so she taught me the importance of doing community work. I have been volunteering at a local retirement home for over three years now. I visit the retirement home once a week to help the elderly people with various needs. I do arts and craft and play different board games with them.

네, 경험이 있습니다. 저희 어머니는 사회복지사 임으로, 지역 참여 활동의 중요성에 대해 알려주셨습니다. 저는 지역 양로원에서 3년 넘게 봉사 활동을 해왔습니다. 저는 일주일에 한번 어르신들을 돕기 위해 양로원을 방문 합니다. 저는 어르신들과 함께 미술과 여러 종류의 보드게임을 합니다.

R2 Every winter, I always try to participate in the mission trips for my church. So I have volunteering experience doing church missions since I was in college. Sometimes we do local church missions, but we have traveled abroad helping the needy communities in foreign countries. So far, I have visited Philippines and Cambodia.

매년 겨울, 저는 제가 다니는 교회 선교 여행에 참여하려고 노력합니다. 대학에 있을 때도 교회 선교 봉사활동을 한 경험이 있습니다. 가끔 지역 교회에서 선교를 하기도 하고, 때때로 도움이 필요한 해외 지역에 방문하기도 했습니다. 지금까지 필리핀과 캄보디아에 다녀왔습니다.

R3 Yes, I have volunteering experience through my school extra curricular activities. I was part of school council committees and school public relations association.

네, 저는 학교 동아리 활동 때 봉사활동을 한 경험이 있습니다. 저는 학교 학생회 임원이면서 학교 홍보팀원 이었습니다.

Your Response: 당신의 대답

Practice Your English • 영어를 연습해보자

Activity 1: Writing/Speaking 쓰기/말하기

Read the story of a student named Kate. Write 'wh-questions' or 'yes/no questions' based on the content of the story. Take turns asking a partner the questions and responding them.

Kate 라는 학생의 이야기를 읽어보자. Wh-의문문이나 yes/no 의문문을 사용해서 이야기에 기반 문장을 써보자. 파트너와 질문하고 대답하는 것을 교대로 해보자.

Kate is a full-time college student studying airline services. She also works part-time at a hotel cafe as a server. She usually works on weekends and sometimes during the weekdays in the evening. She is quite busy being a student and working at the same time. However, she enjoys her work because she believes she is gaining effective communication skills as well as learning about high quality service. Her duties include taking orders from customers, assisting with payments, cleaning the tables, and serving various customers. Her dream is to become a flight attendant. She believes that her major and her work experience in the service industry will be helpful when she works as a flight attendant.

케이트는 항공서비스를 전공하는 학생이다. 그녀는 호텔에서 서빙 아르바이트도 한다. 그녀는 대체로 주말에 일을 하고, 때때로 평일 저녁에 일 한다. 그녀는 학업과 일을 병행하느라 매우 바쁘다. 그러나 그녀는 효과적인 커뮤니케이션 능력과 양질의 서비스를 배울 수 있다고 믿기 때문에 일하는 것을 즐긴다. 그녀의 업무는 손님들로부터 주문을 받고, 지불을 돕고, 테이블을 청소하고, 손님들에게 서빙하는 것이다. 그녀의 꿈은 승무원이 되는 것이다. 그녀는 그녀의 전공과 서비스 분야에서 일 한 경험이 승무원으로 일할 때 도움이 되리라 믿는다.

Example: What does Kate do? What is Kate's occupation?
            Is Kate a college student? What is Kate's dream?
예시: 케이트는 어떤 일을 하지? 케이트의 직업은 무엇이지? 케이트는 대학생이니?
      케이트의 꿈은 무엇이니?

1. _____

2. _____

3. _____

4. _____

5. _____

6. _____

7. _____

8. _____

9. _____

10. _____

Activity 2: Listening/Speaking 듣기/말하기

Find out your classmates' work experience. Go around the class and talk to at least two students in the classroom. If they do not work, ask if they do any volunteer work or after school program. Ask the following questions to start the conversation.

반 친구의 직무 경험을 알아보자. 교실을 돌면서 적어도 두 명의 학생과 이야기를 나눠라. 그들이 일을 하지 않는다면, 그들이 봉사 활동이나 동아리 프로그램을 한 적이 있는지 질문하라. 대화를 시작하기 위해 아래 내용을 질문해보자.

1. Do you work at the moment? Do you do any volunteer work?

   지금 하는 일이 있니? 봉사 활동을 하는 것이 있니?

2. Where do you work? Where do you volunteer?

   어디서 일하니? 어디서 봉사 활동을 하니?

3. How often do you work? How often do you do your volunteer work?

얼마나 자주 일하니? 얼마나 자주 봉사 활동을 하니?

4. How long have you been working there? How long have you been doing your volunteer work?

얼마나 오래 거기서 일 해왔니? 얼마나 오래 거기서 봉사활동을 했니?

5. Do you like your job? Do you enjoy volunteering?

지금 하는 일을 좋아하니? 봉사활동 하는 것이 즐겁니?

6. What are you learning or gaining from your work experience?

일을 하면서 배우거나 얻는 점이 있니?

7. Did you encounter any difficulty while working?

일을 하면서 어려움에 직면한 적은 없었니?

8. How did you solve the problem?

문제를 어떻게 해결했니?

9. Do you have any volunteering experience?

봉사활동 한 경험이 있니?

10. Is there any memorable moment from your work?

일을 하면서 기억에 남는 순간이 있었니?

English Interview for Cabin Crew:
Mastering English Interviewing Skills

항공 승무원을 위한 영어 인터뷰:
영어 면접 기술 습득

Chapter 09

Personality
성격

Chapter 09

Personality
성격

 Chapter Goals 챕터 목표

⚹ To use appropriate expressions to talk about your personality
   적절한 표현을 사용하여 성격에 관해 이야기하기

⚹ To use appropriate verb tenses
   적절한 동사 시제를 사용하기

⚹ To properly use descriptive adjectives
   관련된 형용사를 적절히 사용하기

 Grammar Points 핵심 문법

The Present Tense 현재 시제 동사

Use simple present tense verbs when talking about habitual actions or factual information in the present.

현재의 습관적 행동이나 사실적 정보를 말할 때 단순 현재 시제 동사를 사용한다.

Adjective and Verb Placement 형용사와 동사 배치

An adjective describes a person, place, or thing. Adjectives are usually placed before nouns they modify. However, when used with linking verbs, such as forms of 'to be' and 'sense verbs', they are placed after the verb. Use adverb words such as very, extremely, before adjectives to make adjectives stronger.

형용사는 사람, 장소 또는 사물을 묘사한다. 형용사는 일반적으로 명사 앞에 위치한다. 그러나 'to be' 그리고 'sense verbs'와 같은 연결 동사(예: look, remain, seem)와 함께 사용하면 동사 뒤에 배치된다. 형용사를 강하게 만들 때 '매우, 극단적으로' 와 같은 부사 단어를 형용사 앞에 사용하라.

Key Vocabulary 주요 단어

conflict/충돌	equates/같음	approach/접근
innovative/혁신적인	chaotic/혼란스러운	resolve/해결
alternative/대체	irate/화난	reflect/반영
complimented/칭찬받는	testament/유언	required/essential/필수
perspective/관점	effective/유효한	solution/해결책
obsessive/강박적인	excel/뛰어나다	accomplish/이루다

Key Expressions 핵심 표현

See each section for key expressions.

각 부분에서 핵심 표현을 참고하자.

Interview Tips 면접 팁

Interviewees are often asked to describe their personality during job interviews. Companies ask this question to determine if the people they hire would be a good fit for them. Describing your personality can have a big impact during interviews.

인터뷰 참여자는 종종 취업 인터뷰 중 자신의 성격을 설명하도록 요청받는다. 기업들은 이 질문을 통해 그들이 고용하고자한 사람들이 자신의 회사에 적합한지를 결정한다. 자신의 성격을 묘사하면 인터뷰하는 동안 큰 영향을 미칠 수 있다.

Do not answer hastily. Think of your greatest strengths and select the relevant personality traits for the position you are applying.

서둘러 대답하지 말라. 가장 큰 강점을 생각하고 적용되는 직책에 맞는 성격 특성을 선택하라.

If you have bad habits as a part of your personality, try to minimize them but showcase your positive habits instead.

성격의 한 부분으로 나쁜 습관이 있는 경우에는 최소화하고 긍정적인 습관을 보여주어야 한다.

Interview Questions 면접 질문

Q.1 How would you describe yourself?
당신을 어떻게 표현 하시겠습니까?

Q.2 How would your friends describe you?
당신의 친구들이 당신을 어떻게 표현 하시겠습니까?

Q.3 How would your last supervisor describe you?
이전 상사가 당신을 어떻게 표현 하시겠습니까?

Q.4 Does your personality suit the job of the cabin crew?
당신의 성격이 기내 승무원의 직업에 어울리나요?

Q.5 What is your greatest strength?

당신의 가장 큰 장점은 무엇입니까?

Q.6 What is your weakness?

당신의 약점은 무엇입니까?

Q.7 Is there anything that you want to change about your personality?

당신의 성격에 관해 변화시키고 싶은 것이 있습니까?

Q.8 What motivates you in life?

인생에서 당신에게 동기가 되는 것은 무엇입니까?

Q.9 Do you prefer working alone or on a team?

혼자서 일하는 것과 팀에서 일하는 것중 어느 것이 더 좋습니까?

Q.10 How would you resolve conflicts in the workplace?

직장에서 갈등을 어떻게 해결할 것입니까?

Words to Describe Positive Personality Traits
긍정적인 성격을 나타내는 영어 단어

- ☑ adaptable-적응을 잘하는
- ☑ approachable – 친근한
- ☑ ambitious – 야망 있는
- ☑ active – 활동적인
- ☑ attentive – 주의를 살피는, 배려하는
- ☑ amiable – 정감 있는
- ☑ calm – 차분한
- ☑ open-minded– 개방적인, 마음이 열려있는
- ☑ compassionate/caring – 인정 많은
- ☑ committed/dedicated – 헌신적인
- ☑ patient – 인내심이 강한
- ☑ reliable/trustworthy – 믿을 수 있는
- ☑ easygoing – 느긋한, 소탈한
- ☑ energetic – 활기가 넘치는, 열정적인
- ☑ enthusiastic/passionate – 열광적인
- ☑ friendly – 친절한, 다정스러운
- ☑ flexible – 융통성이 있는
- ☑ independent – 독립적인
- ☑ committed/dedicated – 헌신적인
- ☑ organized – 정리를 잘하는, 체계적인
- ☑ polite – 공손한, 정중한
- ☑ cheerful – 쾌활한, 발랄한
- ☑ cooperative – 협조적인
- ☑ creative/imaginative – 창의력이 있는

- ☑ thoughtful/understanding – 배려 깊은
- ☑ sociable/outgoing – 사교적인, 외향적인
- ☑ warm-hearted – 마음이 따뜻한
- ☑ decisive – 결단력이 있는
- ☑ witty/resourceful/clever – 재치 있는
- ☑ perceptive – 지각 있는
- ☑ punctual – 시간을 잘 지키는
- ☑ bright – 똑똑한
- ☑ insightful – 통찰력 있는
- ☑ positive – 긍정적인

- ☑ diligent/hardworking – 성실한, 근면한
- ☑ determined – 결심이 많은
- ☑ sensible – 똑똑한
- ☑ sincere – 성실한
- ☑ confident – 자신감 있는
- ☑ generous – 야량이 넓은, 관대한
- ☑ devoted – 헌신적인
- ☑ humorous – 재미있는
- ☑ responsible – 책임감이 강한

Words to Describe Negative Personality Traits
부정적인 성격을 나타내는 영어 단어

- ☑ uptight – 불안해하는
- ☑ negative – 부정적인
- ☑ close-minded – 고지식한
- ☑ self-centered – 자기중심적인
- ☑ emotional – 감성적인
- ☑ impatient – 참을성이 없는
- ☑ impulsive – 충동적인

- ☑ careless – 조심성이 없는
- ☑ indecisive – 우유부단한
- ☑ demanding – 요구가 많은
- ☑ perfectionist – 완벽주의자
- ☑ blunt/direct – 직선적인
- ☑ skeptical – 의심많은
- ☑ opinionated – 완고한

Interview Questions & Sample Responses
면접 질문 및 샘플 응답

 Q.1 How would you describe yourself?

당신을 어떻게 표현 하시겠습니까?

R1 I would describe myself as a diligent and responsible person. I always believe in hard work for everything I do in life. So whether I am doing school work or doing work for my job, I give all my best efforts to provide the best performance. I have always believed that being diligent equates being responsible. So I have never missed school or work because I thought of my school and work as very important duties that I needed to complete.

나는 내 자신을 부지런하고 책임있는 사람으로 묘사하고 싶습니다. 난 항상 삶에서 하는 모든 일에 대한 노력을 믿습니다. 그래서 나는 학교 일을 하든 직장 일을 하든 최고의 성과를 내기 위해 최선을 다합니다. 나는 부지런한 사람이 책임감 있는 사람이라고 항상 믿었습니다. 그래서 저는 한번도 학교나 직장이나 빠진 적이 없었습니다. 왜냐하면 저는 학교나 직장이나 제가해야 할 중요한 의무로 생각하기 때문입니다.

R2 I think I am an outgoing person with good communication skills. I really enjoy meeting and working with various people. I am very approachable and I enjoy being around people. When I meet new people, I always approach them first.

나는 의사소통 능력이 좋은 사교적인 사람이라고 생각합니다. 나는 정말로 여러 사람들을 만나고 그들과 일하는 것을 즐기고 좋아 합니다. 나는 아주 친근하며 사람들하고 같이 있는 것을 좋아합니다. 내가 새로운 사람들을 만날 때, 나는 항상 그들에게 먼저 접근합니다.

R3 I consider myself as a positive person. I truly believe that positive results come from positive thinking. So even if I face some challenges in life, I always think positively. In the end, everything always seems to work out.

저는 제 자신을 긍정적인 사람으로 생각합니다. 긍정적인 결과는 긍정적 사고에서 비롯된 것이라고 저는 믿습니다. 그래서 인생에서 몇가지 문제에 직면하더라도 항상 긍정적으로 생각합니다. 결국 모든 것이 순조롭게 이루어집니다.

R4 I believe I am quite creative. I like to think outside of the box, so whenever I had to do team projects, I came up with alternative ways to do things. My creativity has helped me with my part-time job because my boss actually enjoyed using my creative side to come up with innovative solutions.

나는 내가 창조적이라고 믿습니다. 저는 다르게 생각하기를 좋아합니다. 그래서 팀 프로젝트를 할 때마다, 나는 일을 처리 할 수 있는 대안에 대해 다른 방법을 생각해 냈습니다. 저의 사장님은 창조적인 면을 사용하여 혁신적인 해결책을 얻은 것을 즐겼기 때문에 나의 창의력은 저의 아르바이트에 도움이 되었습니다.

Your Response: 당신의 대답

Key words and expressions • 핵심 어휘와 표현

I consider myself as a (descriptive adjective word) person.

저는 제 자신을 -- (형용사) 사람이라고 생각한다.

I am a (descriptive adjective word) person.

나는 -- (형용사) 한 사람이다.

I am _____ (descriptive adjective word).

나는 _____ (형용사) 한 사람이다.

I am very _____ and _____ (use descriptive adjective words).

나는 매우 _____하고 _____ (형용사를 사용한다) 이다.

I think of myself as a _____ person.

나는 내 자신을 _____ 사람으로 생각한다.

I see myself as a _____ person.

나는 내 자신을 _____ 사람으로 본다.

📖 **Grammar Tips** 문법 팁 •

Use 'a' before an adjective with a consonant or a consonant sound.

자음이나 자음이 있는 형용사 앞에 'a'를 사용하라.

Ex: I think of myself as a diligent person.

예시: 제 자신을 부지런한 사람으로 생각합니다.

Use 'an' before an adjective with a vowel sound.

모음 소리가 있는 형용사 앞에 'an'을 사용하라.

Ex: I consider myself as an energetic person.

예시: 저는 제 자신을 열정적인 사람으로 생각합니다.

Use a reflexive pronoun when the subject and object are the same.

주체와 객체가 동일한 경우 재귀 대명사를 사용한다.

Ex: I think of myself as a dedicated person.

예시: 저는 제 자신을 헌신적인 사람으로 생각합니다.

NOT: I think of me (wrong) as a dedicated person.

How would your friends describe you?

당신의 친구들이 당신을 어떻게 표현 하겠습니까?

R1 I believe my friends would describe me as a determined and driven person. They have seen me in classes and know that I always provide my best work and earn successful results.

나는 내 친구들이 나를 결정적이고 주도하는 사람으로 묘사할 것이라고 믿습니다. 그들은 수업에서 나를 보았고 항상 최선을 다하고 성공적인 결과를 얻었음을 알고 있습니다.

R2 My friends have told me that I am caring and loyal. I have always been there for my friends if they are in need, so they know I am a person who they can count on.

친구들은 저를 배려 깊고 충성스럽다고 말했습니다. 그들이 필요할 때 친구들을 위해 나는 항상 거기에 있었기 때문에 나는 그들이 믿을 수 있는 사람이라는 것을 알고 있습니다.

R3 My friends say that I am understanding and compassionate. When my friends come to me with their concerns or issues, I sincerely listen to their concerns and go the extra mile to provide the assistance they need.

친구들은 내가 이해심과 동정심이 많다고 말합니다. 친구들이 걱정이나 문제로 내게 올 때, 나는 그들의 관심사에 진심으로 귀 기울이고 그들의 필요한 것에 도움을 제공합니다.

Your Response: 당신의 대답

_____

_____

> **Key words and expressions** • 핵심 어휘와 표현

My friends would describe me as a (adjective word) person.

내 친구들은 나를 _____ (형용사) 로 묘사합니다.

My friends have told me that I am (adjective word).

내 친구들이 내게 _____ (형용사) 라고 말했습니다.

My friends say that I am _____ (adjective word).

친구들은 내가 _____ (형용사) 라고 말합니다.

My friends often said that I am (adjective word).

내 친구들은 종종 나는 _____ (형용사) 라고 말했습니다.

I have been told that I am very _____ and _____
(use adjective words).

나는 매우 _____하고 _____ (형용사를 사용함) 라고 들었습니다.

Q.3 How would your last supervisor describe you?
이전 상사가 당신을 어떻게 표현 하시겠습니까?

R1 I believe my last supervisor would describe me as a
dedicated person. Since I have a tendency to double check
everything before I leave work, I am usually the person
who leaves work perhaps the last. It is important to me that
all the required duties have been completed. Because of this

personality trait, my boss has often asked me to close the cafe and gave me more responsibilities compared to other coworkers.

이전 상사는 나를 헌신적인 사람으로 묘사 할 것입니다. 나는 나의 업무를 마치기전에 모든 것을 검사하는 습관이 있기 때문에, 나는 거의 마지막으로 퇴근하는 사람입니다. 필요한 모든 업무가 완료되었음이 중요합니다. 이 성격 특성 때문에 내 상사는 종종 카페 문 닫는 것을 요청했고 다른 동료와 비교할 때 더 많은 책임을 맡기었습니다.

R2 I am pretty confident that my supervisor would describe me as someone who is a hard worker. When I worked, I was a full-time student so my supervisor understood my busy schedule. However, I never complained of my duties and always worked hard to provide the best performance. So my boss often complimented me about my work ethic.

나는 상사가 나를 열심히 일하는 사람으로 묘사할 것이라고 확신합니다. 내가 일했을 때, 나는 정규 학생이었고, 그래서 상사는 나의 바쁜 스케줄을 이해했습니다. 그러나 저는 결코 제 임무에 대해 불평하지 않았고 최고의 성과를 내기 위해 항상 열심히 노력했습니다. 그래서 내 사장님은 종종 내 직업윤리에 대해 칭찬을 아끼지 않으셨습니다.

R3 I have been told by my supervisor that I am a good team player. I worked at a hotel restaurant and I often worked with different teams to meet the needs of hotel restaurant customers. I got along with everyone in the restaurant including all the different kitchen and bar staff members. So my boss was impressed with my ability to work cooperatively with all the staff members.

전 사장님께로 부터 훌륭한 팀 선수라는 말을 들었습니다. 나는 호텔 레스토랑에서 일했고 종종 호텔 레스토랑 고객의 요구를 충족시키기 위해 여러 팀과 함께 일했습니다. 나는 모든 다른 주방과 카운터 직원을 포함하여 레스토랑에 모든 구성원들과 잘 어울렸습니다. 그래서 내 상사는 모든 직원들과 제가 협력 할 수 있는 능력에 깊은 인상을 받았습니다.

R4 My last supervisor often said that I was an effective communicator. He noticed my ability when I had to deal with irate customers. I was often able to soothe angry customers and help them understand the situations better.

마지막 상사는 종종 저를 효과적으로 의사소통을 하는자라고 말했습니다. 그는 제가 화가 난 고객을 잘 상대할때 제 능력을 알게되었다고 하였습니다. 저는 종종 화가난 고객을 진정시키고 상황을 좀 더 잘 이해하도록 도와주었습니다.

R5 I didn't work during my college days, so I would like to share what my professors often said about me. I have been told by several of my professors that I was highly motivated and dedicated. I have received excellent grades and academic scholarships to demonstrate this testament.

저는 대학 시절에 일을하지 않았기 때문에 교수님들이 자주 저에 대해 말씀하신 내용을 전해드리고 싶습니다. 교수님들 중 몇분이 저에 대해서 동기부여를 잘하고 헌신적 이었다고 말씀하셨습니다. 저는 이것을 증명할 수 있는 우수한 성적과 학업 장학금을 받았습니다.

🖼 Interview Tips 면접 팁 ·

If you did not have any job experience, you could substitute your answer with how your professors from college would describe you.

당신이 직업 경험이 없다면, 당신은 대학의 교수들이 어떻게 당신을 묘사 할 것인지를 대처하도록 해야한다.

Your Response: 당신의 대답

_____

_____

Q.4 Does your personality suit the job of the cabin crew?

당신의 성격이 기내 승무원의 직업에 어울리나요?

R1 I definitely believe my personality suits the job of the cabin crew. I am very attentive and observant. These traits are essential for flight attendants because they need to understand their passengers to provide the best service for them. I also believe these qualities help when working with other crew team members.

저는 제 성격이 기내 승무원의 직업에 어울리는 것을 확실하게 믿습니다. 저는 아주 세심하고 주의깊다고 생각합니다. 이러한 특성은 승무원에게 최상의 서비스를 제공하기 위해 승객을 이해해야하기 때문에 필수적입니다. 저의 또한 이러한 특성들이 다른 팀 구성원들과 협력 할 때 도움이 된다고 믿습니다.

R2 Absolutely! I am very open-minded and adaptable. I respect different people's perspectives and enjoy learning new things. Because of this nature, I like challenges and enjoy finding ways to make things better.

그럼요! 저는 아주 개방적이고 적응력이 좋습니다. 저는 다른 사람들의 관점을 존중하고 새로운 것을 배우는 것을 즐깁니다. 이런 성격 때문에 저는 도전을 좋아하며 더 좋은 방법을 찾는 것을 즐깁니다.

R3 Yes, I consider myself as a positive and calm person. So even if I encounter challenges, I think very positively about them. I also have a tendency to stay calm under pressure or stressful situations. Flight attendants often face unexpected situations during flights, so these traits will be useful when I work as a flight attendant.

예, 저는 제 자신을 긍정적이고 평온한 사람으로 생각합니다. 그래서 도전에 직면하더라도 그들에 대해 매우 긍정적으로 생각합니다. 저는 또한 압박감이나 스트레스가 많은 상황에서 평온을 유지하는 경향이 있습니다. 승무원은 종종 비행 중에 예기치 않은 상황에 직면하기 때문에 승무원으로 일하는 경우 이러한 특성이 유용합니다.

📷 **Interview Tips** 면접 팁 ·

Respond positively and confidently with this interview question. Use this question to demonstrate your strengths!

이 면접 질문에 긍정적으로 자신 있게 답변해야한다. 이 질문을 사용하여 강점을 입증하라.

Your Response: 당신의 대답

_____

_____

_____

_____

_____

Q.5 What is your greatest strength?

당신의 가장 큰 장점은 무엇입니까?

R1 My greatest strength is that I am energetic. I have always been very passionate about life in general. As a result, I have done well in college. I was also involved in various extra-curricular activities and even took leadership positions. I believe my strength will be helpful when I work as a flight attendant.

나의 가장 큰 장점은 열정적인 것입니다. 나는 항상 내 인생에 대해 매우 열정적이었습니다. 그 결과 저는 대학에서 잘 해왔습니다. 저는 또한 다양한 동아리 활동에

참여했으며 지도력 직책을 맡았습니다. 나는 승무원으로 일할 때 나의 장점이 도움
이 될 것이라고 믿습니다.

R2   I believe one of my greatest strengths is that I am diligent and hardworking. Because of this trait, I have received positive comments from my previous employers. I don't believe in mediocre work. I always give my best efforts for everything I do.

내 가장 큰 강점 중 하나는 내가 근면하고 부지런하다는 것입니다. 이러한 특성으로 인해 저는 이전 고용주로부터 긍정적인 평가를 받았습니다. 나는 평범하게 일을 하는 것을 믿지 않습니다. 나는 항상 최선을 다합니다.

R3   Having good interpersonal skills is perhaps my greatest strength. I am very open-minded and enjoy working with many different types of people. The job of the cabin crew requires working with diverse passengers and team crew members, so having good people skills will be useful.

좋은 대인관계 기술은 아마도 나의 가장 큰 장점입니다. 나는 아주 개방적이며 다양한 유형의 사람들과 함께 일하는 것을 즐깁니다. 기내 승무원의 업무는 다양한 승객과 팀원과 협력해야 하므로 좋은 사람 기술을 갖춘 것이 유용할 것입니다.

R4   I have a very strong sense of work ethic, so I feel that is my greatest strength. When I am given a task, I always give my best effort to complete it and complete it well. I have been told by my previous employers that I was a good employee because I was always on time and did more than what was required of me.

나는 매우 강한 직업윤리 의식을 가지고 있기 때문에 그것이 저의 가장 큰 장점이라고 느낍니다. 나는 주어진 일을 할 때 항상 최선을 다해 그것을 잘 완성합니다. 이전 고용주로부터 항상 훌륭한 직원이라는 말을 들었습니다. 왜냐하면 저는 제 시간에 맞춰 나와 저에게 요구되는 것보다 더 많은 것을 했기 때문입니다.

R5   I think my greatest strength is that I am responsible. I have always taken great pride in all of my work. As a result, when I was a student or when I worked part-time jobs, I always provided my best performance.

나의 가장 큰 장점은 내가 책임이 있다고 생각합니다. 나는 항상 내 모든 일에 큰 자부심을 가졌습니다. 결과적으로 제가 학생이었을 때나 파트타임 일을 할 때 항상 최고의 성과를 제공했습니다.

Your Response: 당신의 대답

Key words and expressions • 핵심 어휘와 표현

My greatest strength is that I am (descriptive adjective word).

나의 가장 큰 장점은 내가 (묘사 형용사) 라는 것입니다.

My main/key strength is my ability to work well with others.

나의 주요 장점은 다른 사람들과 잘 일하는 능력입니다.

I have a natural ability to work in a busy environment.

나는 바쁜 환경에서 자연스럽게 일을 할 수 있는 능력을 가지고 있습니다.

One of my greatest strengths is that I am (descriptive adjective word).

나의 가장 큰 강점 중 하나는 내가 (묘사 형용사) 라는 것입니다.

My strength is that I have a sense of strong work ethic.

나의 강점은 내가 강한 직업윤리의 감각을 가지고 있다는 것 입니다.

Having excellent _____ skills is my main strength.

우수한 _____ 기술을 가진 것이 나의 주요 강점입니다.

I am quite good at remaining calm in a chaotic situation.

나는 혼란스러운 상황에서 침착함을 유지하는 데 꽤 능숙합니다.

I am excellent at teamwork or working with others. (use noun or gerund/-ing)

나는 팀워크 하고 다른 사람들과 함께 일하는 것에 뛰어납니다.

I am excellent/good at (나는 ----- 에 뛰어나다.)

- ☑ interacting with team members
  팀원들과 상호 작용하는데
- ☑ organizing paperwork
  서류 정리하는 것
- ☑ managing time
  시간관리하는 것
- ☑ coordinating team projects
  팀 프로젝트 조정하는 것
- ☑ understanding other people's perspectives.
  다른 사람들의 관점을 이해하는데

List of Positive and Valuable Traits and Skills for Job Interview
면접을 위한 긍정적이고 가치 있는 표현

- ☑ ability to work well with others 다른 사람들과 잘 어울리는 능력
- ☑ people skills 대인 관계
- ☑ ability to adapt 적응 능력
- ☑ organizational skills 조직력
- ☑ ability to remain calm 침착함을 유지하는 능력
- ☑ a sense of strong work ethic 강한 직장 윤리 의식
- ☑ strong interpersonal skills 강한 대인 관계 기술
- ☑ a sense of professionalism 전문성 감각
- ☑ problem-solving skills 문제 해결 능력
- ☑ a sense of responsibility 책임 의식
- ☑ effective communication skills 효과적인 의사소통 기술
- ☑ a sense of leadership 리더십 감각

Q.6 What is your weakness?

당신의 약점은 무엇입니까?

R1 Well, I have been called a perfectionist before, so that could be my weakness. Being a perfectionist can be very tiring sometimes because it takes too much time to complete any task. It is good to pay attention to details, but it is not healthy to be obsessive with every thing. Now I try to focus on the main priorities in each task and move on to other tasks.

글쎄요, 나는 전에 완벽 주의자로 불려왔습니다. 그래서 그것은 내 약점이 될 수 있어요. 완벽 주의자란 어떤 작업을 완료하는 데 너무 많은 시간이 걸리기 때문에 때로는 매우 지루할 수 있습니다. 세부 사항에 주의를 기울이는 것이 좋지만 모든 일에 집착하는 것은 건강하지 않습니다. 이제 각 작업의 주요 우선순위에 중점을 두고 다른 작업으로 이동하려고 합니다.

R2 My weakness is that I do not have a lot of job experience. I only worked few part-time jobs. During college years, I wanted to focus on my studies and I participated in many extracurricular activities.

내 약점은 내가 많은 직업 경험이 없다는 것입니다. 나는 단지 소수의 아르바이트만 일을 했습니다. 대학 시절에 나는 공부에 집중하기를 원했고 많은 학교 동아리 활동에 참여했습니다.

R3 I think that I can be indecisive sometimes. This could be that because I think too much, it just takes too much time to make a decision. Now I try to write down pros and cons with each decision and just select the most appropriate decision based on the positive and negative points.

나는 때때로 내가 우유부단 할 수 있다고 생각합니다. 이것은 제가 너무 많이 생각하기 때문에 결정을 내리는 데 너무 많은 시간이 걸릴 수 있습니다. 이제 각 결정에 찬반양론을 적어보고 긍정적이고 부정적인 점을 토대로 가장 적절한 결정을 선택합니다.

Your Response: 당신의 대답

_____

_____

_____

_____

_____

Q.7 Is there anything that you want to change about your personality?

당신의 성격에 관해 변화시키고 싶은 것이 있습니까?

R1 Yes, I wish I could be more assertive. Sometimes I care more about people's feelings, so I have a difficult time sharing how I truly feel about a topic.

네, 나는 더 적극적일 수 있기를 바랍니다. 때로는 사람들의 감정을 더 걱정하기 때문에 주제에 대해 진정으로 느끼는 방식을 공유하기가 어렵습니다.

R2 Well, I have been told that I can be too direct or even blunt sometimes. So I wish to be more sensitive and careful in terms of what I say and how I say things to people.

글쎄요, 나는 가끔은 심지어 무뚝뚝하고 너무 퉁명스럽다고 들었습니다. 그래서 내가 말하는 것과 사람들에게 하는 말의 측면에서 좀 더 예민하고 조심스러워지기를 바랍니다.

R3 I can be uptight sometimes because I tend to worry too much. So I wish I could relax more and not worry so much. Nowadays, I try to loosen up more by thinking positive.

나는 너무 걱정하는 경향이 있기 때문에 때때로 불안해 합니다. 그래서 나는 더 많이 편하게 생각하고 너무 걱정하지 않기를 바랍니다. 요즘 나는 긍정적인 사고를 생각함으로써 더 많은 것을 풀어내려고 노력합니다.

Your Response: 당신의 대답

Q.8 What motivates you in life?

인생에서 당신에게 동기가 되는 것은 무엇입니까?

R1 I probably motivate myself the most. I have always been motivated to do well in school and at work, because it was important to give my best effort in given tasks. Since I had specific goals for going to school and going to work, it was easy for me to be motivated.

나는 아마도 나 자신에게 가장 동기를 잘 부여 하는 것 같습니다. 저는 주어진 과제에 최선을 다하는 것이 중요했기 때문에 항상 학교에서나 직장에서 잘하도록 동기를 부여 하였습니다. 나는 학교에 나가고 일을 하는것에 구체적인 목표를 갖고 있었기 때문에 나에게 동기를 부여하는 것이 쉬웠습니다.

R2 I am motivated because it has always been my dream to become a flight attendant. Having such dream motivated me to work hard and to always excel in everything I do.

승무원이 되는 것이 항상 꿈이었으므로 저는 동기 부여가 되었습니다. 그런 꿈을 꾸면서 열심히 일하고 항상 내가 하는 모든 일에서 뛰어나게 해냈습니다.

R3 Perhaps my family motivates me in a positive way. We are strong close-knit family and have always encouraged one another to do well in life. Because of this special relationship, we support one another to do the best in everything.

어쩌면 내 가족이 긍정적인 방법으로 나를 자극 하는 것 같습니다. 우리는 튼튼한 가족이며 항상 서로에게 인생에서 잘하도록 격려했습니다. 이 특별한 관계 때문에 우리는 서로 최선을 다하여 모든 일을 지원합니다.

Your Response: 당신의 대답

_____

_____

_____

_____

Q.9 Do you prefer working alone or on a team?

혼자서 일하는 것과 팀에서 일하는 것 중 어느것이 더 좋습니까?

R1 I prefer to work on a team. I feel everyone can accomplish more when working on a team. Also, I have good interpersonal skills, so I enjoy working with diverse people.

나는 팀에서 일하는 것을 더 좋아합니다. 나는 모두가 팀에서 일할 때 더 많은 것을 성취 할 수 있다고 느낍니다. 또한, 나는 좋은 대인관계 기술을 가지고 있어서 다양한 사람들과 일하는 것을 즐깁니다.

R2 If I had to choose, I would choose to work on a team. However, I am comfortable working in a team and alone depending on the job situation.

내가 선택해야 한다면, 나는 팀에서 일하기로 결정할 것입니다. 그러나 저는 업무 상황에 따라 팀원과 함께 일하거나 또는 혼자서 일하는 것 모두 다 편합니다.

R3 I prefer working on a team, but I can also work well independently. I am flexible and very adaptable.

나는 팀에서 일하는 것을 더 좋아하지만 독립적으로 일을 잘 할 수도 있습니다. 나는 유연하고 적응력이 뛰어납니다.

Your Response: 당신의 대답

_____

_____

_____

_____

Q.10 How would you resolve conflicts in the workplace?
직장에서 갈등을 어떻게 해결할 것입니까?

R1 If I am having a conflict with a person in the workplace, I would want to talk with the person to identify the conflict. Then I would listen carefully to what he or she had to say and try to come up with a plan together that could resolve our conflict.

직장에 있는 사람과 갈등이 있는 경우 그 사람과 이야기하여 갈등을 파악합니다. 그리고 나는 그 또는 그녀가 말한 것을 신중하게 경청하고 우리의 갈등을 함께 해결할 수 있는 계획을 세우려고 노력할 것입니다.

R2 If there is any problem in the workplace, I think it is important to carefully reflect about the problem before one can come up with a solution. Once the problem is understood, I would talk with the parties who are involved and discuss possible solutions.

직장에서 문제가 있는 경우 해결책을 제시하기 전에 문제에 대해 신중하게 고려하는 것이 중요하다고 생각합니다. 문제가 이해되면 관련자들과 이야기하고 가능한 해결책을 논의할 것입니다.

(R3) I believe one of the best ways to resolve conflicts in the workplace is to resolve it sooner than later. So if there is a conflict in the workplace, I would try to resolve it by meeting with the person whom I am having a problem to discuss the matter in a kindly manner. I would want to understand the situation from his/her perspective and try to figure out where misunderstanding occurred.

직장에서 갈등을 해결할 수 있는 최선의 방법 중 하나는 나중에 해결하는 것보다 빨리 해결해야 한다고 생각 합니다. 직장 내에서 갈등이 있는 경우, 문제가 있는 사람과 만나서 친절하게 문제를 상의하려고 노력할 것입니다. 저는 그/그녀의 관점에서 상황을 이해하고 오해가 어디에서 발생했는지 파악하려고 노력할 것입니다.

Your Response: 당신의 대답

Practice Your English • 영어를 연습해보자

Activity 1: Speaking/Writing 말하기/쓰기

> **Part A**

See the adjective word list on pages 181–182. Ask your partner yes/no questions with the adjective words.

181–182 쪽에 있는 형용사 단어 목록을 참조하라. 형용사 단어를 사용하여 당신의 파트너에게 '예 / 아니오' 질문을 하라.

Example: You: Are you outgoing?

Your Partner: Yes, I am. I consider myself very outgoing.
I enjoy meeting new people.

(or)

No, I am not. I am more reserved.

Part B

Write two ways you and your partner are similar and two ways you are different. 당신과 당신의 파트너와 비슷하고 다른 두 가지를 적어보아라.

Example:

(Similar)

We are both outgoing. We enjoy meeting new people. We are also very diligent. We both go to school and have two part-time jobs.

우리는 둘 다 사교성이 풍부합니다. 우리는 새로운 사람들을 만나는 것을 즐깁니다. 우리는 또한 매우 부지런합니다. 우리는 둘 다 학교에 다니고 파트타임 직업이 있습니다.

(Different)

My partner is talkative. She likes talking with the people she meets. I am reserved. It takes time for me to open up.

내 파트너는 말하는 것을 좋아합니다. 그녀는 만나는 사람들과 이야기하는 것을 좋아합니다. 나는 수줍음을 잘 탑니다. 나는 사람들과 가까워지는 데는 시간이 걸립니다.

Activity 2: Speaking/Writing 말하기/쓰기

Please answer the following questions. Share your answer with your partner. Use the adjective word list on pages 181–182 to describe yourself.
다음 질문에 답하라. 파트너에게 답변을 공유하라. 181–182 페이지의 형용사 단어 목록을 사용하여 자기 자신을 묘사하라.

1) How would you describe yourself? 자기 자신을 어떻게 묘사 하겠습니까?

   Ex: I consider myself an outgoing person.

2) What do you usually do (in terms of your action) to demonstrate you are (outgoing) _____ ?

   당신이 _____ 것을 보여주기 위해 보통 (당신의 행동 측면에서) 무엇을 합니까?

   Ex: I enjoy meeting new people. And I always approach them first to get to know them better.

3) How do your friends describe you? 친구들이 어떻게 당신을 묘사합니까?

   Ex: My friends often describe me as a diligent person.

4) What do you (in terms of your action) do to demonstrate you are that kind of person? 당신은 (당신의 행동 면에서) 당신이 그와 같은 사람임을 증명하기 위해 무엇을 합니까?

English Interview for Cabin Crew:
Mastering English Interviewing Skills

항공 승무원을 위한 영어 인터뷰:
영어 면접 기술 습득

Chapter 10

Self-Introduction
자기소개

Chapter 10

Self-Introduction
자기소개

Chapter Goals 챕터 목표

- To use appropriate expressions to confidently introduce yourself
  자신을 소개하는데 자신있게 적절한 표현을 사용하기
- To appropriately use the correct tense: simple past or present perfect
  올바른 시제를 적절하게 사용하기: 단순 과거 또는 현재 완료

Grammar Points 핵심 문법

Use the simple past tense to describe an action or state that was completed in the past, especially when the specific time is mentioned.
특히 특정 시간이 언급되었을 때 단순 과거 시제를 사용하여 과거에 완료된 행동이나 상태를 설명한다.

Use the present perfect tense (have/has + past participle) to talk about an action that happened sometime in the past, but is still relevant in the present. We often use 'for' or 'since' with the present perfect tense.

불특정한 과거에 시작되어 현재까지 계속되는 일에 대해 이야기하기 위해 현재 완료 시제 (have / has + past 분사)를 사용한다. 우리는 종종 현재의 완료 시제와 'for' 또는 'since' 를 사용한다.

Key Vocabulary 주요 단어

approach	appreciative	enhance
접근	감사하는	강화하다
enabled	varied	detect
활성화된	여러 가지의	발견하다
contributions	look forward to	inform
기여금	기대하고	알리다
acquired/obtained	disciplined	feedback
획득한	훈련된	피드백
exchange	utilizing	pertinent
교환	활용	관련된

Key Expressions 핵심 표현

See each section for key expressions
각 부분에서 핵심 표현을 참고하자.

Interview Tips 면접 팁

Asking job candidates to talk about themselves is perhaps the most common interview question in a job interview. When interviewers ask, "Tell me about yourself," this is not the time to talk about your hobbies or personal stories. Your response should be focused and pertinent to the job you are interviewing for. Talking about yourself is the perfect opportunity for you to highlight your strengths. Focus on your pertinent experiences, skills, and/or personality traits to demonstrate that you are the right person for the job.

취업 응시자에게 자신에 대해 이야기하기를 요구하는 것은 아마도 취업 면접에서 가장 일반적인 면접 질문일 것이다. 면접관이 "너 자신에 대해 말해봐"라고 물으면, 이것은 취미나 개인적인 이야기에 대해 말하는 시간이 아니다. 귀하의 답변은 귀하가 인터뷰하는 직업에 중점을 두고 관련되어야 한다. 자신에 대해 말하면 자신의 강점을 강조할 수 있는 완벽한 기회이다. 자신의 적절한 경험, 기술 및 / 또는 성격에 초점을 맞추어 자신이 직업에 적합한 사람임을 입증하라.

 ## Use the following tips when preparing for self-introduction: 자기소개를 준비 할 때 다음 요령을 사용하라.

Do not provide complete personal or employment history. Select the experience that is most pertinent and important for the job. Your response should inform the interviewer that you are the right person for the job.

완전한 개인정보 또는 경력을 제공하지 말라. 이 직업에 가장 적절하고 중요한 경험을 선택한다. 귀하의 답변은 면접관에게 귀하가 그 일에 적합한 사람이라는 것을 알려 주어야한다.

Focus on your current education, experiences (professional work/volunteer) and skills relevant to the job you are applying.

현재 교육, 경험 (전문 직업 / 자원 봉사자) 및 적용하는 직무와 관련된 기술에 중점을 둔다.

Include the following information: 다음 정보를 포함하라

1) Educational Details

   교육 내용

2) Current & Previous Job Experiences (Select the pertinent job experiences)

   현재 및 이전 직업 경험 (관련 직업 경험을 선택하라)

3) Skills Gained or Accomplishments Achieved (From Job or Volunteer Experience)

   얻은 성과 또는 달성한 성취 (직업 또는 자원 봉사 경험을 통해)

4) Positive personality traits (Select the most relevant and useful for the job you are applying)

   긍정적인 성격 특성 (지원하는 직업에 가장 관련이 있고 유용한 성격을 선택하라)

Practice, practice, and practice. Your self-introduction should sound natural and polished.

연습, 연습 그리고 연습을 해라. 당신의 자기 소개는 자연스러우면서 우아하게 들려야한다.

 Sample Responses for Study Abroad Experiences
유학 경험에 대한 샘플 응답

Please also refer to chapter 6 for more responses
자세한 내용은 6장을 참조하라

R1 I am currently attending _____ and majoring in _____.

저는 현재 _____ 에 다니고 있으며 _____ 를 전공하고 있습니다.

R2 I recently graduated from _____.
I studied _____.

저는 최근에 _____에서 졸업했습니다. 저는 _____을 공부했습니다.

R3 I went to _____ and completed a degree in _____.

저는 _____에 갔고 _____에서 학위를 마쳤습니다.

R4 I am a recent graduate from _____.
I studied _____.

저는 최근 _____ 졸업생 입니다. 저는 _____를 공부했습니다.

Sample Responses for Study Abroad Experiences
유학 경험에 대한 샘플 응답

Please also refer to chapter 7 for more responses.
자세한 내용은 7장을 참조하라.

R1 I studied in New Zealand as an exchange student for one year. I learned so much from that experience. I feel very comfortable and confident to speak English and to approach foreigners.

저는 교환 학생으로 뉴질랜드에서 1년간 공부했습니다. 나는 그 경험에서 많은 것을 배웠습니다. 나는 영어로 말하고 외국인에게 접근하는 것에 대해 매우 편안하고 자신감을 느낍니다.

R2 Our school offered different study abroad programs, so I had an opportunity to study in China for one semester. I gained so much from that experience as my Chinese improved tremendously. Also, because of my study abroad experience, I am more appreciative of different cultures.

저희 학교는 해외 유학 프로그램을 다양하게 제공했으므로 한 학기 동안 중국에서 공부 할 수 있는 기회가 있었습니다. 나는 그 경험에서 많은 것을 얻었고 또한 중국어도 대단히 향상되었습니다. 또한 해외 유학 경험 때문에 다른 문화에 대해 더 감사하게 생각합니다.

R3 My study abroad and travel experiences in various countries have helped me learn their languages and cultures. I studied in Japan for one year and was able to travel to various English speaking countries, such as Canada, the United States, and New Zealand. I can speak both English and Japanese quite well.

해외 유학 및 여행 경험을 통해 다양한 언어와 문화를 배울 수 있었습니다. 일본에서 1년간 공부했으며 캐나다, 미국, 뉴질랜드 등 다양한 영어권 국가를 여행 할 수 있었습니다. 나는 영어와 일본어를 모두 잘 할 수 있습니다.

Sample Responses for Current & Previous Job Experiences 현재 및 이전 직무 경험에 대한 샘플 응답

Please also refer to chapter 8 for more responses.
자세한 내용은 8장을 참조하라.

R1 I previously worked at a hotel and obtained useful experience from it. I learned a great deal of working with various customers and providing high-quality service.

이전에 호텔에서 일했고 유용한 경험을 얻었습니다. 저는 다양한 고객과의 협력과 양질의 서비스 제공에 대해 많은 것을 배웠습니다.

R2 I have various work experiences in the service industry. For example, I worked in different places such as a restaurant, a hotel, and a clothing store. Having these experiences allowed me to enhance communication and interpersonal skills.

저는 서비스 업계에서 다양한 업무 경험을 쌓았습니다. 예를 들어 레스토랑, 호텔, 옷가게 등 다양한 장소에서 일했습니다. 이러한 경험을 통해 커뮤니케이션 및 대인관계 기술을 향상시킬 수 있었습니다.

(R3) I have more than two years of work experience in the service field. As a result, I am very confident in working with various customers and meeting their needs.

나는 봉사 분야에서 2년 이상의 경력을 쌓았습니다. 결과적으로, 나는 다양한 고객과 협력하고 그들의 필요를 충족시키는데 매우 자신감을 보입니다.

 Sample Responses for Skills Gained or Accomplishments Achieved 획득 한 기술 또는 달성 한 성과에 대한 샘플 응답

Please also refer to chapter 8 for more responses.
자세한 내용은 8장을 참조하라.

(R1) Working at a department store for more than two years enabled me to serve a wide variety of customers. As a result, I gained effective communication and interpersonal skills.

백화점에서 2년 이상 일하면서 다양한 고객에게 서비스를 제공할 수 있었습니다. 그 결과, 나는 효과적인 의사소통과 대인관계 기술을 습득하게 되었습니다.

(R2) My work experiences in the various service industry have helped me become professional and polite. I am respectful, understanding and sensitive to all customers and situations.

다양한 서비스 업계에서 근무한 경험으로 저는 전문성과 공손함을 배웠습니다.
나는 모든 고객을 존중하고 이해하며 상황에 민감합니다.

(R3) As a result of my work experience in a hotel, I have gained excellent teamwork skills. I am very cooperative and work well with others.

호텔에서 일한 경험으로 탁월한 팀워크 기술을 습득했습니다. 나는 매우 협조적이며 다른 사람들과 잘 어울립니다.

Sample Responses for Positive Personality Traits
긍정적인 성격에 대한 샘플 응답

Please also refer to chapter 9 for more responses.
자세한 내용은 9장을 참조하십시오.

R1 I am an excellent problem solver. I have an ability to detect problems and find appropriate solutions. I feel I have this ability because I am very attentive and decisive.

나는 훌륭한 문제해결자입니다. 문제를 감지하고 적절한 해결책을 찾을 수 있는 능력이 있습니다. 나는 매우 세심하고 결정적이기 때문에 나는 이 능력을 가지고 있다고 느낍니다.

R2 I am a responsible and hard working individual. When it comes to completing any task for work or for school, I have always been dedicated and committed to producing high-quality work.

나는 책임있고 열심히 일하는 사람입니다. 직장이나 학교에 대한 모든 직업에 관해서, 나는 항상 전념하고 고품질의 성과를 창출하기 위해 최선을 다하고 있습니다.

R3 I have been told that I am a people person. I work well with others and I always try to help my co-workers whenever they need help.

나는 내가 사교적인 사람이라는 말을 들었습니다. 나는 다른 사람들과 잘 지내며 항상 도움이 필요할 때마다 동료들을 도우려고 노력합니다.

Sample Responses for Concluding Statements
결론 문장의 샘플 응답

R3 I would like to use my service skills to serve both your airline and your passengers.

귀하의 항공사와 승객 모두를 위해 저의 서비스 기술을 사용하고 싶습니다.

R2 It would be an honor if I am part of your company. I look forward to utilizing my abilities to dedicate myself.

제가 당신 회사에 속하게 된다면 영광입니다. 저는 제 자신을 헌신하고 제 능력을 활용하기를 고대합니다.

R3 I believe my strengths and work experience will be useful when I work as a flight attendant. Thank you for your time and this opportunity.

승무원으로 일하면서 저의 강점과 근무 경험이 유용할 것으로 믿습니다. 귀한 시간과 이 기회에 감사드립니다.

R4 I believe I have the positive traits that are suitable for this position.

저는 이 직책에 적합한 긍정적인 특성을 가지고 있다고 믿습니다.

R5 I am very passionate about this job opportunity. I hope to make a valuable contribution to your airline.

저는 이 직책에 대해 열정적입니다. 저는 귀하의 항공사에 소중한 기여를 하기를 희망합니다.

R6 If I become a member of your airline, I will give my 100% to provide the best performance.

만약 제가 귀하의 항공사의 직원이 되면 최고 성과를 수행하기 위해 100% 온 힘을 다할 것입니다.

R7 Thank you very much for your time.

시간 내주셔서 감사합니다.

R8 I sincerely appreciate your time.

진심으로 감사드립니다.

Interview Questions 면접 질문

1. Would you please tell me about yourself?

   당신에 대해서 말해 주시겠습니까?

2. Tell me about yourself.

   당신에 대해 말해주세요.

3. Can you introduce yourself?

   당신 소개 좀 해줄래요?

4. Could you tell us about yourself?

   당신에 대해서 말해 주시겠습니까?

5. Why don't you tell us something about yourself?

   당신에 대해 우리에게 뭔가 말해 주시겠습니까?

Interview Questions & Sample Responses 면접 질문 및 샘플 응답

Q.1 Would you please tell me about yourself?

당신에 대해서 말해 주시겠습니까?

Sure. My name is _____. I am currently attending _____ and majoring in airline services. This is my last semester and I will be graduating in February 2019. I would like to describe myself as a responsible and dedicated person. While attending college, I have also held a sales position at a cosmetics store working every weekend for the last two years.

In addition, I have been involved in my school extracurricular activity and held a leadership position. Even though I was quite busy at school and at work, I have never missed school or work. I have also maintained excellent grades. I believe these qualities will be useful when I become a member of your company. I will be a dedicated and committed cabin crew who always thinks of the company and its passengers first.

그럼요. 저의 이름은 _____ 입니다. 저는 현재 _____ 에 다니며 항공서비스를 전공하고 있습니다. 이것은 저의 마지막 학기이고 저는 2019년 2월 졸업할 예정입니다. 저는 책임있고 헌신적인 사람으로 제 자신을 묘사하고 싶습니다. 대학에 다니는 동안 저는 지난 2년 동안 주말마다 화장품 가게에서 판매직을 역임했습니다. 또한, 저는 학교 활동에 참여하여 지도력을 발휘했습니다. 학교와 직장에서 바빴지만 학교나 직장을 한번도 빠진적이 없습니다. 나는 또한 우수한 성적을 유지했습니다. 나는 이 자질들이 제가 귀하의 회사직원이 될 때 유용 할 것이라고 믿습니다. 저는 회사와 승객을 항상 생각하는 헌신적인 승무원이 될 것입니다.

Q.2 Tell me about yourself.

당신에 대해 말해주세요.

Good morning. I am very happy to meet you. My name is _____ but you can call me Cathy. Ever since I was young, I have always been interested in other languages and cultures. So I majored in English and Chinese from _____ University. I have also had opportunities to study both in Canada and in China through study abroad programs. Because of these study abroad experiences, my language skills in English and Chinese improved tremendously. But I have also become more appreciative of other cultures and aware of differences and similarities among them. My greatest strength is having a good sense of flexibility and adaptability. I truly enjoy experiencing and learning about different people and cultures. I can also easily socialize and make friends with all different types of people. I would like to use my skills to make a positive contribution to your company.

좋은 아침입니다. 만나서 반갑습니다. 내 이름은 ＿＿＿＿＿＿＿이지만 캐시라고 불러도 됩니다. 나는 어렸을 때부터 항상 다른 언어와 문화에 관심이 있었습니다. 그래서 나는 ＿＿＿＿＿＿＿ 대학에서 영어와 중국어를 전공했습니다. 저는 유학 프로그램을 통해 캐나다와 중국에서 공부할 수 있는 기회도 얻었습니다. 이러한 유학 경험을 통해 영어와 중국어의 언어 실력이 크게 향상되었습니다. 그러나 저는 또한 다른 문화를 더 감사하게 생각하고 그 차이점과 유사점을 알고 있습니다. 저의 가장 큰 강점은 융통성과 적응력의 좋은 감각을 가지고 있는 것입니다. 저는 진정으로 다양한 사람들과 문화에 대한 경험과 학습을 즐깁니다. 저는 또한 쉽게 사교적으로 서로 다른 유형의 사람들과 친구가 될 수 있습니다. 귀하의 회사에 긍정적인 기여를 하기 위해 제 능력을 사용하고 싶습니다.

Q.3 Can you introduce yourself?

당신 소개 좀 해줄래요?

Thank you for this opportunity to introduce myself. I studied tourism management from ＿＿＿＿＿＿＿ University. My major was very helpful and practical, and I learned a lot from it. Through my major, I have gained useful knowledge and service skills in the service industry. While in college, I also had various part-time jobs, such as working at a wedding hall, a restaurant, and a cafe. I am still working at the cafe. Because of these working experiences, I have acquired important interpersonal and teamwork skills. I have been told by my previous supervisors that I work well with co-workers and customers. Because of this trait, I was also given the opportunity to train new employees at my previous work place. I would like to use my skills to serve both your airline and your passengers.

저에게 소개 할 수 있는 기회를 주셔서 감사합니다. 저는 _____ 대학에서 관광 경영학을 전공했습니다. 전공은 매우 유익하고 실용적이었고 많은 것을 배웠습니다. 전공을 통해 서비스 업계에서 유용한 지식과 서비스 기술을 습득했습니다. 대학에 다니는 동안 저는 또한 결혼식장, 식당 및 카페에서 일하는 것과 같은 다양한 아르바이트를 경험 했습니다. 저는 아직도 카페에서 일하고 있습니다. 이러한 경험 덕분에 나는 중요한 대인관계 및 팀워크 기술을 습득했습니다. 이전 동료 그리고 상사들로 부터 동료나 고객들과 잘 어울린다는 말을 들었습니다. 이러한 특성으로 인해 이전 직장에서 신입 사원을 교육 할 기회를 얻었습니다. 귀하의 항공사와 승객 모두를 위해 저의 기술을 활용하고 싶습니다.

Q.4 Could you tell us about yourself?

당신에 대해서 말해 주시겠습니까?

Hello. My name is _____. I have a _____ degree from _____ University. I would like to describe myself as a disciplined and committed person. I take great pride in my work, so when I am given projects or tasks through my work or through my school, I always give my best performance. I believe being disciplined has helped me succeed at school and at work. In the past, I have received academic scholarships from my college and positive feedback from my previous supervisors. If I become a member of your airline, I will always give my 100% to provide the best quality work. Thank you.

안녕하세요. 제 이름은 _____ 라고 합니다. 저는 _____ 대학에서 _____ 학위를 받았습니다. 저는 제 자신을 훈련되고 헌신적인 사람으로 묘사하고 싶습니다. 저는 제 일에 큰 자부심을 가지고 있습니다. 그래서 일이나 학교를 통해 프로젝트 일을 할 때 항상 최선을 다합니다. 저는 훈련된 제 모습이 학교와 직장에서 성공하는 데 도움이 되었다고 생각합니다. 과거에는 대학에서 학업 장학금을 받았고 이전 상사로부터 긍정적인 피드백을 받았습니다. 제가 귀하의 항공사의 직원이 된다면 최고의 성과를 제공하기 위해 항상 100% 온 힘을 다할 것입니다. 고맙습니다.

Q.5 Why don't you tell us something about yourself?

당신에 대해 우리에게 뭔가 말해 주시겠습니까?

Sure. My name is _____. I recently graduated from _____ University and studied _____. My major was useful and beneficial for me as I acquired foreign language skills, effective communication skills, and practical service knowledge. While in college, I also worked several part-time jobs in the service industry. For example, I worked at Baskin-Robbins and several fast food restaurants. Having these varied experiences have helped me to feel confident about myself and to develop an ability to work with all kinds of customers. I believe that I would make an important contribution to your company.

그럼요. 제 이름은 _____라고 합니다. 저는 최근에 _____ 대학을 졸업하고 _____을 공부했습니다. 저의 전공은 외국어 기술, 효과적인 의사소통 기술 및 실천적인 서비스 지식을 습득했기 때문에 유용하고 유익했습니다. 대학에 다니는 동안 저는 또한 서비스 산업에서 여러가지 파트타임 일을 했습니다. 예를 들어 Baskin-Robbins 와 여러 패스트푸드 레스토랑에서 일했습니다. 이러한 다양한 경험을 통해 제 자신에 대해 자신감을 갖고 모든 다양한 고객과 일할 수 있는 능력을 키울 수 있었습니다. 저는 귀하의 회사에 중요한 기여를 할 것이라고 믿습니다.

Your Response: 당신의 대답

_____

_____

_____

Practice Your English • 영어를 연습해보자

Activity 1: Speaking/Writing 말하기/쓰기

See the adjectives below. Select two adjectives that describe you and write three or four sentences about yourself.

아래의 형용사를 보라. 당신을 묘사하는 두 가지 형용사를 선택하고 자신에 대해 3 ~ 4개의 문장을 써보아라.

- ☑ adaptable-적응을 잘하는
- ☑ approachable – 친근한
- ☑ ambitious – 야망 있는
- ☑ active – 활동적인
- ☑ attentive – 주의를 살피는, 배려하는
- ☑ amiable – 정감 있는
- ☑ calm – 차분한
- ☑ committed/dedicated – 헌신적인
- ☑ compassionate/caring – 인정 많은
- ☑ cheerful – 쾌활한, 발랄한
- ☑ cooperative – 협조적인
- ☑ creative/imaginative – 창의력이 있는
- ☑ diligent/hardworking – 성실한, 근면한
- ☑ determined – 결심이 많은
- ☑ sensible – 똑똑한
- ☑ sincere – 성실한
- ☑ confident – 자신감 있는
- ☑ generous – 아량이 넓은, 관대한
- ☑ devoted – 헌신적인
- ☑ humorous – 재미있는
- ☑ responsible – 책임감이 강한

- ☑ easygoing – 느긋한, 소탈한
- ☑ energetic – 활기가 넘치는, 열정적인
- ☑ enthusiastic/passionate – 열광적인
- ☑ friendly – 친절한, 다정스러운
- ☑ flexible – 융통성이 있는
- ☑ independent – 독립적인
- ☑ open-minded- 개방적인, 마음이 열려있는
- ☑ organized – 정리를 잘하는, 체계적인
- ☑ polite – 공손한, 정중한
- ☑ patient – 인내심이 강한
- ☑ reliable/trustworthy – 믿을 수 있는
- ☑ thoughtful/understanding – 배려 깊은
- ☑ sociable/outgoing – 사교적인, 외향적인
- ☑ warm-hearted – 마음이 따뜻한
- ☑ decisive – 결단력이 있는
- ☑ witty/resourceful/clever – 재치 있는
- ☑ perceptive – 지각 있는
- ☑ punctual – 시간을 잘 지키는
- ☑ bright – 똑똑한
- ☑ insightful – 통찰력 있는
- ☑ positive – 긍정적인

Example: I consider myself humorous and positive. I always try to make jokes with my friends. It is important for me to give positive energy to others.

예시: 저는 제 자신이 유머와 긍정적인 사람이라고 생각합니다. 저는 항상 제 친구들과 농담을 하려고 합니다. 저에게는 다른 사람들에게 긍정적인 에너지를 주는 것이 중요합니다.

Share your writing with your partner. Have your partner share his/her writing with you. Do you agree with your partner in terms of what he/she has written about himself? Does your partner agree with you in terms of what you have written about yourself?

귀하의 글을 귀하의 파트너에게 공유하라. 그리고 파트너가 쓴 편지를 보라. 귀하는 파트너가 자신에 대해 작성한 내용에 동의합니까? 그 반대로 귀하의 파트너는 당신이 쓴 내용에 동의합니까?

Activity 2: Speaking/Writing 말하기/쓰기

⟡ Create Questions 질문 만들기

Use the topics below to create relevant questions. Then ask those questions to find more information about your partner

아래의 주제를 사용하여 관련 질문을 만들어라. 그런 다음 해당 질문을 통해 파트너에 대한 자세한 정보를 찾아보아라.

1) Educational Details 교육 내용

➡ (Example: What is your major? Do you like your major?)

2) Current & Previous Job Experiences 현재 및 이전 직업 경험

➡ (Example: Do you have any job experience? Did you work during college days?)

3) Skills Gained or Accomplishments Achieved 얻은 성과 또는 달성한 성취

➡ (Example: What did you learn from your work? What skills have you gained from your work?)

4) Personality Traits 성격 특성

➡ (Example: How would you describe yourself? What is your strength?)

Questions 질문

_____

_____

_____

_____

_____

_____

_____

_____

_____

_____

_____

_____

_____

Appendices
부록

 Appendix 1: Comprehensive Unit Vocabulary List
전체 단위 어휘 목록

☀ Unit 3

excited/흥미진진한	nervous/긴장한	Chinese characters/한자
polite/공손한	positive/확실한	confident/자신감
detailed/자세한	encouraging/격려의	wisely/현명하게
noble life/고귀한 삶	supportive/지지	public transportation/대중교통

☀ Unit 4

address/부르다	sibling/형제	improve/개선
height/신장	nickname/애칭/별명	hometown/고향
close-knit/정밀히 가까운	occupation/profession/직업	prefer/...을 더 선호하다

☀ Unit 5

authentic/진품의	unexpected/뜻밖의	issues/중요 문제
upload/업로드 하다	dishes/접시, 요리	blog/블로그

encouraging/격려의

relaxing/편한

served/차려진

comfortable/편안한

avid/열심인

actually/사실은

mundane/일상적인

humor/유머

genres/장르

equipment/도구, 장비

hiking/하이킹

renowned/유명한

considered/깊이 생각한

refreshed/기분이 상쾌한

☀ Unit 6

relevant/관련 있는

practical/실제적인

dialects/비표준어

backgrounds/배경

apply/응모하다

address/연설하다

interpersonal/대인 관계

memorable/잊지 못할

versatile/다용도의

principles/원리

various/다양한

rewarding/보람 있는

connections/연관성

improve/향상 시키다

participate/참여하다

related/연관된

specialized/특화된

proficient/능숙한

usher/안내하다

conduct/수행하다

☀ Unit 7

sightseeing/관광

fortunate/운이좋은

accustomed/익숙한

royal/왕의

attraction/명소

amazing/놀랄만한

tremendously/엄청나게

immigrated/이주한

landmark/경계표

surrounded/둘러싸인

improved/개선된

poetry/시

enrolled/등록된

fond/좋아하는

site/대지/유적

☀ Unit 8

prior/사전의

organizing/구성

processing/처리

duties/의무

arranging/조절

proactive/대책의

relocate/이전하다　　itinerary/여행 일정표　　combined/결합된

implemented/시행된　　disadvantaged/불우한　　complimentary/무료의

remained/남은　　short-staffed/단기근무 직원 수　　inventory/재고

☼ Unit 9

conflict/충돌　　equates/같음　　approach/접근

innovative/혁신적인　　chaotic/혼란스러운　　resolve/해결

alternative/대체　　irate/화난　　reflect/반영

complimented/칭찬받는　　testament/유언　　required/essential/필수

perspective/관점　　effective/유효한　　solution/해결책

obsessive/강박적인　　excel/뛰어나다　　accomplish/이루다

☼ Unit 10

approach/접근　　appreciative/감사하는　　enhance/강화하다

enabled/활성화된　　varied/여러 가지의　　detect/발견하다

contributions/기여금　　look forward to/기대하고　　inform/알리다

acquired/obtained/획득한　　disciplined/훈련된　　feedback/피드백

exchange/교환　　utilizing/활용　　pertinent/관련된

Appendix 2: Additional Interview Questions
추가 면접 질문

Q.1 What are you most proud of?
당신에겐 무엇이 제일 자랑스러운가요?

Q.2 Do you have any regret in your life?
인생에 후회가 있나요?

Q.3 What is your favorite food and why?
가장 좋아하는 음식은 무엇이며 그 이유는 무엇입니까?

Q.4 What is your favorite color and why?
가장 좋아하는 색상은 무엇이며 그 이유는 무엇입니까?

Q.5 What Korean food will you introduce to a foreigner and why?
외국인에게 어떤 한국 음식을 소개할 것이며 그 이유는 무엇입니까?

Q.6 Why do you think service is important?
왜 당신은 서비스가 중요하다고 생각합니까?

Q.7 Why is smiling important for flight attendants?
승무원에게 미소 짓는 것이 왜 중요합니까?

Q.8 Why is good grooming important for flight attendants?
탑승 승무원에게 자기 관리 또는 손질이 중요한 이유는 무엇입니까?

Q.9 How do you maintain good health?
어떻게 건강을 유지합니까?

Q.10 What is important to you?
당신에겐 중요한 것은 무엇인가요?

Q.11 How do you handle stress?
스트레스를 어떻게 처리합니까?

Q.12 Please tell me about your best friend.
가장 친한 친구에 대해 말해주세요.

Q.13 What do you do for fun?
취미가 무엇인가요?

Q.14 What do you remember the most from your college days?
대학 시절에 무엇을 가장 기억합니까?

Q.15 What was the biggest challenge during your college days?
대학 시절에 가장 큰 도전은 무엇이었습니까?

Q.16 What country would you like to visit the most and why?
가장 많이 방문하고 싶은 나라와 이유는 무엇입니까?

Q.17 What does success mean to you?
성공이란 무엇을 의미합니까?

Q.18 Where would you be in five years?
당신은 5년 뒤에 어디에 있을까요?

Q.19 Who do you admire the most?
가장 존경하는 사람은 누구입니까?

Q.20 Tell me about a book you recently read.
최근에 읽은 책에 대해 말해주세요.

Appendix 3: Group Discussion Topics & Questions
그룹 토론 주제 및 질문

Q.1 Are women better at multi-tasking?
여성이 멀티-태스킹 을 더 잘합니까?

Q.2 Do women make better flight attendants?
여성이 더 나은 승무원 입니까?

Q.3 Should sex education be required in the school curriculum?
성교육은 학교 교과 과정에서 요구해야 하는건가요?

Q.4 I.Q or E.Q, what is more important?
I.Q 또는 E.Q. 무엇이 더 중요합니까?

Q.5 Is it necessary to go abroad to learn a foreign language?
외국어를 배우려면 꼭 해외에 나가야 합니까?

Q.6 Should a foreign language be taught before children start school?
아이들이 학교를 시작하기 전에 외국어를 가르쳐야합니까?

Q.7 Has the technology made life easier for people in the world?
기술로 세상 사람들이 더 편하게 생활할 수 있었습니까?

Q.8 Who should be responsible for giving aid to poor countries?
가난한 나라에 도움을 줄 책임은 누구에게 있습니까?

Q.9 Is cloning of humans ethical?
인간 복제는 윤리적입니까?

Q.10 Should internet be censored?
인터넷이 검열되어야 하는가요?

Appendix 4: Group Discussion Tips
그룹 토론 팁

 Listen attentively to what others have to say.
다른 사람들의 말을 주의 깊게 들어라.

 Even if you don't agree, demonstrate that you respect other people's perspectives.
동의하지 않더라도 다른 사람들의 관점을 존중한다는 것을 입증하라.

 Graciously accept differences of opinion.
우아하게 의견 차이를 인정한다.

 Be respectful and considerate when others speak.
다른 사람들이 말할때 존중하고 배려해야한다.

 State your opinion clearly and logically when it is your time to state your perspective.
자신의 시각을 진술할 시간이 될 때 자신의 의견을 명확하고 논리적으로 기술하라.

 Be prepared to respond to follow-up questions or statements.
후속 질문이나 진술에 응답할 준비를 하라.

 Do not dominate the discussion.
토론을 지배하지 말하라.

 Be an active participant.
적극적인 참여자가 되어야 한다.

 Be polite and courteous.
공손하고 예의 바르게 토론에 참여하라.

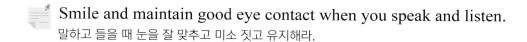

Smile and maintain good eye contact when you speak and listen.
말하고 들을 때 눈을 잘 맞추고 미소 짓고 유지해라.

Acknowledge and affirm other opinions before you state yours.
귀하가 진술하기 전에 다른 의견을 인정하고 존중하라.

Have a sense of humor but do not make jokes.
유머 감각이 있지만 농담을 하지 마라.

Do not use any offensive gestures.
불쾌감을 주는 제스처를 사용하지 마라.

Be focused and stay on topic.
초점과 주제에 집중하라.

Appendix 5: Irregular Verbs
불규칙 동사

Base Form	Past Simple	Past Participle
be (am,is,are)	was, were	been
become	became	become
begin	began	begun
bend	bent	bent
bet	bet	bet
bid	bid	bid
bite	bit	bitten
blow	blew	blown
break	broke	broken
bring	brought	brought
build	built	built
burn	burned *or* burnt	burned *or* burnt
buy	bought	bought
catch	caught	caught
choose	chose	chosen
come	came	come
cost	cost	cost
cut	cut	cut
dig	dug	dug
do	did	done
draw	drew	drawn

dream	dreamed or dreamt	dreamed or dreamt
drive	drove	driven
drink	drank	drunk
eat	ate	eaten
fall	fell	fallen
feel	felt	felt
fight	fought	fought
find	found	found
fly	flew	flown
forget	forgot	forgotten
forgive	forgave	forgiven
freeze	froze	frozen
get	got	got (sometimes gotten)
give	gave	given
go	went	gone
grow	grew	grown
hang	hung	hung
have	had	had
hear	heard	heard
hide	hid	hidden
hit	hit	hit
hold	held	held
hurt	hurt	hurt
keep	kept	kept
know	knew	known

lay	laid	laid
lead	led	led
learn	learned or learnt	learned or learnt
leave	left	left
lend	lent	lent
let	let	let
lie	lay	lain
lose	lost	lost
make	made	made
mean	meant	meant
meet	met	met
pay	paid	paid
put	put	put
read	read	read
ride	rode	ridden
ring	rang	rung
rise	rose	risen
run	ran	run
say	said	said
see	saw	seen
sell	sold	sold
send	sent	sent
show	showed	shown
shut	shut	shut
sing	sang	sung

sink	sank	sunk
sit	sat	sat
sleep	slept	slept
speak	spoke	spoken
spend	spent	spent
stand	stood	stood
swim	swam	swum
take	took	taken
teach	taught	taught
tell	told	told
think	thought	thought
throw	threw	thrown
understand	understood	understood
wake	woke	woken
wear	wore	worn
win	won	won
write	wrote	written

References

Cuddy, A. (2015). *Presence: Bringing Your Boldest Self to Your Biggest Challenges*. Little, Brown and Company.

Dos and don'ts of GD, Group Discussion
www.careerride.com. Accessed May 2017. Internet

Flight Attendant Requirements in 2017
www.careerflightpath.com. Accessed June 2017. Internet

Go Cabin Crew: Your New Flying Career Starts Here
www.gocabincrew.com. Accessed July 2017. Internet

Murphy, R. (2009). *Grammar in Use Intermediate*. Cambridge University Press.

The Essential Guide to Becoming A Flight Attendant
www.flightattendantcareer.com. Accessed May 2017. Internet

Top 10 Job Interview Tips
www.thebalance.com. Accessed June 2017. Internet

저자 소개

| 이제시카선규 |

학력

- University of Colorado at Boulder 경영학과 졸업
- University of Colorado at Dever 교육대학원 교육학석사
- George Washington University 교육대학원 교육학박사

- 현) 백석예술대학교 항공서비스과 교수
- 전) George Washington University 이중 언어 특수교육 프로그램 방문 교수
- Office of English Language Acquisition – US Department of Education 에서 지원하는 Bridges to Curriculum Access 프로그램 연구 과학자

English Interview for Cabin Crew:
Mastering English Interviewing Skills
항공 승무원을 위한 영어 인터뷰:
영어 면접 기술 습득

2017년 8월 25일 초판1쇄 인쇄
2017년 8월 28일 초판1쇄 발행

저　　자　이제시카선규
펴 낸 이　임 순 재
펴 낸 곳　(주) 한올출판사
등　　록　제11-403호
주　　소　서울시 마포구 모래내로 83(성산동, 한올빌딩 3층)
전　　화　(02)376-4298(대표)
팩　　스　(02)302-8073
홈 페 이 지　www.hanol.co.kr
e - 메 일　hanol@hanol.co.kr
I S B N　979-11-5685-601-6

열린 창업 실무

[한 소년이 고향을 떠나 넓은 세상에서 꿈을 펼쳐보기로 결심했다. 집을 나온 소년은 마을에서 가장 존경받는 노인을 찾아가 인사를 하고 명심할 만한 말을 해달라고 청한다. 붓글씨를 쓰고 있던 노인은 별말 없이 세 글자를 써주었다. '不要怕(불요파)' 노인은 소년에게 말했다. "얘야, 인생의 비결은 딱 여섯 글자란다. 오늘 세 글자를 가르쳐주었으니 네 인생의 절반을 이 글자대로 살면 크게 잘 못 될 일은 없을 것이다." 30년이 흘러 소년은 중년이 되었으며 마음을 다친 일도 많았다. 중년은 30년 전에 노인에게 들었던 인생의 비결을 떠올렸다. 중년은 고향을 찾아 떠날 때 글씨를 써 주었던 노인을 찾아갔다. 노인의 아들은 "몇 년 전에 아버지께서 돌아가시면서 한 사람이 찾아와 물으면 이 편지를 드리면 된다"라고 하셨다며, 편지 한 통을 꺼내 주었다. 편지를 뜯어보니 세 글자가 쓰여 있었다. '不要悔(불요회)']

[不要怕不要悔] "미래를 두려워 하지 말고 지난간 날들을 후회하지마라"는 뜻으로 젊은 청춘을 보내는 학생들에게 해주고 싶은 말입니다.

현재 대졸자 취업자 수는 2003년 21%를 기점으로 꾸준히 감소세를 보이다가 2013년 현재15.2%로 IMF이후 가장 낮은 수치를 보이고 있습니다. 통계적으로 30세미만의 청년실업률은 경기에 따라 증감을 반복하고 있지만 현재 평균적으로 8%대를 오가고 있습니다. 그러나 공무원이나 대기업 공채를 준비하는 청년들은 실업자로 집계되지 않으며, 현실을 고려하면 청년실업률은 20%를 넘는 실정입니다. 취업이 어렵다 보니 상당수의 청년들이 아르바이트, 비정규직으로 전락하고 있는 현실입니다.

이런 현실은 세대갈등으로 번지기도 합니다. 산업화 시대의 세대 갈등은 정치·문화적 차이에서 오는 갈등이 대부분이었다면, 21세기에 들어서 세계 경제가 악화됨에 따라 현재는 한정된 자원을 둘러싼 경제적 차원의 갈등 양상을 띠

고 있습니다. 생계와 직결된 문제라는 점에서 세대 갈등은 더욱 심화될 수 있으며. 또한 경제가 어려울수록, 노인 인구가 많아질수록 세대 갈등은 심화될 가능성이 높습니다. 즉, 고령화 시대에 실업난 속에서 노년층을 부양해야 하는 청년층과 노후 준비를 못한 채 자식을 부양한 장년층 사이의 갈등은 심각한 사회 문제로 표출되고 있습니다. 세대 갈등을 극복하기 위해서는 세대 간 타협을 통해 정년을 연장하는 동시에 청년층의 실업난을 해결하고, 노후 생계를 보장할 수 있는 노년층의 일자리를 창출해야 합니다. 그러나 청년층의 실업난을 해결하는 방법은 현실적으로 어려운 부분이 많다보니, 취업을 포기하고 창업에 도전하는 청년층이 늘어나고 있습니다.

창업은 누구나 할 수 있으나, 창업을 한 모든 사람이 성공하지는 못합니다. 사업을 운영하는 과정에서 어려운 상황에 직면 할 수 있기에 창업의 중요성을 인식하고, 사전에 철저히 준비된 창업계획이 필요합니다. 취업 대신 창업이라는 도전만으로 준비 없이 주관적인 판단아래 잘못된 창업을 시도하게 되면 실패의 아픔을 겪게 됩니다. 따라서 사업을 성공하려면 시대의 변화에 발맞추어 사업에 어떤 영향을 가져 올 것인지 문제점을 분석하고, 종합적인 판단과 결정으로 창업전략을 세우고 실천하는 것이 바람직합니다.

본 교재는 이러한 시대의 환경에 따라 경제와 경영의 만남이라는 이해를 시작으로 실천적 경영시스템을 토대로 실무위주의 접근방법에 역점을 두었으며, 창업을 준비하고자 하는 학생들이 쉽게 이해할 수 있도록 구성을 했습니다.

본서가 경영 및 경제에 대한 기본적인 지식을 습득하고, 창업에 관심 있는 학생들에게 폭넓은 안내서 역할이 되기를 간절히 바라며, 취업을 준비 하는 학생에게는 역발상의 자세로 본 교재를 도구로 활용하였으면 하는 바람입니다. 끝으로 '열린 창업 실무'가 출간되기까지 고르지 못한 날씨 속에서 한올출판사 임순재 사장님을 비롯하여 편집을 담당해주신 최혜숙 실장님 이하 동료 직원 분들에게 감사를 드립니다. 또한 참고문헌으로 인용한 모든 선배 학자들에게 감사의 말씀을 드립니다.

저자 일동

차 례

CONTENTS

CHAPTER 04

창업실무 • 120

CHAPTER

01

경제와 경영의 만남

경제와 경영의 만남

01 경제의 이해

1. 창업의 현실

창업가는 외부환경 변화에 민감하게 대응하면서 항상 기회를 추구하며, 그 기회를 잡기 위해 혁신적인 사고와 행동을 하고, 새로운 가치를 창조하는 일련의 활동과정을 바탕으로 창업(創業)을 시작한다. 2013년 현재 우리나라의 자영업자는 565만명으로 전체 취업자(2507만명) 가운데 22.5%를 차지하고 있다.

자영업자 수는 통계가 집계된 1963년부터 계속 증가했으나 2002년 619만명으로 가장 많은 수치를 기록한 뒤 감소세를 보이고 있다. 이것은 IMF외환위기 이후 기업의 구조조정 및 경제의 변화에 따른 증감이라 볼 수 있다.

주요국의 취업자 대비 자영업자 비율

(단위: %, 2013년 기준)　자료 : 산업연구원

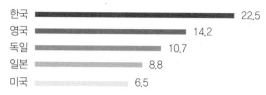

한국	22.5
영국	14.2
독일	10.7
일본	8.8
미국	6.5

주요국 인구 1,000명당 숙박음식점 업체 수

(단위 : 개, 2012년 기준. 단 미국은 2011년 기준)

한국	13.5
영국	2.7
독일	3.2
일본	5.6
미국	2.1

　　보고서는 특정 업종으로 자영업이 집중되다보니 제한된 내수시장에서 과잉 경쟁으로 수익률이 떨어질 수밖에 없는 구조적 요인이 가장 큰 문제라고 지적했다. 우리나라 자영업이 집중된 5대업종은 도.소매업, 숙박음식점업, 운수업, 개인서비스업, 제조업이다.업종별로 주요 선진국의 인구 1000명당 사업체를 분석한 결과, 도소매업은 한국이 18.8개인데 비해 일본은 11..0개,미국 4.7개,영국은 7,8개롤 나타났으며 숙박음식점업은 일본 5.6개, 미국 2.1개, 영국 2,7개였으나 한국은 13,5개로 훨씬 많았다. 최근 자영업자들의 소득수준 등 지표는 열악한 사정을 그대로 반영하고 있다.

　　2013년 기준으로 최근 1년 안에 사업을 시작한 자영업 창업자금 규모는 500만원 미만이 32.5%로 가장 큰 비중을 차지했다. 사업자금 조달방법은 본인 또는 가족이 마련한 돈이 66.1%, 금융기관에서 빌린 돈이 27.0%였다. 2012년 기준으로 개인사업자의 1인당 연 소득은 2053만원으로, 근로소득 금액 1인당 평균 2986만원의 60%에 불과했다.

　　반면, 개인 사업자 1인당 대출규모(2013년 3월말현재)는 1억2000만원으로, 임금근로자 1인당 가계대출 4000만원의 약 3배 수준으로 조사됐다.

출처 : 2014. 10. 14. 한겨레신문

앞의 내용에서 보듯이 자영업에 대한 비중 감소는 불가피하지만 인위적인 구조조정은 심각한 사회적 비용을 낳을 수 있으므로, 점진적으로 이뤄져야 하며, 자금 지원보다는 교육, 컨설팅, 정보제공 등 경쟁력을 키울 수 있는 방향으로 제도를 정비해야겠지만 창업자 본인 스스로가 창업을 시작하기 전 경제와 경영에 대한 전반적인 이해를 한 후 창업의 필요충분조건이 성립되었을때, 시작을 해야 하는 것이 창업자의 자세일 것이다.

2. 경제의 시작

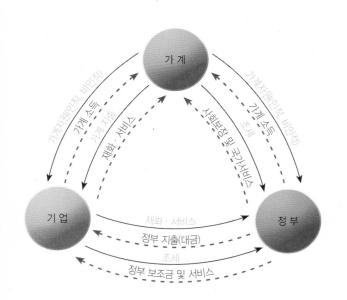

사람이 생활을 함에 있어서 필요로 하는 재화나 용역을 생산, 분배, 소비하는 모든활동을 경제(經濟)라 하며, 우리는 이러한 행동들을 반복적, 지속적으로 활동, 경제행위를 한다. 경제행위의 활동은 6개의 범주 소비 · 생산 · 생산요소 공급 · 생산요소 고용 · 공공재료 공급 · 조세징수 가 있으며, 경제주체는 가계 · 기업 · 정부로 나눌수 있다.

경제주체	경제활동
A. 가계	소비 · 생산요소의 공급
B. 기업	생산 · 생산요소의 고용
C. 정부	공공재료 공급 · 조세징수

경제활동을 하게되면 비용의 문제가 발생되는데 제품이나 서비스를 생산하기 위해 직접적으로 투입된 비용을 회계적 비용이라 하고, 사람이 어떤 선택을 하기위해서는 다른 무엇인가를 포기해야 하는데 그것을 포기하기 때문에 얻지 못하는 가치를 기회비용이라 한다. 즉,

경제적 비용 = 회계적 비용 + 기회비용

경제(經濟)활동을 잘 하기위해서는 경영(經營)의 중요성을 이해하고 지속적 연구를 통해 나아가야 한다.

앨빈토플러(Alvin Toffler)*가 제 3의 물결에서 제시하였듯이 컴퓨터가 발달함에 따라 우리는 더 이상 빠르게 변화하는 이 사회를 예측할 수 없게 되었다. 지금의 시대는 생산과 소비는 분리되는 것이 아니라 다시 하나로 합쳐진다. 현대사회는 고객이 직접 생산 과정에 참여하기 때문에 생산과 소비를 나누어 생각할 수 없으며, 이것은 정보영역에서 가장 두드러지게 나타나며, 우리는 더 이상 대중매체의 영향을 받기만 하는 수동적인 존재가 아니라 정보를 새로이 만들어 가며, 기본적 가치관의 변화를 나타내는 것이라 볼 수 있다.

> * 앨빈토플러(Alvin Toffler) 1928년10월3일~ : 미국의 미래학자로 세계에서 가장 유명한 미래학자로 인정받고 있다. 고도 정보화 사회의 현상을 날카롭게 지적한 [제3의물결]이 대표작이다.

현재의 경영은 B2B, B2C 속에서 일방적 경영이 아닌 함께 동반상승하는 윈윈전략으로 경영의 이념이 변화되어 가고 있다는 사실에 주목해야 할 것이다.

3. 미시경제와 거시경제

경제학은 미시경제학과 거시경제학으로 나누어진다. 거시경제학(macro-economics)은 국가의 경제를 국가 전체의 차원에서 바라보는 것이고, 미시경제학(micro-economics)은 개별시장의 관점에서 바라보는 것으로 특정한 시장에서 개인이나 조직의 행위에 대해 살펴보는 것이다. 고용문제에 대하여 거시경제학과 미시경제학의 차이점을 살펴보면, 거시경제학은 전체경제에서 얼마나 많은 일자리가 있는지를 바라보는 것이고, 미시경제학은 얼마나 많은 사람이 특정한 지역이나 산업에 고용될 것인지를 살펴보는 것이다. 우리가 흔히 이야기 하는 국내총생산(GDP), 실업률, 물가 등은 거시경제학의 분야이고, 가격결정이나 수요와공급 등과 같은 문제는 미시경제학의 분야이다.

거시경제는 산을 볼 때 숲 전체를 보는 것으로 전체 경제에서 얼마나 많은 일자리가 있는지를 바라보는 것이라면, 미시경제는 나무를 보는 것으로 얼마나 많은 사람들이 특정 지역이나 산업에 고용될 것인지를 분석하는 것이다.

20C 경제 분야 최대 발명품 'GDP'가 사라지고 'GO'가 뜬다.

각종 소득지표는 특정국에 속한 모든 경제주체가 일정기간 동안 새로이 생산한 재화와 서비스의 가치를 금액으로 평가해 합산한 것으로 경제수준을 종합적으로 평가하는 대표적인 거시경제지표다. 포괄범위 등에 따라 국민총생산(GNP), 국내총생산(GDP), 국민순소득(NNI), 국민처분가능소득(NDI), 국민소득(NI), 개인가처분소득(PDI)으로 구분된다.

다양한 국민소득 개념 가운데 한 나라에 경제상황을 알아볼 수 있는 가장 보편적인 지표로 GDP(Gross Domestic Product : 국내총생산)가 널리 사용돼 왔다. GDP는 소유에 관계없이 국내에 있는 노동, 자본 등 모든 생산요소를 결합하여 만들어낸 최종생산물의 합인 생산활동지표를 말한다.

GDP가 처음부터 특정국의 경제를 판단하는 '절대 지표'는 아니었다.

1940년대 들어서야 GDP가 활용되기 시작했다. 특정국 경제가 어떻게 돌아가는지를 측정하려는 시도는 산업혁명과 자본주의의 태동으로 경제가 빠르게 성장하기 시작한 1800년대부터다. 미국 등 선진국에서 이 논의가 구체화된 것은 1930년대 대공황 시기로, 경제가 얼마나 망가졌는지 점검하고 부양책을 쓰기 위해서는 정확한 통계가 급선무했기 때문이다.

이런 필요성에 따라 1937년 미국에서 GDP의 원조격인 국민소득 통계가 처음 나왔으나 당시에는 크게 주목을 끌지 못했다. 노벨 경제학상 수상자인 사이먼 쿠즈네츠는 처음으로 개인과 기업, 정부의 생산활동을 더해 특정국의 경제규모를 판단하는 개념을 제시했다. 그 이후 GDP가 있었기 때문에 정확한 국내생산 규모를 토대로 효율적인 자원배분이 가능했고, 경제정책을 추진할 수 있었다.

그러나 거시경제 분석의 초점이 소득 측면에 있었기 때문에 GNP를 경제성장의 중심지표로 삼았으나 1990년대 들어 글로벌화가 급격히 진전되면서 GDP의 유용성이 더 높아졌다. 1990년대 들어 GDP가 GNP를 대체하기 시작한 건 글로벌화 진전과 다국적 기업 때문으로 국제자본 이동과 기술 이전이 활발해지다 보니 "우리 국민이 얼마나 벌었나"를 보는 것보다 "우리 땅에서 얼마나 물건을 만들었나"를 보는 게 더 유용했기 때문이다.

이처럼 소득지표에 가까운 GNP기준 성장률이 국내경기와 고용사정 등을 제대로 반영하지 못하게 되면서 각국은 경제성장의 중심지표를 GDP로 바꾸는 것을 검토하게 됐다. 유럽의 OECD 회원국들은 1970년대 중반부터, 미국은 1991년, 독일은 1992년, 일본은 1993년부터 GDP를 경제성장의 중심지표로 삼았다. 한국은 이 같은 국제추세에 맞추어 1995년부터 경제성장의 중심지표를 GNP에서 GDP로 변경해 발표했다.

1999년 12월 7일 당시 미국 상무부 장관이었던 윌리엄 댈리는 미국 연방준비위원회(FRB)의 의장이었던 앨런 그린스펀과 대통령 경제자문위원회 의장이었던 마틴 베일리와 함께 GDP 통계편제를 20세기 경제 분야에서 최대의 업적으로 평가했다.

역사적으로 미국 경제의 흐름을 보면 GDP통계가 완전하게 개발돼 널리 이용된 이후 경제의 호황과 불황의 폭이 훨씬 작아졌음을 알 수 있다. 미국의 GDP가 가장 크게 추락한 것은 1932년의 13.1% 감소였으나 GDP 도입 이후 50년 중 가장 큰 폭의 하락은 2009년의 2.4% 감소에 불과했다.

GDP 통계가 개발돼 경제정책에 이용된 이래 과거와 같은 큰 폭의 경기순환(business cycle)은 사라졌으며 예금대량인출(bank run), 금융공황, 깊고 장기적인 경기침체, 장기실업 등도 발생하지 않았다. 이처럼 미국 상무부는 GDP 통계라는 매우 유용한 경제지표를 장기간 제공함으로써 미국경제의 안정화에 매우 긍정적인 효과를 거두었다.

하지만 특정국의 경제상황을 파악하는데 핵심지표로 자리 잡은 후에도 GDP에 대한 비판은 계속해서 제기돼 왔다. 이른바 '삶의 질' 논란으로, "국민의 행복은 GDP순이 아니잖아요"라는 차원에서 새로운 지표가 많이 개발됐다. 대표적으로 1972년에는 지그메 싱기에 왕추크 부탄 국왕은 'GNH(Gross National Happiness?국민 행복)'란 새로운 개념을 들고 나와 "GDP가 절대 목표가 아니다"라고 말해 반향이 컸었다.

그 후 이 논란이 지속돼 오다가 2008년 글로벌 금융위기 이후부터는 국민행복 차원에서 GDP를 대체할 수 있는 새로운 지표에 대한 연구가 본격적으로 추진됐다. 2008년 니콜라 사르코지 전 프랑스 대통령이 조셉 스티글리츠 노벨경제학상 수상자 등 석학들을 초빙해 결성한 '스티글리츠 위원회'가 대표적이다. "GDP가 올라가도 국민이 행복하지 않은 것은 지금까지의 통계방식이 잘못됐기 때문"이라며 삶의 질을 측정하는 새 지표를 개발하기 시작했다.

비슷한 시점에서 데이비드 캐머런 영국 총리는 "경제지표 이외에 행복 GDP 조사를 시작할 것"이라고 발표했다. 이런 논란의 배경엔 "GDP가 생산 과정에서 불거지는 부작용을 전혀 반영하지 못한다"는 지적이 깔려 있다. 경제가 성장하다 보면 환경파괴나 교통체증, 범죄율 증가, 경제 불평등 등과 같은 사회적 비용이 발생하지만 GDP는 이런 비용을 반영하지 못하기 때문이다.

더 나아가 EU의 일부 회원국을 중심으로 불법적인 경제활동이나 지하경제를 반영시키려는 움직임도 활발하게 진행됐다. 올 들어 영국은 갈수록 급증하고 있는 성매매와 마약 거래를 GDP에 반영하겠다고 발표했다. 이 분야에 가장 비중 높은 이탈리아도 영국보다 한 달 앞서 "약물, 성매매, 밀수 등을 GDP에 포함시키겠다"고 밝혔다.

가장 주목되는 것은 올해 4월부터 미국 상무부가 처음으로 GO(Gross Output. 총생산)를 분기별로 발표하기 시작한 점이다. GDP는 최종생산재만 계산하다 보니 중간재가 오가는 기업 간 거래를 제대로 파악하지 못하고 소비의 비중이 너무 높아 경제정책에 혼선을 준다는 판단에서다. 이에 반해 중간재 생산까지 모두 합산하는 GO는 기업가의 활동이 얼마나 중요한지. 소비보다 저축과 투자가 얼마나 중요한지를 알 수 있는 이점이 있다.

같은 경제활동을 가늠하는 잣대인 GDP와 GO의 차이를 산에서 채취한 생나무로 가구 제품을 만드는 과정을 통해 알아보자. 가구 제품을 만들려면 널빤지가 필요하고, 널빤지를 만들기 위해서는 통나무, 통나무를 만들기 위해서는 생나무, 생나무를 채취하기 위해서는 산속에 나무가 있어야 한다. 이때 생나무와 통나무, 그리고 널빤지는 최종적으로 가구 제품을 만들기 위한 일종의 중간재인 셈인데, GDP는 최종 소비재인 가구 제품의 가격만 따지지만 GO를 계산할 때 생나무, 통나무, 널빤지, 가구 제품 가격을 모두 더해 산출한다.

그림에서 보는 바와 같이 동일한 생산 과정인데도 GDP로는 350만원인데 반해 GO로는 950만원으로 중간 단계가 많으면 많을수록 GDP와 GO와의 격차가 벌어지게 된다. 이 때문에 GO는 '만드는 경제(make economy)', 즉 경제의 공급측면을 잘 보여주는 잣대로 평가되고 있다.

GO는 기업과 소비자 사이의 거래(B2C) 뿐만 아니라 기업 간 거래(B2B)를 반영할 수 있고, 각 중간재 생산 단계에서 물가와 고용이 어떻게 변화했는지

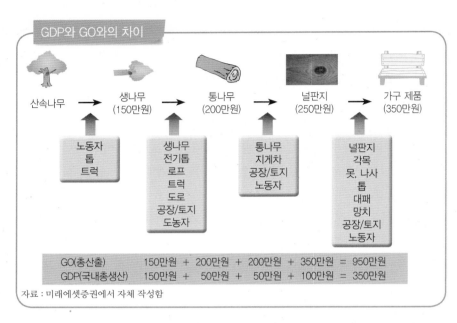

GDP와 GO와의 차이

산속나무 →	생나무 (150만원) →	통나무 (200만원) →	널판지 (250만원) →	가구 제품 (350만원)
노동자 톱 트럭	생나무 전기톱 로프 트럭 도로 공장/토지 도농자	통나무 지게차 공장/토지 노동자	널판지 각목 못, 나사 톱 대패 망치 공장/토지 노동자	

GO(총산출)	150만원 + 200만원 + 200만원 + 350만원 = 950만원
GDP(국내총생산)	150만원 + 50만원 + 50만원 + 100만원 = 350만원

자료 : 미래에셋증권에서 자체 작성함

따져볼 수 있다. 실제로 GO를 산출해 보면 전체 경제에서 민간소비가 차지하는 비중이 GDP보다 훨씬 적게 나온다. 지난해 미국 GDP에서 민간소비가 차지한 비중은 68%인데, GO 기준으로는 그 비중이 40% 밑으로 떨어지고 기업의 투자비중은 50%가 넘는 걸로 추정된다.

같은 방법으로 우리 경제에 적용할 경우 미국과 비슷한 결과가 나온다. 2012년 기준으로 우리나라의 GO는 3598조 765억 원으로 GDP로 파악된 1377조 4567원에 비해 161.2% 더 많게 추정된다. 연도별로 보면 해가 갈수록 GO로 추정된 국민소득이 GDP로 파악된 국민소득보다 더 높아지는 점이 미국과 다른 점이다.

미국과 우리 경제에 있어서 GO와 GDP로 파악된 국민소득 차이는 경기침체시 부양대책을 달리해야 한다는 점을 시사해 준다. 미국 경제는 경기침체시 민간소비를 부추기기 위해 가계의 가처분소득를 늘려주는 방향으로 초점을 둬야 한다. 글로벌 금융위기 이후 오바마 정부의 위기극복과 경기부양책은 이 점에 우선순위를 둬 추진했다.

하지만 우리 경제는 침체된 경기를 부양하기 위해서는 세제혜택 등을 통해 기업의 설비투자를 늘려줘야 효과를 거둘 수 있다. 최경환 경제부총리가 이끄는 2기 경제팀이 기업을 중심으로 한 종전의 부양책과 달리 가계의 가처분소득을 늘려주는 방향의 부양책에 효과는 의문을 제기하는 것도 이런 시각에서 보면 이해될 수 있는 대목이다.

출처 : 2014. 8. 11. 한상춘. 한국경제TV 해설위원 겸 한국경제신문 객원논설위원

4. 수요와 공급의 법칙

상품의 가격은 소비자의 의사를 반영하는 수요(demand)와 생산자의 의사를, 공급(supply)이 일치하면서 결정된다.

수요(demand)라함은 어떤 재화를 일정한 가격으로 사려는 욕구를 의미하며, 이는 물건을 소비하고자 하는 욕구의양(수요량-quantity demand)으로 이루어진다.

여기서 한 가지 유의해야 할 것은 수요량은 유량(flow)*의 개념이다. 유량이란 일정 기간 동안의 수량을 의미하는 것으로, 우리가 기업의 이익을 이야기 할 때, 또

> * 유량(flow) : 손익계산서에서 매출액, 비용, 법인세, 순이익 등은 일정 기간동안에 발생한 양을 말한다.

는 개인의 소득을 이야기 할 때, 특정 기간 동안에 얻은 이익이나 소득을 의미한다. 유량의 개념은 기간의 의미를 가지고 있다. 그러므로 수요 및 수요량은 일정 기간 동안 측정된 유량의 개념으로 측정한 기간에 따라서 수요 및 수요량은 달라지게 된다. 이와는 달리 저량(stock)*은 일정 시점을 밝혀서 표시하는 수량을 말한다.

> **＊ 저량(stock)** : 재무상태표 상에 표시되어있는 자산, 부채, 매출채권, 자기자본 등은 특정시점에서의 값을 나타내는 것이다.

또한 두 번째로 우리가 유의해야 할 것은 수요량(quantity demand)은 소비자들이 실제로 구매한 양을 의미하는 것이 아니고 구매하고자 의도된 최대수량을 의미한다.

예를들면, 1년 동안 시장에서 소비자들이 닭고기 100kg을 구매하려는 의도가 있었으나 시장에 공급된 닭고기의 양이 50kg 밖에 없어서 소비자들이 50kg 밖에 구매하지 못했을 경우에 수요량은 50kg이 아니라 100kg이다.

공급(供給)이라함은 어떤 재화를 교환 또는 판매를 목적으로 시장에 상품을 제공하는 일을 말하며, 이는 제공하는 물건의 양(공급량)으로 이루어진다. 공급도 수요와 마찬가지로 일정기간 동안에 측정하는 유량(flow)이며, 실제로 생산된 량을 의미하는 것이 아니라 의도된 개념이다.

일반적으로 공급량은 다음과 같은 특정을 가지고 있다.

첫째, 공급량은 주어진 가격에서 생산자들이 판매하고자 의도하는 최대수량이다, 따라서 공급량은 실제로 판매된 수량과는 차이가 발생할 수 있다.

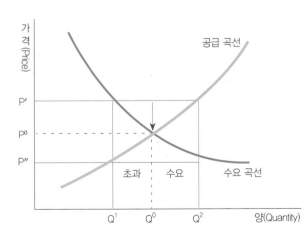

둘째, 공급량은 판매자가 실제로 판매를 할 수 있는 양을 말한다. 실질적인 물량을 확보할 수 있는 상태에서 판매하고자 하는 양을 말한다.

셋째, 공급량은 일정한 기간을 명시해야만 명확해진다. 유량의 개념이므로 1달, 1년 또는 6개월이라는 것을 명시해야 한다.

☆☆ 수요와 공급의 이동곡선

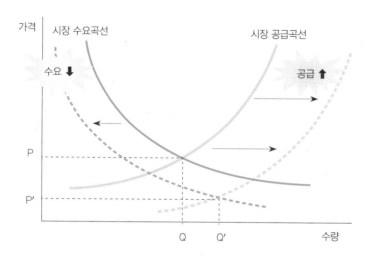

수요곡선은 어떤 재화의 가격과 수요량의 관계를 보여준다. 주어진 가격에서 소비자들이 사고자 하는 재화의 양을 증가·감소시키는 변화가 일어나면 수요곡선이 이동한다. 수요가 증가하면 수요곡선은 오른쪽으로 이동하고 감소하면 왼쪽으로 움직인다. 대체재의 가격 상승, 보완재의 가격 하락, 소비자의 선호 증가, 재화의 가격 상승 예상, 구입자 수의 증가 등은 수요를 증가시켜 수요곡선이 오른쪽으로 이동한다. 생산자의 생산비용 감소는 공급을 늘려 공급곡선을 오른쪽으로 이동시킨다.

그래프의 수요곡선과 공급곡선의 내용을 살펴보면 변화를 예측할 수 있는데 어떤 재화나 용역의 수요(공급)를 결정하는 요인들은 다음과 같다.

증가요인	인구 및 소득증가, 대체재 가격상승, 보완재 가격 하락, 기대 및 선호도 증가 등
감소요인	인구 및 소득감소, 대체재 가격하락, 보완재 가격 상승, 기대 및 선호도 감소 등

증가요인의 결과는 수요곡선이 오른쪽으로 이동하며, 감소요인의 결과는 수요곡선이 왼쪽으로 이동하게 된다.

🖱 대체재 : 서로 용도가 비슷해서 대체하여 사용할 수 있는 경쟁 관계의 재화를 말한다. 한 재화의 가격이 올라 수요가 감소하면 대체재의 수요는 증가하고, 반대로 한 재화의 가격이 하락되면 대체재의 수요는 감소한다.
(쌀과 보리쌀의 관계)

🖱 보완재 : 한 재화를 소비할 때 함께 소비되는 상호 보완 관계의 재화이다. 한 재화의 가격이 올라 수요가 감소하면 보완재의 수요도 감소하고, 반대로 가격이 내려 한 재화의 수요가 증가하면 보완재의 수요도 증가한다.
(소프트웨어는 컴퓨터의 보완재)

🖱 소비자들의 소득수준이 증가함에 따라 수요가 증가하는 재화를 **정상재**(normal goods)라고 하며, 소비자들의 소득수준이 증가함에도 수요가 감소하는 재화가 있는데 이런 재화를 **열등재**(inferior goods)라고 한다.

☆ 공급에 영향을 미치는 요소

증가요인	생산 요소의 가격하락, 생산 기술의 발전, 기업의 수 증가, 상품가격 인하 등
감소요인	생산 요소의 가격상승, 생산 기술의 퇴보, 기업의 수 감소, 상품가격 인상 등

증가요인의 결과는 공급곡선이 오른쪽으로 이동하며, 감소요인의 결과는 공급곡선이 왼쪽으로 이동하게 된다.

이와 같이 수요와 공급에 의해 시장에서 수요자와 공급자 사이에 자유로운 경쟁 속에서 수요량과 공급량이 일치하여 균형을 이룰 때 형성되는 가격을 균형가격(시장가격)이라 하며, 균형 가격에서 거래되는 상품의 수량을 균형 거래량 이라한다.

상품의 가격이 균형 가격보다 낮아 수요량이 공급량보다 많아지는 초과수요상태이거나, 상품의 가격이 균형 가격보다 높아 수요량보다 공급량이 많아지는 초과공급 상태가 된다며, 상품에 대한 재고관리의 문제점이 생기게 때문에 항상 우리는 생산 활동과 소비활동을 어떻게 조절하여 생산,분배 해야하는지를 알아야한다.

1. 다음 중 수요곡선이 이동하는 경우가 아닌 것은?

① 커피 가격의 하락 예상

② 생산자의 생산비용 감소

③ 소비자들의 소득수준 향상

④ 우유에 대한 소비자들의 선호도 증가

⑤ 쌀 가격이 상승할 때 보리쌀 수요의 변화

2. 다음 글에서 생산된 재화의 최종 부가가치는?

> 털옷이 생산되고 소비자에게 판매되는 과정에서 우선 양 주인은 양털을 도매상에 5만원에 판매하고 가공업자는 양털 옷감을 짜서 털옷 생산업체에 7만원에 판매한다. 마지막으로 백화점은 소비자에게 10만원 팔았다.

① 5만원 　　　② 7만원 　　　③ 10만원

④ 15만원 　　　⑤ 17만원

해설　부가가치는 한 상품이 완성되기까지 여러 가지 생산 단계를 거치는데 한 단계에서 다음 단계로 넘어갈 때 새롭게 덧붙여진 가치다. 최종 부가가치는 재화의 부가가치에 새롭게 추가된 부가가치만 합해 계산해야 한다. 따라서 백화점에서 판매하는 양털 제품 부가가치는 10만원이다.

정답　1. ②　2. ③

02 경영의 이해

1. 경영의 변화

국내 기업의 경영가치는 성장 우선주의로 볼 수 있으며, 이는 정부와 기업의 이해가 맞아떨어진 것으로 단기에 고도의 경제성장을 이루기 위한 방법으로 평가되었다. 과정보다는 양적인 결과만으로 기업 성과가 평가되어 그 부작용은 외환위기까지 초래하게 되었다. 단기에 고도성장을 달성하기 위해서는 기업의 규모를 확대하는 것이 필수적이나, 이로 인하여 비관련 다각화 전략이 사용되어 문어발식 경영, 백화점식 경영이라는 한계에 도달했으며 수익성보다는 매출 증대에 급급해 그룹 내에서 내부 거래에 의존하는 관행을 낳기도 하였다. 과거 기업은 정부와의 관계에 따라 기업의 운명이 좌우되었으므로 정부와의 안정적인 관계가 무엇보다 중요하였다. 이로 인해 발생된 정격유착, 관치금융 등은 기업의 자율적 경영 기반을 저해했다고 평가되기도 한다.

구 분	과거경영	변화되는 경영
자본시장	• 대출시장 발달 • 간접금융시장 • M&A 시장 미비	• 자본시장 발달 • 직접금융시장 • M&A 시장 활성화
지배구조	• 소유 / 경영의 일치 • 오너와 친인척, 계열사 소유 • 경영 감시 기능 부재	• 소유와 경영 분리 • 주식분산(개별 투자가) • 사외 이사 경영 감시
노동시장	• 종신 고용제 • 평생직장 • 연공서열	• 자유로운 채용과해고 • 평생직업 • 능력주의

과거경영은 정부 주도형의 성장 위주의 경제 정책을 바탕으로 해왔기에 1960년대에는 강력한 수출 정책으로 수출을 많이 한 기업이 재계의 강자로 떠올랐으며, 1970년대에는 정부의 중화학 공업 육성 정책과 중동 건설 붐이 재벌의 형성을 가속화시켰다. 이런 과거경영은 1997년 IMF (국제통화기금)의 강력한 경제개혁 요구들을 받아들이는 조건하에서 구제금융을 수용했고, 2001년들어 IMF위기에서 벗어나며 경영의 모습도 변화되어 오고 있다.

 IMF(International Monetary Fund)

옛날의 상거래는 물물교환에서 시작되었다. 곡식과 물고기를 바꾸거나, 과일과 채소를 바꾸거나 이런 문제의 해결을 돈이라는 현금을 통하여 바뀌게 되었다. 현금은 자국 내에서 가능했지만 국가간의 거래인 무역에 있어서는 어려움이 많아 금(金)을 기준 화폐로 사용하기 시작하였다. 이에 금1온스를 사는 데 얼마의 돈을 지불하느냐에 따라 각 나라의 돈 가치가 정해지면서 한동안 국가간의 무역을 하는 데는 어려움이 없었다. 그런데 1942년 제 1차 세계 대전이 끝난 후 세계 여러 나라는 전쟁으로 인해 돈이 없고 화폐의 가치는 떨어지는 상황에 1944년 44개국의 대표가 미국의 브레튼 우즈에 모여 국제회의를 열게 되었고, 환율의 안정화를 위해 금 이외에 새로운 기준화폐의필요성으로 미국의 달러를 기준화폐로 정했다. 이후 모든 나라의 화폐가치는 달러가치에 비교해서 정해졌고, 무역 또한 달러로 이루어지게 되었다.

또한 세계경제가 혼란 속에 빠지는걸 막기 위해 국제적 금융단체를 만들자는 의견에 IMF(International Monetary Fund) 국제통화기금이 만들어졌으며 가맹국의 출자로 공동의 기금을 만들어 이것을 각국이 이용하도록 함으로써 각국의 외화자금 조달을 원활이 하고 나아가서는 세계 각국의 경제적 번영을 가져오도록 하는 것을 목적으로 1947년3월에 설립되었다.

2. 이해관계자

기업 경영에 있어 과거의 경영은 상하조직의 구성원을 바탕으로 내부경영에 치중하였지만, 현재의 경영은 내부경영과 외부경영을 동시에 실행에 옮기고 있다. 외부경영의 중요성은 이윤추구를 함께하기 위한 목적으로 윈윈전략의 시스템 구축이 되었다.

내부경영 기업 / 종업원 　**동반성장**　 **외부경영** 주주 / 공급자 / 경쟁자 / 정부 / 소비자

(1) 주주의 참여

회사에 자금을 출자한 주인으로서 회사 경영에 직접 참여하지는 않지만 이사들을 선출할 권한을 지님으로써 회사 경영에 영향력을 행사한다. 일반적으로 주주와 경영인의 관계를 대리인 관계(Agency relationship)로 묘사하며, 경영인은 회사의 주인인 주주들의 이익을 위하여 일을 해야하고 주주는 이에 상응하는 보상 또는 인센티브를 제공해야 하는 계약관계를 의미한다.

(2) 정부

정부는 주로 세제상의 혜택이나 법률의 제정을 통하여 기업에 영향력을 발휘한다. 여성 인력을 일정 수준 이상 고용하는 경우에 세제상의 혜택을 준다거나, 기업이 경제적으로 곤란을 겪고 있는 경우에 정리해고를 허용하는 법안을 제정하는 것 등은 정부가 기업 경영에 영향을 미치는 것을 보여 주는 예이다.

(3) 공급자

회사가 제품을 생산하는 데에 필요한 재료를 공급하는 집단으로 공급자와의 원활한 협력 관계는 생산에 불가결한 요소이다. 현재는 기업과 공급자간의 NB(National Brand)*상품에서 PB(Private Brand)*상품의 거래에도 활성화 되어가고 있다.

> * NB(National Brand) : 제조업체의 원래 브랜드 제품으로 우리 주변에 많이 보는 일반적인 상품
> * PB(Private Brand) : 공급자가 기업체의 브랜드화로 만들어 주는 상품

(4) 경쟁자

같은 시장에서 상품을 내놓고 시장점유율(Market share)을 놓고 경쟁을 펼치는 위치에 있다. 상호 자극을 통해 고객 수요 및 시장영역의 확대시키기 위한 선의의 경쟁 관계 속에서 기업의 성장은 이루어진다.

(5) 소비자

회사의 상품을 구매하는 집단이며, 구매 방향에 따라 회사의 경쟁력이 결정되고, 기업의 생산 정책이 변화하게 되는 영향력을 발휘한다.

(6) 종업원

일선에서 직접 업무를 수행하면서 회사를 위하여 일하며 회사는 이에 상응하는 보상을 제공해야 하는 관계에 놓인다.

기업이 효과적이고 효율적으로 운영된다면 결국은 이해 당사자들 모두 이득을 보게 될 것이다. 그러나 수많은 기업이 경쟁을 하고 있고 업무 환경이 나날이 급속하게 변화하는 상황에서 기업은 생존하기 위하여 경우에 따라 어느 집단과의 이해관계를 희생해야 하는 경우가 많이 발생한다. 기업 활동도 대인관계와 같아서 상호 신뢰가 구축된다면 이해 관계 집단들도 불가피한 단기적인 희생을 기꺼이 감수할 수도 있을 것이다. 그러나 기업은 특정 집단에게 악의적으로 또는 장기적으로 희생을 강요하는 방향으로 경영을 해서는 안 될 것이다.

CHAPTER
01

 쉬어가기

이해관계자 속에서 성공사례

앵커

공일종 리더(포스코 광양제철소 혁신지원그룹 동반성장 혁신허브)

앵커   포스코 광양 제철소는 현재 지역 경쟁력을 높이는 동반성장 허브 역할을 제대로 담당하고 있습니다. 지역의 중소기업은 물론 소상공인들에게까지 체계적인 경영노하우 전수와 컨설팅 지원을 제공하면서 상생의 모범사례를 제시하고 있습니다.

자세한 내용은 포스코 광양제철소 혁신지원그룹 동반성장 혁신허브 공일종 리더와 이야기 나눠 보도록 하겠습니다.

포스코 광양제철소가 동반성장 혁신허브 활동을 시작 된 계기는 무엇인가요?

공일종 리더   광양제철소의 동반성장 혁신허브 활동은 지난 2011년 10월 광양시, 광양제철소, 광양상공회의소가 함께 '기업하기 좋은 도시 광양'의 비전달성과 고용창출 등 지역경제 활성화 위해 '동반성장 협약식'을 맺으면서 시작되었습니다.

앵커   소상공인 대상으로 '맞춤식 혁신컨설팅'을 지원하고 있다고 들었습니다. 구체적으로 어떤 지원을 하고 있고 있나요?

공일종 리더   광양시 중소기업의 제조 경쟁력, 품질 향상 및 원가절감을 통한 지속성장으로 고용 창출과 기업유치 등의 지역경제 활성화를 위한 맞춤형 컨설팅 지원 활동입니다.

주요 내용으로는 혁신컨설팅, 교육서비스 제공, 안전 및 경영, 재무컨설팅, 기술 및 구매지원 등으로 이뤄집니다.

가장 핵심인 혁신컨설팅은 제조현장 개선의 기본이 되는 정리 · 정돈 · 청소 · 청결 · 습관화 등의 5S활동지원에서, 눈에 보이는 낭비부터 개선하는 토요타 생산방식인 TPS, 생산성 향상을 위한 설비 관리 활동인 TPM, 설비를 총 점검해 단계별로 설비성능 복원으로 공장의 기계가 항상 최적의 성능을 발휘하도록 관리하는

My-Machine 등의 단계적 활동을 지원하고 있습니다.

이러한 활동은 기업 체질을 강화시켜 경영성과 향상으로 연결됩니다. 기업처럼 소상공인도 정리, 정돈, 청소, 청결, 습관화의 단계적 추진과 정품, 정량, 정위치 등 눈에 보이는 관리(VM) 활동과 소상공인 맞춤별 친절 서비스 교육, 환경개선을 지원하고 있습니다.

앵커   중소기업간의 상생을 위한 프로젝트로써, 2011년부터 진행하셨다고 들었습니다.

그동안 컨설팅 지원을 받은 소기업들의(소공인) 어떤 변화가 있었는지 궁금합니다.

공일종 리더   지역의 중소기업과 관공서, 소상공인에게 안전, 노무, 교육 등 혁신컨설팅 노하우를 제공하고 있으며, 그 동안 혁신허브 활동에 참여한 72개소에 대해 생산성향상과 비용절감, 물류개선등 경영 전반에 걸친 혁신컨설팅으로 기업(소상공)의 체질을 바꾸는 데 성공했습니다.

예를들면 대신메탈라이징 이라는 회사의 경우 28년 된 낡은 공장을 혁신활동을 통해 새로운 이미지로 탈바꿈했습니다. 공장내 설비 재배치로 물류 흐름 단축, 생산성, 품질향상에도 도움이 됐었습니다.

이어 가용공간 320평 확보를 통해 가공기계류를 집중배치해 작업효율성을 30% 향상시킬 수 있었으며 또한, 물류 이동시간 단축, 롤러 가공시간 단축, 롤러 표면 용사능력 향상으로 대신메탈의 자회사 4곳도 혁신활동이 확산되었습니다.

이런 활동이 국내 및 일본까지 입 소문으로 관련 업체가 벤치마킹을 다녀가면서 생산/납품 계약을 한 경우도 발생 하였으며, 동반성장 혁신허브 활동 이후 매출도 꾸준히 증가하는 실적을 거두었습니다.

앵커   제철 관련 중소기업 뿐만 아니라 지원 범위를 넓혀 일반 업종인

소상공인들까지도 컨설팅 지원을 하고 있다고 하던데요 그동안 어떤 곳들을 진행하셨나요?

성과는 어땠는지도 궁금합니다.

공일종 리더 소상공인 분야에서는 다시 찾고 싶은 명품 업소를 위해 외식업 위주의 모델 활동에서 다양한 업종으로 성공모델 업소가 확산되고 있습니다. 14년은 음식점(6개소), 미용실(1), 어린이집(1), 공구점(1) 등 9개소의 활동으로 업소별 특성에 맞는 환경개선, 자재관리 방법, 원가절감, 친절서비스와 고객 안전 향상 등을 통해 이용 고객수가 크게 증가하는 등 실질적인 업소의 이윤 창출을 통한 자립에 도움을 주었습니다.

한 업소는 닭갈비 삼겹살 등 볶음 요리 전문 식당이었는데 매출 저하로 폐업까지 검토했는데요, 하지만 활동 후에는 능이버섯을 주재료로 웰빙식단 신메뉴 구성, 상호는 볶음마을에서 능이향으로 변경하고 실내 리모델링으로 인테리어를 개선하고 서비스 마인드도 변화되면서 이전보다 매출이 250% 향상되었습니다.

앵커 상생에 본보기가 되는 기업이라는 생각이 듭니다, 더 많은 지원 기대해 봐도 되겠죠?

앞으로의 계획에 대해 말씀해주세요.

공일종 리더 기업은 지역과 동반성장 활동을 통해 끊임없이 상생해야만 사회적으로 사랑 받고 지속 가능한 기업으로 성장할 수 있습니다.

이런 점을 잘 알고 있기 때문에 동반성장 혁신허브 활동이 더욱 활성화될 수 있도록 지원을 아끼지 않겠습니다.

민·관·기업이 손을 잡고 윈윈 하며 경쟁력을 높이면 어려운 시기를 충분히 헤쳐 나갈 수 있다고 봅니다.

앵커 지금까지 포스코 광양제철소 혁식지원그룹 동반성장 혁신허브 공일종 리더와 이야기 나눠 봤습니다.

출처 : 2014. 12. SBS방송분

CHAPTER
02

경영자
관리론

CHAPTER 02

경영자 관리론

01 현대사회의 리더십

1. 리더십의 본질

리더십(leadership)의 해법은 현대 경영에 있어 관리자, 감독자를 포함한 경영자에게 지대한 관심사로 초점을 모으고 있다.

리더십은 어떤 상황 속에서 목표 달성을 지향하는 개인과 집단 활동에 영향력을 행사하는 과정이라고 정의되고 있으며, 이것을 행사하는 데에는 계획과 조직, 통제, 지시 및 종업원 등의 요소가 관리과정에 포함되고 있다.

결국 리더십 과정은 리더와 추종자 및 상황적 변수에 의한 관계형성을 통해 최종산물인 성과와 직무만족을 얻을 수 있다.

블레이크(Robert R. Blake)와 무톤(Jane. S. Mouton)은 리더십을 생산과 인간과의 관련을 기초로, 리더십을 두 차원으로 생각하는 매니지리얼 그리드(managerial grid)의 개념을 정리하였다.

매니지리얼 그리드(managerial grid)

기대되는 관리자를 육성하는 교육훈련의 하나로 미국의 심리학자 로 버트 블레이크가 개발한 것으로 관리자가 갖추지 않으면 안 될 조건 은 능력과 인간관리의 두 가지이다. 능력과 인간관리라는 요소에 대 해 관리자가 어느 정도 관심을 가지고 있는가를 종횡양축으로 구성된 격자형 도표(그리드)상에 올려 관리자의 유형을 나누는 방법이다.

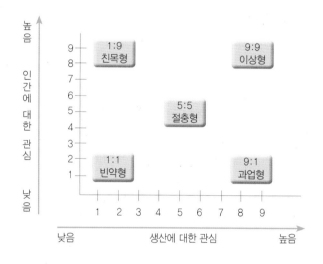

(1:1) : 인간관계와 직무에 대하여 모두 무관심한 행동유형으로서 작업의 목적
을 달성하기 위하여 최소한의 노력만을 한다.
(9:1) : 인간관계에 대한 관심은 적고 직무에 대한 관심은 많은 행동유형으로서
과업 능률에만 관심을 갖고 인간관계의 개발이나 사기에는 무관심하다.
(5:5) : 직무와 인간관계에 대하여 적절한 정도의 관심을 갖는 행동유형
(1:9) : 인간관계의 관심은 매우 높으나 직무에 대한 관심은 적은유형으로서 사
람이 좋다라는 평가를 받고 있다.
(9:9) : 인간관계와 직무능력의 매우 높은 관심을 갖는 현재의 리더십 이상형

매니지리얼 그리드(managerial grid)의 내용을 바탕으로 (9.9)형을 목표로 체계적이며 단계적인 리더의 행동프로그램이 많이 활용되고 있다.

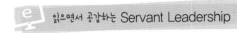

읽으면서 공감하는 Servant Leadership

Southwest Airlines

대기업 CEO가 토끼 분장으로 직원들을 맞이하고, 작업복 차림으로 손수 비행기를 청소한다면? 재미있기도 하지만 한편으로는 괴짜가 아닐까란 생각이 든다. 그렇다고 만만하게 보면 안된다. 그가 경영하는 회사는 시가총액(110억 달러)이 미국 6대 항공사를 합친 금액보다 많다. 또한, 창립 이후 30년간 한 번도 적자를 내지 않은 우량 기업이라고 하니 그 묵직한 내공의 비결이 궁금하다. 뿐만이 아니라 〈포춘(Fortune)〉지가 선정하는 일하기 좋은 100대 기업의 최상위권에 매년 선정되고 있다. 그 비결은 바로 사우스 웨스트 항공사 CEO인 켈러허의 리더십에 있다. 그는 '직원이 최고다. 고객은 다음이다' 라는 모토를 가지고 있다. 이런 그의 리더십을 단번에 알 수 있는 일화가 있다. 그는 비행기에서 한 승객이 모욕적인 말을 섞어가며 여자 승무원을 호되게 꾸짖고 있는 상황을 보았다. 확인 결과 이 승객은 특별한 이유 없이 사소한 것을 꼬투리 잡아 막무가내로 직원을 못살게 구는 사람이었다. CEO는 이 승객에게 "우리 회사의 직원을 괴롭힐 거면 다시는 우리 항공기를 이용하지 마시오"라고 모두가 보는 앞에서 호통을 쳤다. 이렇듯 사우스웨스트항공 성공의 밑바탕에는 직원의 가치를 무엇보다 소중히 여기는 회사의 경영철학이 있다.

Starbucks

뉴욕 브루클린 빈민가에서 성장한 한 청년이 있다. 그의 어린 시절은 비정규직인 아버지의 무능력으로 인한 가난으로 얼룩져 있었다. 훗날 그는 잔뼈가 굵은 영업사원으로 일하던 중 자신의 고객사를 인수해 오늘날 세계적인 기업으로 키웠다.

이 이야기 속 주인공은 바로 스타벅스 CEO 하워드 슐츠의 이야기다. 어린 시절의 고생 탓인지 그는 종업원들을 떠받드는 CEO로 유명하다. 그는 파트타임 사원에게까지 의료보험을 제공하는 파격적인 정책을 취하고, 스톡옵션을 제공하고 있다. 이것은 미국의 다른 대기업들에서는 좀처럼 찾기 어려운 일로 종업원들의 신뢰를 얻는데 결정적으로 기여했다. 아버지가 겪었던 고통에 대한 기억이 이와 같은 선이 굵은 정책으로 연결된 것이다.

이렇듯 그의 경영 철학에는 늘 사람이 있었다. 냉정한 판단과 과감한 혁신을 감행하면서도 인간적인 고뇌와 감성적인 애정을 잃지 않는다.

그의 이러한 리더십은 1990년대 중반에 일어난 끔찍한 사건으로 명확하게 드러난다. 텍사스에 있는 스타벅스 점포에 강도가 들어 점포 관리자가 사망한 일이다. 이 비극을 접한 그는 그날 밤 즉시 전세 비행기를 타고 텍사스로 날아가 죽은 관리자의 가족을 위한 기금을 조성했다.

그리고 그의 회사 규정 속 작은 부분에서도 그의 리더십 철학이 드러난다. 스타벅스에서는 직원들을 파트너라고 부른다. '종업원(employee)'이 아닌 동업자로 규정한다. 오늘날 스타벅스는 커피를 갈아 금으로 만드는 기업, 천 년의 커피 역사를 뒤집은 성공 신화라는 수식어가 붙는다. 이런 성공의 원천에는 분명 CEO의 리더십과 경영철학에 있지 않을까.

Wall Mart

사람의, 사람에 의한, 사람을 위한 리더십을 직접 보여준 월마트의 창시자 샘 월튼, 그는 섬김의 리더십을 직접 보여준다. 그는 직원을 이끄는 리더가 아니라 옆에서 어깨동무하고, 뒤에서 후원하는 리더이다. 그는 직원들을 '동료'라고 부르며 동등하게 대한다. 직원에게 좋은 일이 생기면 직접 축하 메시지를 띄우고, 월마트의 이익은 직원들과 함께 나눈다. 샘 월튼은 "종업원이 행복하면 고객도 행복하다. 직원이 고객을 잘 대하면 고객은 다시 찾아올 것이다" 라며 행복한 직원 만들기에 역점을 뒀다. 그의 솔선수범에 직원들은 감동했고, 당사로서는 이례적으로 노조가 없는 기업이 나타난 것이다.

미국 경제전문지 포춘이 선정해 발표한 '가장 일하기 좋은 직장 100곳' 중 1위로 구글이 3년 연속 선정됐다. 구글은 직원이 40명 남짓이었던 초창기에도 하루 종일 컴퓨터 앞에 앉아서 일하는 직원들을 위해 전문 마사지사를 고용해 그들의 피로를 풀어주었다. 지금은 직원들에게 호텔 수준의 식사를 제공하고 회사 안에 수영장과 놀이터를 마련해 놀면서 일하게 해 엄청난 성과를 거두고 있다. 또한, 구글은 직원이 사망할 경우 미망인이나 동거자, 동성 파트너에게 10년 동안 연봉의 절반을 해마다 지급한다. 여기서 근무 기간은 따지지 않는다. 입사한 지 하루만에 사망해도 급여의 절반을 지급한다. 구글 직원 3만4000명 모두에게 혜택이 돌아가는 셈이다.

Announcement 국민 MC 유재석

유재석은 스스로 낮춤으로써 더 높이 난다. 그의 리더십을 흔히 섬김형 리더십이라고 한다. 그 리더십의 본질은 바로 함께 하는 동료와 게스트를 사랑한다는 점이다. 유재석이 무한도전 멤버들에게 했던 "홍철아, 하하야. 난 너희들과 방송하는 게 너무 행복해."라는 말로 대변될 수 있다. 또한 유재석은 상대에 대한 지속적인 관심을 보인다. 상대가 좋아하는 것과 관심사, 고민거리를 누구보다 주의 깊게 살핀다. 그래서 어느 순간 그런 것을 자연스럽게 짚어내 후배의 이야기가 방송을 타게 한다. 하하와 노홍철이 유재석을 '무한재석교주'로 모시고, 박명수가 일인자로 지속적으로 인정해주는 건 다 이유가 있다. 또한 한 정치인은 한 강연에서 "유재석은 다른 사람을 지배하고 군림하는 사람이 아니라 섬기고 봉사하는 리더십을 가졌다"라며 "정치인들이 이를 배워야 한다"라고 말했다. '유재석 리더십'이 방송계를 넘어 우리 사회에 어떤 의미로 받아들여지고 있는지 엿볼 수 있는 부분이다.

Oprah Winfrey

오프라 윈프리는 세계적으로 영향력 있는 미국 여성 방송인으로서, '토크쇼의 여왕'이라는 대표적인 수식어를 가지고 있다. 사람들은 그녀를 '가장 낮은 곳에서 출발했지만 가장 높은 곳까지 오른 여자'라고 말한다. 그녀가 미국의 리더 중 하나로 꼽히는 이유가 무엇일까? 그 이유는 허리를 구부려 경청하는 그녀의 모습에서 찾을 수 있다. 그녀는 방송에 누가 나와도 진지한 자세로 그의 말에 귀를 기울인다. 누구에게나 배우려고 하는 태도를 갖고 있다는 얘기다. 물론 말하는 데도 재주가 있어 오늘날의 성공이 있었겠지만, 말 잘하는 사람이 워낙 많은 세상인지라 경청하는 그의 자세는 결정적인 차별점이 됐다. 현재 그녀는 미국에서 가장 많은 출연료를 받는 진행자이며, 약 5억 달러에 달하는 가치를 인정받고 있다. 미국에서만 매주 3300만 명의 사람이 그의 쇼를 보고 있다.

Nelson Mandela

아프리카의 아버지로 불리는 넬슨 만델라는 350년 동안 지속된 남아공의 백인통치를 끝내는데 결정적 업적을 남긴 인물이다. 그는 스스로 천한 종이라 지칭하면서 국민을 섬기는 지도자로 활약하며 '나는 대단한 인간이 아니다. 나는 노력하는 노인일 뿐이다.'라고 말하며 철저히 낮아짐으로써 인간존중을 실천했다. 단지 노인일 뿐이라고 말하는 그에게 우리는 섬김의 리더십을 배우고 있다.

Willy Brandt

독일의 총리 빌리 브란트는 한 번의 행동으로 다른 사람의 마음을 열게 한 사례가 있다. 일명 '무릎 꿇기 사건'으로 1970년 독일 총리가 처음 폴란드를 방문했다. 독일과 폴란드의 관계는 우리나라와 일본의 관계와 비슷하다. 특히 폴란드 국민들이 아주 응어리진 마음을 가지고 있었다. 빌리 브란트 총리는 관계 정상화를 위한 '바르샤바 조약' 체결을 위해 독일 총리로는 처음으로 폴란드를 방문하여 나치 기념관 앞에서 무릎을 꿇고 눈물을 흘리는 장면을 보여줬다. 이 모습에 폴란드 국민들이 응어리진 마음을 풀 수 있었다고 한다.

출처 : 주혜란, 월간[CEO&] 2014.06호

2. 리더자의 행동

"대장이 호랑이고 부대원이 토끼들인 군대와 대장은 토끼인데 부대원이 호랑이들인 군대가 싸우면 전자가 반드시 이긴다." 탈무드에 나오는 이야기다. 풀이해보면 아무리 뛰어난 일류 인재를 보유한 조직도 리더가 이류면 이류 조직이 될 수밖에 없다. 반면 기량이 좀 떨어지는 부하나 직원들이라도 직원의 장단점을 파악하고 사람을 알아보는 눈이 있는 리더가 이들을 적재적소에 잘 기용하면 그 조직은 반드시 일류가 된다.

경영자의 능력은 경영자로서 기능을 수행할 경영자의 능력을 뜻한다. 경영자의 능력이 좋고, 나쁨은 경영자의 능력이 기업의 장기 유지 발전에 얼마나 공헌할 수 있는가로써 판단할 일이다. 바람직한 능력은 기업이 처한 조건에 대응하여 효율적으로 기능을 발휘하여 기업성장에 한층 공헌하는 능력이다.

ex 리더는 활동적인 인간형이어야 한다.

리더는 행동형의 인간이라 할 수 있다. 리더가 하급자들의 행동력을 유발하기 위해서는 리더 자신이 먼저 행동하지 않으면 안되기 때문이다. 또한 그가 처리해야 할 인간관계는 하급자들의 그것보다 훨씬 더 많고 다양하다 … (생략)

학과 : _____ 학번 : _____ 성명 : _____

02 경영전략

1. 경영전략의 중요성

기업이 보유하고 있는 인적자원이 능력을 발휘하고 최고의 성과를 이룰 수 있도록 하기 위해서는 객관적이며 신뢰할 수 있는 원칙과 기준 하에 인사관리가 적용되어야 한다. 개개인의 성장과정, 생활방식, 관습, 사고 등의 차이로 인해 모두가 충족하는 인사관리 기준을 설정하기는 사실 불가능하다. 그러나 조직의 분위기를 높이기 위한 합리적인 인사관리 기준의 설정은 기업에서 꼭 필요한 요소이다. 현대 사회는 빠른 속도로 바뀌는 여러 조건 속에서, 기업의 유지와 성장을 위해 기업 활동을 환경 변화에 적응시켜 나가기 위하여 인적자원을 활용한 경영전략에 핵심을 두고 있다.

경영전략은 포괄성에 따라 기업전략, 사업전략, 기능전략으로 나누어진다.

❶ 기업전략은 어떤 사업 제품분야를 선택하여 조직할 것인가가 주요 내용이다. 본업 중심이냐 다각화냐 아니면 본업 자체의 이동이냐 등이 그 예가 된다.

❷ 사업전략은 기업전략에서 확정된 각 사업 제품분야에서 어떻게 경쟁할 것인가가 주요 내용이다. 이는 각 사업 제품분야의 라이프 사이클 상의 단계와 자사의 경쟁 지위에 의해 좌우된다. 시장점유율 확대, 성장, 이익추구, 자본축소, 시장축소, 철수 등 여러 전략이 있다.

❸ 기능전략은 기능별 활동원리를 말한다. 연구개발 전략으로 테마의 선택과 자금 인원의 배분이 주요 내용이다. 경영에서는 장기적으로는 경

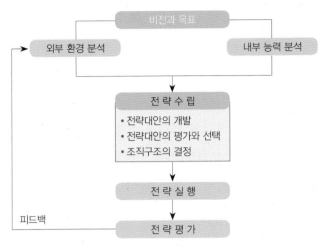

⭐ 경영전략의 수립 절차

비전과 목표

외부 환경 분석　　　　내부 능력 분석

전략 수립
• 전략대안의 개발
• 전략대안의 평가와 선택
• 조직구조의 결정

전략 실행

피드백　　　전략 평가

제성이 있는 선택이 경영전략에 포함될 수 있으며, 단기적으로는 소득을 높일 수 있는 복합적 경영방식이 전략적 문제가 될 수 있다.

경영전략의 수립은 미래에 발생 가능성이 높은 몇 개의 상황을 상정해서 상황에 따라 전략이 수립되어야 하며, 이는 기업전체를 통합하고, 각 사업부문을 포괄하며, 또한 각 기능에 조화가 이루어지도록 해야 한다.

시대의 흐름에 맞고 기업의 실정에 맞는 비전과 목표의 설정이 필요한데,

⭐ 비전과 목표의 기본 틀

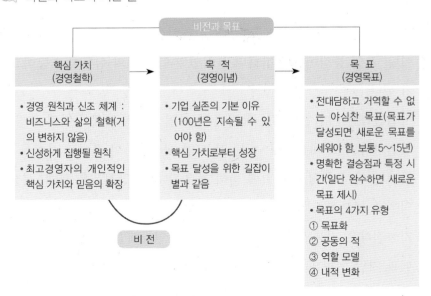

비전과 목표

핵심 가치 (경영철학)	목 적 (경영이념)	목 표 (경영목표)
• 경영 원칙과 신조 체계 : 비즈니스와 삶의 철학(거의 변하지 않음) • 신성하게 집행될 원칙 • 최고경영자의 개인적인 핵심 가치와 믿음의 확장	• 기업 실존의 기본 이유 (100년은 지속될 수 있어야 함) • 핵심 가치로부터 성장 • 목표 달성을 위한 길잡이 별과 같음	• 전대담하고 거역할 수 없는 야심찬 목표(목표가 달성되면 새로운 목표를 세워야 함. 보통 5~15년) • 명확한 결승점과 특정 시간(일단 완수하면 새로운 목표 제시) • 목표의 4가지 유형 ① 목표화 ② 공동의 적 ③ 역할 모델 ④ 내적 변화

비 전

일반적으로 비전과 목표는 기업의 경영철학(핵심가치), 목적(경영이념), 목표(경영목표)의 3개 요소로 구성된다. 이 중에서 핵심가치와 경영이념을 비전이라고 하며, 경영목표와 함께 비전과 목표라고 한다.

챈들러(A.D.Chandler)는 경영전략을 "기업의 장기적 목적 및 목표의 결정, 이들 목표를 실행하기 위하여 필요한 활동방향과 자원배분의 결정"이라고 정의하며, 경영목적과 경영전략을 구분하지 않았다. 이에 대하여 안소프(H.I.Ansoff)는 "경영전략은 주로 기업의 외부적 문제로서, 외부환경의 변화에 기업을 전체로서 적응시키기 위한 제품과 시장구조의 결정이다"라고 하여, 경영전략의 개념에 경영목적을 포함시키지 않고 있다. 경영전략은 경영목적을 달성하기 위한 포괄적인 수단으로, 환경적응의 기능을 가지며, 기업이 장차 당면할 전략적 문제나 전략적 기회를 발견하는 기능을 가진다. 또한 경영전략은 각 부문의 경영활동을 전체로 총합하는 기능을 가지며, 정보수집을 효율적으로 하기 위한 결정이 되기도 한다.

 경영계층에 의한 의사결정

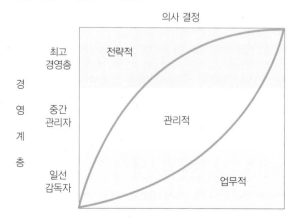

경영전략에 대한 관점을 정리하면

1. **전략적 결정**은 대외적 경영전략의 결정을 말하며, 기업의 내부문제 보다는 주로 기업의 외부문제에 관련이 있는 결정으로써 외부환경의 변화에 기업 전체를 대응 내지 적응시키기 위한 의사결정을 가리킨다. 이 전략적 결정을 통해서 기업목표나 시스템이 결정되며, 그 목표를 달성하기 위한 경영전략이 결정된다.

2. **관리적 결정**은 대내적 경영계획의 결정을 의미한다. 그것은 전략적 결정에 의해서 결정된 기업의 목표와 전략을 실행하기 위해 조직을 형성하고, 전략의 실행에 필요한 인원, 설비, 기술, 자본 등 제 자원을 조달, 개발하는 의사결정으로써, 주로 대내적 경영정책의 결정. 즉 경영계획적 결정에 해당된다고 할 수 있다.

3. **업무적 결정**은 일상적인 경영활동의 능률을 최대로 하기 위한 의사결정으로써 대내적 경영계획의 집행이라 할 수 있으며, 관리적 결정이 전반적 경영계획이라면 업무적 결정은 대체로 부문별 경영계획이 되는 것이다.

이러한 의사결정기능은 비록 경영자 전 계층의 공통기능이라 하더라도, 그 실제의 비중에 있어서는 각 계층간에는 커다란 차이가 있게 된다.

2. 직무분석의 이해

직무는 조직에 필요한 하나의 벽돌과 같은 역할을 한다. 직무분석은 직무의 역할, 예측된 업무수행, 판단, 평가, 직접적 행동, 보상시스템의 기초적 내용을 결정하고 직무분석의 완성을 통하여 상품과 서비스의 생산이라는 결과를 도출한다. 직무분석은 다양한 직업의 요소를 이해하기 위해 접근하고 연구하는 과정이라고 할 수 있다. 그러므로 직무분석은 생산성에 매우 중요한 기여를 할 뿐 아니라, 산업표준 조사에 기본이라고 할 수 있으며, 현장을 확인한다는 점에서 실제 근로자가 어떤 일을 수행하는지 알 수 있으며, 근로자가 수행하는 일에 대한 유형의 질적인 문제도 알 수 있다. 직무분석은 근로자가 직장에서 직업의 임무를 수행하기 위하여 취하는 행동에 대한 정보를 체계적으로 수집, 서술, 분석하는 것이다. 즉, 설명적이고 예측적이며 특정한 목적과 특정조직에 맞도록 수행되어지는 것이 직무분석이라 할 수 있다.

노동시장이 변화되는 현대 사회에서는 직무분석을 통한 직무순환제도에 기업에서는 대응 방향을 제시하고 연구하는 사례가 늘고 있다.

수평적 이동형태로 직무순환은 과학적 관리법에 의한 직무설계의 문제점을 해결하고, 기업 내의 모든 직무에 대한 순환을 통하여 적정배치(적재적소의 인사원칙)의 실현과 다양한 능력개발의 촉진, 조직전체에 대한 시야를 넓힘으로써 권태감과 단조로움을 감소시켜주며 조직의 활성화에 기여할 수 있는 등의 이점이 있다. 그러나 직무순환은 직무수행자의 빈번한 교체에 의해 오히려 작업생산성의 저하 및 작업집단의 협동심 감소를 초래할 가능성이 있는 등의 문제점이 있다.

직무순환(job rotation)은 경력개발 전략의 하나로, 직원이 조직 내 다른 직무(주로 수평적인 타 직급)에 임시로 배치되어 일정시간 해당 업무를 수행하면서 새로운 스킬을 습득하는 것을 뜻한다. 즉, 직원이 직장 내부의 다른 업무환경에서 기존에 가지고 있던 스킬을 활용하거나 새로운 스킬을 학습하는 방법으로 볼 수 있습니다.

따라서 직무순환을 통해 현재의 직무 스킬을 향상하거나 조직 내 새로운 역할에 대비할 수 있다. 직무확장(stretch)은 현재 직급에서 또 다른 임무 또는 프로젝트를 수행하는 것으로 임무나 프로젝트는 직무기술서 상에는 명시되지 않은 임무 또는 프로젝트를 뜻하며, 직무확장은 현재 보유한 스킬을 확장하고 새로운 분야에 도전해 보기 위해 실시된다.

직원들은 직무확장과 직무순환을 통해 안이한 상태의 안락지대(comfort

zone)에서 벗어날 수 있다. 새로운 스킬을 배우거나 기존스킬을 향상함은 물론, 새로운 업무환경이나 활동에서 생기는 불확실성과 스트레스를 대처할 수 있게 된다.

따라서 새로운 스킬 외에도 풍부한 업무 자원을 확보하고 업무에 대한 유연성을 키울 수 있다.

아울러, 직무 확장 및 순환의 수행 전과 후, 중간에 경영관리측의 지원이 필요하므로 직원의 직무확장을 시도하는 경우에는 안락지대를 조금 넘어서되, 너무 크게 벗어나지 않도록 균형을 찾는 것이 중요하다.

"한국의 노동시장은 '카스트(caste)' 노동시장이에요. 신분상 이동을 제한하는 인도의 카스트 제도처럼 노동시장 칸막이가 워낙 높아 젊은이들의 일할 욕구를 떨어뜨릴 수밖에 없습니다."

조준모 성균관대 교수(경제학)는 "한국의 노동시장이 기업 규모(대기업 · 중소기업), 노조 여부(유노조 · 무노조), 고용 형태(정규직 · 비정규직)에 따라 이중 · 삼중으로 고착화돼 있다"면서 "2부 리그에 속해도 잘하면 1부 리그로 올라갈 수 있는 유럽 축구처럼 한국 노동시장도 칸막이를 허물고 격차도 줄여야 한다"고 말했다.

임금 수준을 놓고 비교할 경우 우리나라 노동시장은 확연한 네 계층으로 구분된다. 대기업 정규직→대기업 비정규직→중소기업 정규직→중소기업 비정규직 순이다. 한국노동연구원에 따르면 2014년 현재 대기업 정규직 근로자의 시간당 평균 임금은 2만1568원으로 중소기업 비정규직 근로자(8779원)의 2.5배에 이른다. 대기업 정규직 근로자가 100원을 받는다고 가정할 경우 대기업 비정규직은 66.1원, 중소기업 정규직은 59.5원, 중소기업 비정규직은 40.7원을 받는 것으로 조사됐다. 이 같은 격차는 10년

전인 2004년에 비해 더 커졌다. 조준모 교수는 "이 같은 노동시장 구조가 마치 카스트 제도처럼 굳어 있다"고 말했다.

靑年실업 함께 풀자 갈수록 커지는 일자리 격차

새 일자리 95%, 中企·임시직 부모·자식 세대간 갈등 양상 신분제처럼 이동 어려워 청년들 대기업 입사에 목매

노동시장 격차 해결책은?

① **임금 체계 개편해 소득 차이 줄이고**
대·중소기업, 정규·비정규직 칸막이 허물어 이동 쉽게 해야

② **대기업·勞組, 미래 세대 위해 양보를**
임금피크제 도입 등으로 신규 일자리 창출 기여해야

한국판 노동 카스트 실태   ※ 카스트(caste) : 고대부터 내려오던 인도 사회의 계급 제도

노동시장 근로자 취업 형태 분포 2014년 기준, 단위 : %	근로자 취업 형태별 임금 수준 단위 : 시간당 임금, 원, 2014년 기준	평균 근속 연수 2014년 기준	부모·자녀의 고용 형태
대기업 정규직 10.3 비정규직 2.0	2만1568 (100%) 대기업 정규직	대기업 정규직 유노조 13.1년	부모 정규직 자녀 정규직으로 진입 27.4% 비정규직으로 진입 67.8%
	1만4257 (66.1) 대기업 비정규직	대기업 비정규직 무노조 3.8년	
중소기업 정규직 57.3	1만2828 (59.5) 중소기업 정규직	중소기업 정규직 유노조 11.2년	부모 비정규직 자녀 정규직으로 진입 21.6% 비정규직으로 진입 77.8%
비정규직 30.4	8779 (40.7) 중소기업 비정규직	중소기업 비정규직 무노조 2.2년	※ 2015년 이후 노동시장에 첫 진입한 15세 이상~35세 미만 근로자와 부모 1460쌍을 분석한 결과 자료 : 성공회대 김연아 박사

※ 2014년 청년층 신규 취업자의 95%(9만6000명)가 중소업체 임시직(대부분 비정규직)으로 취업)   자료 : 고용노동부

※ 괄호는 대기업 정규직 임금을 100%로 봤을 때 수치   자료 : 한국노동연구원

그래픽 : 조선일보 디자인편집팀

이런 현상을 타개하려면 '일자리 칸막이'를 허물고 '성장의 사다리'를 놓아야 한다. 중소기업에서 성과가 좋은 직원이 비슷한 직무의 대기업으로 옮겨가기도 하고, 또 중소기업 자체적으로 덩치가 커지면서 중소기업 직원이 자연스럽게 대기업 직원이 되는 선(善)순환 구조가 만들어져야 하는 것이다.

하지만 이는 시간이 걸리는 해법인 반면, 산적한 노동시장 문제를 푸는 데 당장 필요한 해법 중 하나는 기득권(대기업·정규직·유노조) 근로자들의 과감한 양보라는 주장도 있다.

박지순 고려대 법학전문대학원 교수는 "만약 대기업 정규직 노조가 임금 체계 개편과 임금 동결을 수용하고 기업들도 그 여력으로 청년을 더 뽑고 비정규직을 정규직으로 전환하는 데 쓴다면 청년 일자리 문제가 풀릴 단서를 마련할 수 있다"며 "이런 노사의 결단이 없다면 현재 노사정위원회에서 논의 중인 노동시장 이중 구조 개선 문제도 합의점을 찾기 어렵고 청년 고용 절벽도 더 깊어질 것"이라고 말했다.

노사가 임금·근로 여건 등 현안을 놓고 한발씩 양보해 청년 취업을 늘린 성공 케이스도 속속 나오고 있다. 충남의 대형 사업장인 A 기업은 노사가 머리를 맞대 2011년부터 임금피크제를 단계적으로 도입하는 데 합의했다. 정규직 근로자의 연봉을 일정 나이가 되면서부터 조금씩 깎아나가면서 정년은 늘리기로 한 것이다. 대신 이 사업장에선 2011년부터 작년까지 신입 사원을 총 200명 정도 채용했다. 생산직으로 일하는 고형원(가명·60)씨는 최대 수혜자로 꼽힌다. 임금피크제로 월급은 다소 줄었지만 좀 더 오래 일할 수 있을 뿐 아니라 자신의 둘째 아들(31)도 같은 사업장 현장직에 뽑힐 수 있었기 때문이다. 고씨는 "개개인 입장에선 (임금피크제로) 월급 줄어드는 게 손해라고 생각할 수 있지만, 그래도 원하는 것을 모두 얻으려고 고집하는 것보다는 노사가 서로 양보해야 윈윈(win·win)한다는 걸 깨달았다"고 말했다.

대구의 인쇄 회로 기판 제조업체 이수페타시스도 노사가 서로 협력해 고용을 창출하는 선순환 구조를 갖춘 대표 사례로 꼽힌다. 1996년 이수 그룹으로 편입될 당시 매출액이 200억원가량이었던 이 회사는 현재 매출이 5000억원도 넘는 기업으로 성장했다. 근로자 수도 2010년 765명에서 2014년 870명까지 꾸준히 늘고 있다. 이 회사 관계자는 "우리는 협력업체

10여곳과 기술을 공유하고 공동 개발도 한다"면서 "이렇게 협력업체의 생산성까지 극대화해 원도급업체의 단가 인하 요구에 대응했더니 협력업체들 매출도 오르고 일자리도 2010년보다 15% 이상 늘었다"고 말했다.

출처 : 2015.3.23. 조선일보

CHAPTER

03

창업의 기본

창업의 기본

01 창업의 기본요소

1. 창업의 절차

　사업(事業)을 처음으로 시작하기 위하여 그 기초를 세우는 일을 우리는 창업(創業)이라 일컫는다. 그러나 현실에서는 창업을 단지 장사라는 생각으로 준비절차 없이 시작한 후 창업을 어렵게 느끼는 실패사례가 지속되고 있다. 장사는 이익을 얻기 위하여 물건을 사고파는 일이기에 쉽게 접근 할 수 있다고 생각한다지만 중요한 것은 사전에 창업에 대한 정보와 지식이 부족하다면 그 어느 것도 성공할 수 없다. 창업은 여러 가지로 치밀한 계획과 전략 아래서 이루어질 때 성공할 수 있을 것이다. 따라서 성공적으로 사업을 이루기 위해서는 창업하기 전 먼저 확인할 사항으로 다음과 같다.

창업의 자세

창업에서 가장 중요한 덕목은 미디어(media)의 발달로 과거의 규칙과 질서가 붕괴되고 가치관의 선호도가 다양화되어 업종, 지역, 국가의 벽을 넘어 자영업자의 경쟁상대도 수시로 바뀌고, 소비자의 소비형태의 변화 등으로 새로운 업태가 계속 생겨나고 있으며 산업구조와 고용여건도 빠르게 변화하고 있는 현실을 직시할 필요가 있다.

이러한 기업 환경에서 창업을 준비하고 있는 예비창업자에게 가장 중요한 덕목이 바로 도전과 개척정신이다.

기업경영을 하다보면 예기치 못한 갖가지 어려움이 닥치는데 어떤 난관에 부딪혀도 불굴의 용기를 갖고 이를 헤쳐 나가는 도전정신이 곧 기업가정신이며, 기업가 정신이 창업자에게 요구되는 가장 중요한 덕목이다.

지금까지는 수혜자의 입장에서 본인이 원하는 서비스를 받고 요구하면서 부족함 없이 살아왔던 환경에서 창업을 하는 순간부터는 공급자의 입장으로 변하기 때문에 모든 서비스를 제공해주는 입장에서 생각하고 고객을 최우선으로 생각하는 마음가짐이 중요하다.

또한 어떤 결론을 내리는데 있어 전문가의 조언을 듣고 결정하는 것이 수많은 시행착오를 줄일 수 있는 매우 효율적인 방법이다.

창업자는 기회를 인식하고 이에 따라 행동하는 용기 있는 사람으로 단기적인 안목에서 승부를 거는 게 아니라 장기적이며 미래지향적인 관점에서 비전을 개발해 제시해야 하며, 끊임없이 혁신적인 생각과 노력을 기울일 줄 알아야 한다.

또한 창업자는 다양한 요건을 구비하고 있어야 할 필요성이 있다. 급변하는 창업 환경에서 창업을 유지 발전시키기 위해서는 이와 같은 도전과 개척정신 능력이 주변 환경을 잘 조화시키는 지름길이 된다.

창업자금 준비

명예퇴직으로 시작된 고용불안은 언젠가 멈추는 것이 아니라 항상 우리사회에 일어나는 현상이다. 도전과 개척정신의 자세로 젊음만으로 막연하게 창업 준비를 한다면 성공보다는 실패의 확률이 크겠다.

창업에 있어 자금에 대한 준비는 철저히 계산되어야 할 것이다.

첫째, 신분이 확실할 때 창업 자금을 마련해야한다.

은행 등 대출기관은 안정적인 조직에 속해있지 않은 자영업자에게 돈을 빌려주는 한도가 정해져있기에 대출 기회가 많을 때 자금을 마련해 두는 것이 현명할 수 있다.

둘째, 경험자에게 자문을 구해보자.

창업을 시작하기전 창업강좌, 컨설팅회사, 창업경험자 들에게 문의하는 것이 하나의 방법일 수 있다. 불안한 마음으로 무작정 정보를 찾아다니기 보다는 미래적에 대한 안정적 업종을 물색하고, 운영 등에 필요한 기초 지식을 충분히 습득해 두어야 한다.

셋째, 투자 규모는 갖고 있는 자금의 50% 이하로 잡아야한다.

창업에 실패하면 재기가 힘들기 때문에, 최선을 다하겠다는 의지는 좋지만 무리하게 자금을 끌어 쓰거나 전 재산으로 창업을 하는 것은 금물이다. 첫 사업의 규모는 소유 자본의 30~50% 정도가 적당하다.

창업의 기본 사항

창업절차를 효율적으로 수행해야 되는 이유는 창업과정에서 불필요한 고생을 하지 않으며, 창업기간이 연장되어 창업비용의 증가를 억제하는 것이다. 현재 예비창업자들이 고민하는 문제 중의 하나가 바로 어떻게 창업을 해야 하는가 하는 문제이다. 창업의 기본적인 사항은 다음과 같다.

❶ 현재 어떤 아이템이 인기를 끌고 있으며, 향후에는 어떤 아이템이 유망한지에 대한 정보를 수집하는 단계이다. 이를 위해서는 매스컴이나, 박람회에 참석하여 시대적 흐름을 파악해야한다.

❷ 내가 관심 있는 것을 창업아이템으로 선정해야한다. 창업을 단지 돈을 벌기 위한 수단으로 생각하고, 투자를 한다면 관심 없는 분야의 창업 운영을 할 수 있기에 성공을 할 수 없는 상황에 놓이게 된다.

❸ 중소기업청, 소상공인 지원센터 등 전문적인 창업지원센터를 찾아가서 구체적인 상담을 받아보는 것이 필요하다. 모든 창업자의 공통된 마음은 내가 창업을 하게 되면 성공할거야 라는 생각으로 타인의 말을 들으려 하지 않는 경향이 생겨 혼자만의 단독결정을 하는 경우가 있다. 선정한 아이템에 대한 적합성, 성장성 등에 대하여 알아봐야 한다. 또한 창업자금이나 향후 발생될 수 있는 문제들에 대해서도 상담해야 한다.

❹ 창업아이템이 결정되면 실제로 동종업종이나 비슷한 업종을 창업하고 있는 현장을 직접 방문하여 확인하는 것이 필요하다. 특히 창업할 경우 발생하는 문제점이나 창업 전에 준비해야 할 사항들을 확인해두는 것이 반드시 필요하다.

❺ 회사설립

창업아이템에 대한 확신이 있고, 동종업종이나 유사업종의 운영실태 또한 만족스러우면, 사업개시 20일 이내에 관할 세무서에 사업자 등록을 접수하면 된다. 회사설립 절차는 크게 개입사업자와 법인사업자로 나눌수 있다. 개인사업자 등록은 주로 소자본 창업에 나서려는 사람에게 필요한 사항이다.

개인사업자등록은 부가가치세법에 의해 법으로 규정돼 있는데, 사업자 등록신청서, 주민등록등본, 사업허가증 사본을 구비해서 관할세무서에 신청하면 된다. 법인을 설립할 경우에는 크게 두 가지 작업을 병행해야 한다. 우선 상법에 따라 해당 구비서류를 구비하여, 관할 법원장이나 등기소에 법인 등기를 신청해야 한다. 또 법인세법에 따라 해당서류를 첨부하여, 관할 세무서에 법인설립을 신고해야한다.

창업에 있어 고려해야 할 7가지 사항

1. **주력상품(what)** : 고객에게 무엇을 팔것인가를 생각해야 한다. 어떤 상품을 선정해야 고객에게 잘 팔리고 자신이 잘 소화 해낼수 있을 것인지 판단하여야 한다. 최근 유행을 타는 업종보다는 자신의 성격이나 전문성 또는 경험이 있는 업종을 선택하는 것이 보다 유리할 것이다.

2. **내점동기(why)** : 어떤 고객이 점포를 찾아올 것인지를 고려해야 한다. 이는 차별화 전략을 세우는 시발점이 될 것이다. 가령 가격이 저렴해서, 주변에 물건을 살 만한 장소가 없어서, 서비스가 뛰어나서, 주인과 친해서, 시설이 마음에 들어서, 상품구색이 다양하여 등의 이유를 먼저 생각해 보아야 한다.

3. **목표고객(who)** : 소자본 창업이니만큼 백화점처럼 모든 상품을 진열하고 모든 계층의 고객을 상대한다는 것은 무리이다. 이는 고객을 전혀 배려하지 않는 행위이며 비생산적이라고 볼 수 있다. 소점포일수록 전문성이 있어야 한다. 어떤 고객 계층을 상대로 영업을 할 것인지 고려해야 하는 것이다.

4. **영업시간(when)** : 판매하고자 하는 상품을 사는 주고객이 찾아오는 시간대를 생각해야 한다. 점포문만 오래 열어 놓으면 많이 팔 수 있는 것은 아니다. 모든 지역이 사람들이 주로 많이 다니는 시간이 있고 소비하는 시간이 별도로 있기 때문이다. 출근시간에는 사람들이 많이 통행하지만 구매 또는 소비는 하지 않는 것처럼 주로 소비하는 시간이 별도로 정해져 있게 마련이다.

5. **개점입지(where)** : 주력상품을 판매하기 쉬운 장소를 선정해야 한다. 선택한 업종 또는 아이템이 잘 판매될 수 있는 장소를 정해야 한다. 잠재고객을 파악하기 위해서 통행인구수, 배후지역의 인구수, 라이프사이클, 연령, 소득수준을 조사해야 한다.

6. **판매방식(how)** : 상품과 서비스의 질을 고려한 판매방식의 결정이다. 입지에 관한 잠재고객의 생활수준이나 소비습관과 소비형태 등을 고려하여 어떤 판매방식이나 관련 서비스를 제공할 것인지 고려해야 한다.

7. **가격(how much)** : 위와 같은 모든 조건이 결정된 후 최종적으로 판매가격을 책정하여야 한다. 가격을 결정하는 기준은 원가기준, 경쟁기준, 수요기준을 나눌수 있으며, 원가기준에 의한 가격결정은 단순히 상품의 원가에 적당한 마진을 감안하여 정하는 것이고, 경쟁 기준은 경쟁점포의 가격을 고려하여 정하는 방식이다.

출처 : 열린창업신문

① B2C [Business to Consumer]

: 기업과 소비자간 전자상거래를 뜻하며, 인터넷 쇼핑몰과 소비자의 물품구매가 대
표적인 예라고 할 수 있다.

② B2B [Business to Business]

: 기업과 기업 간의 전자상거래를 의미하며, 부품이나 원료, 기계 등 생산 자재를 제
공하고 제공 받는 것을 의미한다.

③ OEM [Original Equipment Manufacturing]

: 자기상표가 아니라 주문자가 요구하는 상표명으로 부품이나 완제품을 생산하는
방식으로 '주문자상표 부착생산'이라고 부른다.

제조업 창업 절차도

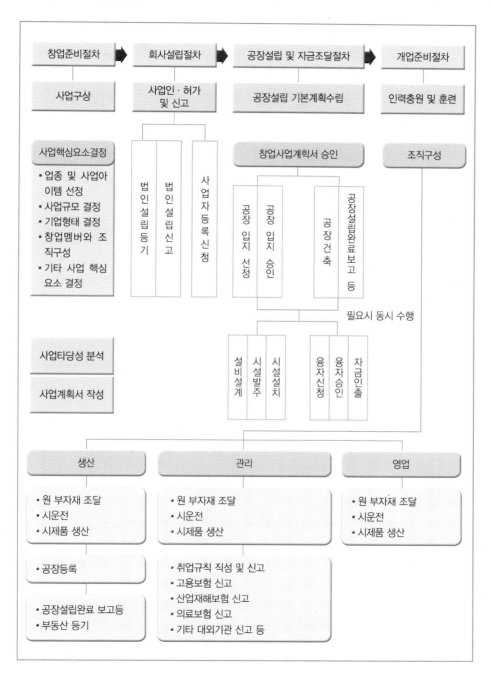

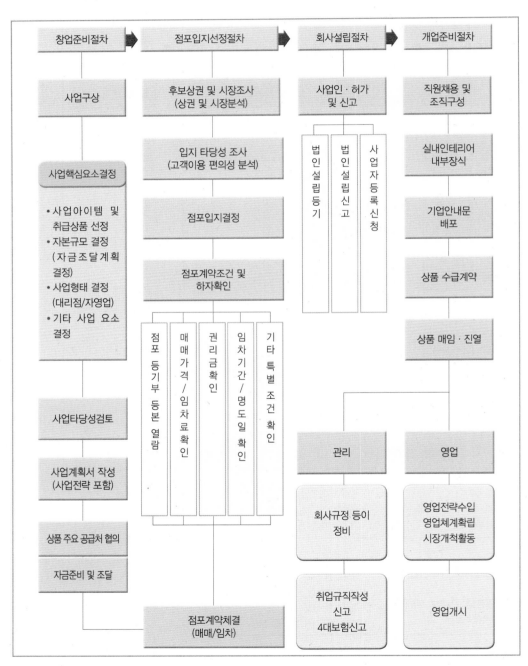

창업준비절차 ➡ 점포입지선정절차 ➡ 회사설립절차 ➡ 개업준비절차

창업준비절차
- 사업구상
- 사업핵심요소결정
  - 사업아이템 및 취급상품 선정
  - 자본규모 결정 (자금조달계획 결정)
  - 사업형태 결정 (대리점/자영업)
  - 기타 사업 요소 결정
- 사업타당성검토
- 사업계획서 작성 (사업전략 포함)
- 상품 주요 공급처 협의
- 자금준비 및 조달

점포입지선정절차
- 후보상권 및 시장조사 (상권 및 시장분석)
- 입지 타당성 조사 (고객이용 편의성 분석)
- 점포입지결정
- 점포계약조건 및 하자확인
  - 점포 등기부 등본 열람
  - 매매가격/임차료확인
  - 권리금확인
  - 임차기간/명도일확인
  - 기타 특별 조건 확인
- 점포계약체결 (매매/임차)

회사설립절차
- 사업인 · 허가 및 신고
  - 법인설립등기
  - 법인설립신고
  - 사업자등록신청

개업준비절차
- 직원채용 및 조직구성
- 실내인테리어 내부장식
- 기업안내문 배포
- 상품 수급계약
- 상품 매임 · 진열

관리
- 회사규정 등이 정비
- 취업규직작성 신고 4대보험신고

영업
- 영업전략수입 영업체계확립 시장개척활동
- 영업개시

CHAPTER
03

⭐ 서비스업 창업 절차도

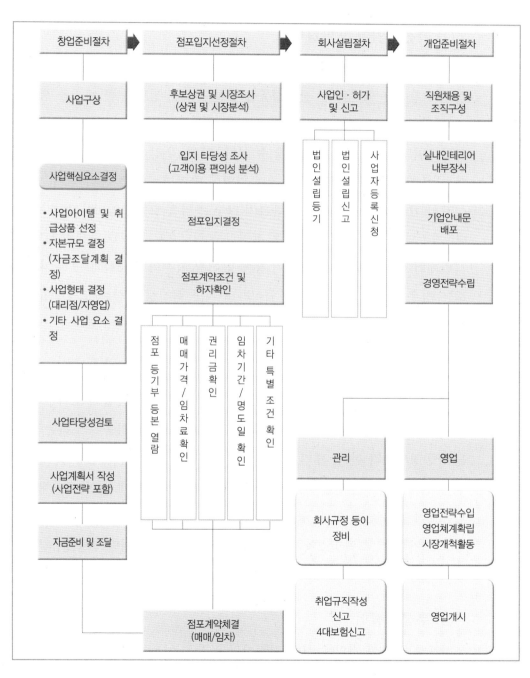

2. 창업의 유형

(1) 혁신창업과 모방창업

혁신적 창업이란 기술, 경영, 제품 등에 있어서 기존 사업과는 크게 다른 형태의 창업을 의미한다. 신발명품을 통한 새로운 정도가 큰 제품을 생산하고자 하는 창업을 말하며, 경영방식에 있어서 효율이 높은 새로운 기업을 창업한다면 혁신적 창업이라고 할 수 있다. 한편, 우리 주변에서 기존의 사업과 거의 같거나 매우 유사한 형태의 기업이 창업되는 것을 흔히 볼 수 있다. 이처럼 기존의 사업체와 크게 다르지 않은 창업을 모방창업이라고 할 수 있다. 기존의 음식점과 같은 음식을 제공하는 식당으로 보여도 자세히 보면(한식뷔페의 예) 조리법, 맛, 분위기 등에 있어서 기존의 식당들과 크게 차별화되는 경우가 있다. 결국 모방창업이라 하지만 혁신성이 강한 모방창업이어야 한다는 것이다.

(2) 개인 창업과 공동창업

개인이 창업을 주도하여 제품의 결정, 자금조달, 경영 등을 주도하는 경우를 개인 창업이라 하며, 2명 이상의 사람이 공동으로 창업을 주도하는 경우를 공동창업이라 한다. 개인 창업은 책임과 권한의 소재가 분명하고, 의사결정이 신속하다는 장점을 가지지만, 자본과 경영기술 등에 있어서는 개인의 의존도가 높아질 수 있다. 공동 창업은 구성원들의 견해차가 생길 때 의사결정 속도가 느리고 책임소재가 불분명 하다는 단점이 있지만 신중성, 전문화 등의 장점을 가질 수 있다.

(3) 무점포창업

점포나 공장이 거의 없거나 거주지의 공간을 이용하여 격식을 갖춘 공간

이 없이도 창업할 수 있는 경우의 창업을 무점포 창업이라고 한다. 무점포 창업은 점포를 확보하는 데 자금이 소요되지 않으므로, 자금 면에서는 매우 효율적인 창업이 될 수 있다.

(4) 기업인수합병(M&A)

사업을 한다는 것은 창업 그 자체가 목적이기보다는 창업을 통하여 이윤을 실현하고자 하는 것이므로 기업매입을 통하여 창업을 하는 것도 고려할 만한 대안이다. 기업을 매입하는 경우에는 사업이 안전단계에까지 이르는 기간이 단축되는 장점이 있으나, 투자비용이 직접 창업하는 경우보다 많게 될 가능성과 전사업자의 나쁜 평판이 지속될 가능성이 크다는 단점 등이 있다.

> 대한상공회의소는 전국 20~39세 성인남녀 300명을 대상으로 '청년 창업에 대한 인식과 개선과제'를 조사한 결과, 응답자의 25.3%가 '고려해 봤다'고 답했다고 밝혔다.(2015년5월14일) '적극 고려해 봤다'는 응답자는 6.4%였고, 고려해보지 않았다는 답은 68.3%다.
>
> 이어 30세 미만 창업주의 신설법인 수는 3분기 연속 두 자릿수의 증가율을 이어갔다. 지난해 3분기에는 13.5%, 4분기 19.0%, 올해 1분기 21.9%의 증가율을 각각 기록했다.
>
> 다만 창업 내용은 기술형 창업보단 일반서비스 창업에 더 관심을 나타냈다. 창업 희망분야에 대한 질문에 응답자들은 '외식업·소매업 등 일반서비스업'(48.7%)을 가장 많이 꼽았고, 그다음으로 이어 '통신·문화콘텐츠 등 지식서비스업'(32.7%), '식품·섬유 등 전통제조업'(7.7%), '의약·전자 등 첨단기술기반사업'(5.3%) 등을 선택했다.

⭐ OECD 회원국 창업유형 현황(단위 : %)

구분	기회	가업	생계	기타	계
OECD평균	52	15	26	7	100

구분	기회	가업	생계	기타	계
미국	54	14	26	6	100
독일	46	19	28	7	100
일본	46	22	22	10	100
한국	21	14	63	2	100

출처 : OECD '2014 기업가정신 보고서'

이와 관련 경제협력개발기구(OECD)의 2014 기업가정신 보고서에 따르면 우리나라는 창업 유형 중 생계형 창업 비중이 63%로 조사대상 29개국 중 가장 높았다. 반면 기회추구형 창업은 21%로 최하위에 머물렀다.

위 조사표에 보듯이 청년층의 창업은 도전과 모험 정신을 바탕으로 기반을 두어야 하는데 현실에서는 일반서비스 창업에 관심을 두는 것이 비단 청년의 문제라고만 볼 수만은 없겠다. 창업에 관심을 갖는 청년들은 지역창업 허브인 창조경제혁신센터와 청년창업 지원제도를 적극 활용해 자유롭게 창업의 아이디어를 발휘할 수 있어야 하겠다. 창업은 기준에 따라 업종(창업절차도 p.51~53 그림 참조)과 연령으로 창업유형을 분류할 수 있다. 사업을 분류할 수 있는 기준으로는 신사업, 경영의 독립성, 소유자의 수 등이 있다.

3. 수요예측의 결과

모든 창업자는 창업을 시작하기 전 부정적 생각보다는 긍정적 사고에 사로잡혀 모든 것을 주관적 관점에서 모든 것을 바라보는 경우가 있다. 그러나 현실에 있어서 객관적 자료가 준비되지 못한다면 뜬 구름 잡는 얘기만 지속될 것이고, 창업과 동시에 참담한 결과를 받아 들여야 할 것이다. 아래의 사례는 양양에 국제공항이 건설되는 것이 정말로 지역 발전에 도움이 되고 경제성과 실효성이 있는지 제대로 고려되지 않은 채 양양공항은 일단 지어졌다. 잘못된 수요예측으로 지금은 유령공항으로 변한 양양공항에 대하여 우리가 창업을 시작하는 단계에서 생각해 볼 문제이다.

다음의 사례를 읽어 보고 창업 또는 취업에 있어 예측이라는 중요성에 대하여 설명해보시오.

학과 : _____ 학번 : _____ 성명 : _____

 수요예측을 잘못한다면…

떠나는 이들의 설렘과 보내는 이들의 아쉬움, 들어오고 맞이하는 이들의 반가움이 모여 활기를 보이는 곳. 일반적으로 공항을 생각하면 떠오르는 이미지다.

하지만 여기 이 공항은 고요하다. 오가는 이들의 북적거림도, 활주로를 달리는 비행기의 소음도 없다. 두 개의 층으로 이뤄진 공항 내부는 텅 비었으며, 넓은 주차장에도 몇 대의 차량만 있을 뿐 탑승객을 맞이하는 버스와 택시는 보이지 않는다.

강원도 양양군 손양면 동호리에 위치한 양양국제공항, 녹색연합의 열여덟 번째 순례는 이곳에서 시작된다. 이땅의 아픈 곳, 그 신음을 들으며 상처 난 곳을 치유하기 위한 걸음을 양양공항에서 시작하는 이유

▲ 넓은 주차장에 몇 대의 차량만이 주차되어 있다. ⓒ 녹색연합

는 양양공항이 대규모 토건사업에 대한 기대가 허상임을 그대로 드러내 보이는 장소이기 때문이다.

✈ 표심 공략과 환상이 만들어낸 공항

녹색연합이 양양공항을 찾은 5월 13일. 이날 양양공항에서 중국으로 향하는 세 편의 비행기가 떴다. 이중 정규 노선은 하나로, 양양공항에서는 매 주 두 차례 상하이로 향하는 비행기가 운항한다. 비행기 한 대가 곧 이륙을 앞두고 있었지만 공항은 비교적 조용했다. 2층에는 직원들 외에는 탑승객이 없었고, 1층에는 중국인 탑승객들이 있었지만 많지 않았다. 그리고 그들이 출국한 후, 공항은 어둡고 고요해졌다.

양양공항은 강릉공항과 속초공항의 대체 공항이자 영동권의 거점 공항을 표방하며 2002년 개항했다. 양양국제공항 건설은 선거철이면

▲ 출국 시간이 가까워졌지만 양양공항은 고요하다. ⓒ 녹색연합

우루루 쏟아져 나오던 토건 사업 공약 중 하나로, 여야 할 것 없이 영동권의 표심을 잡기위해 내세우던 선거 공약이었다.

많은 국책 사업이 그렇듯 양양에 국제공항이 건설되는 것이 정말로 지역 발전에 도움이 되고 경제성과 실효성이 있는지는 제대로 고려되지 않은 채 양양공항은 '일단 지어'졌다. 정치와 토건논리의 입김이 거세게 작용했고, 여기에 공항이 생기면 지역도 함께 발전하리라는 환상이 더해져 지금의 양양공항이 완성됐다.

3500여억 원을 들여 만든 양양공항은 국내에서 네 번째로 큰 규모를 자랑한다. 동북아의 허브 공항으로서 각광을 받게 되리라는 기대가 반영된 것이다. 그러나 2002년 개항 이후 수송 실적은 꾸준히 줄어들었으며 이용객 부족으로 운항노선과 횟수가 하나둘 줄기 시작해 급기야 2008년 11월부터 이듬해 8월까지 단 한 편의 비행기도 운항되지 않는다.

▲ 양양공항은 동북아시대 항공거점을 표방한다. ⓒ 녹색연합

지난 2009년 BBC는 이렇게 텅 빈 양양공항을 가르켜 '유령공항'이라 칭하기도 했다. 적자 또한 심각한 수준이다. 지난해 국정감사 때 발표된 한국공항공사의 자료에 따르면 양양공항은 2002년 개항 이후 12년간 973억 원의 손실을 냈다(2013년 한 해 적자 81억 원).

🛫 2018 동계올림픽을 통한 공항 활성화?

▲ 중국인 탑승객들이 떠나고 난 후 고요해진 양양공항. ⓒ 녹색연합

텅텅 빈 공항의 원인은 잘못된 입지 선정과 부풀려진 수요 예측이다. 많은 지방공항들의 이용객이 고속도로 신설 및 확장, 고속철도 개통 등 육상 교통로가 증설됨에 따라 줄어들고 있다.

다른 개발 계획을 함께 고려해 정확한 수요를 예측하고, 경제성을 분석해 사업의 방향을 결정한 후 그에 걸맞는 시설을 만들어야 하지

▲ 강원도의 지원과 중국인 관광객들 덕분에 양양공항은 개항 12년만에 이용객 최고치를 경신했다. ⓒ 녹색연합

만, 대부분의 경우는 지역에 대한 선심 공약으로 던져져 정치의 영향력으로 사업이 진행된다.

부풀려진 수요를 토대로 큰 시설물을 지으며 국고를 낭비하고는 유지관리비로 혈세를 투입한다. 여기에 공항 이용 활성화라는 명목으로 끝없이 예산을 추가로 지출한다. 강원도는 2014년 한 해 양양공항 활성화를 위해 50억 원이 넘는 예산을 사용했다.

동계올림픽을 겨냥해 앞으로 더 많은 예산을 투입할 예정이지만 경제효과가 없다는 의견이 많다. 최근에는 강원도의 지원과 중국인 관광객 증가가 맞물려 이용객이 증가하는 추세에 있지만, 여전히 공항 이용률은 최하위권에 머물러 있으며 2018 동계올림픽을 통한 양양공항 활성화 여부도 미지수다.

▲ 공항 이용객을 맞이하는 버스나 택시는 보이지 않는다. ⓒ 녹색연합

　대형 국책 사업에 대한 기대는 늘 실망으로 돌아왔다. 새만금 간척 사업이 그랬고, 4대강 살리기 사업이 그랬다. 여러 번의 실패를 거듭했음에도 여전히 토건 사업에 대한 환상은 사라지지 않았다.

　그것이 이제 가리왕산과 설악산에서 되풀이되고 있다. 가리왕산에 스키 슬로프를 만들어 동계올림픽을 멋지게 치러내면 국가의 위상이 높아지고 경제가 활성화 되리라는 허상, 설악산에 케이블카가 설치되면 지역경제가 살아날 것이라는 허상. 이 허상들을 친환경, 사회적 약자 보호, 국제적 위상 제고라는 명분으로 가리고 포장해 밀어붙이고 있다.

　이제까지의 경험을 통해 배울 수 있고 바로 잡을 수 있음에도 그렇게 하지 않음은, 토건 사업을 통해 이익을 얻는 이들이 여전히 동일하게 존재하기 때문이다. 정말로 지역의 상황을 고려하고 지역의 발전

▲ 순례의 걸음을 걷는 녹색연합 녹색순례단 ⓒ 녹색연합

을 꾀한다면 이러한 사업이 반복될 수는 없다.

아직 우리에게는 바로잡을 수 있는 기회가 있다. 설악산 케이블카
는 아직 설치되지 않았다. 가리왕산은 이미 벌목됐지만, 지금이라도
경기장 설치를 중단한다면 원시림은 다시 살아날 수 있으며 강원도의
재정도 절약할 수 있다.

녹색연합은 앞으로 8박 9일 동안 생명과 평화를 위한 걸음을 걸으
며 설악산 케이블카 설치 계획 백지화와 가리왕산 스키장 건설 중단을
위해 마음을 모을 것이다. 양양공항의 실패를 설악산과 가리왕산에서
되풀이하지 말라. 지역 주민과 생명이 공생하는 진정한 지역발전은
자본과 정치의 논리로는 이룰 수 없다.

출처 : 녹색연합 홈페이지

4. 정부정책 바로알기

공공정부를 적극 개방 공유하고, 부처 간 칸막이를 없애 소통, 협력함으로써 국민 맞춤형 서비스를 제공하고, 일자리 창출과 창조 경제를 지원하는 새로운 정부운영 패러다임의 하나로 창업뿐 아니라 일상생활에서도 정부정책을 이해하는데 도움이 될 것이다.

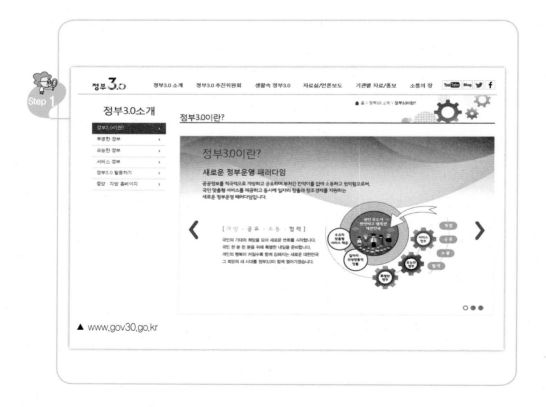

▲ www.gov30.go.kr

정부3.0소개

투명한정부

홈 > 정부3.0 소개 > 투명한정부

정부3.0이란? >
투명한 정부 >
유능한 정부 >
서비스 정부 >
정부3.0 활용하기 >
중앙 지방 홈페이지 >

소통하는 투명한정부를 만들겠습니다.

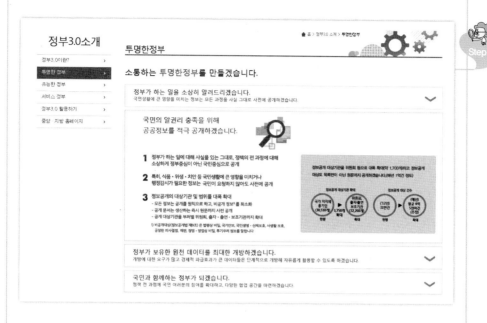

정부가 하는 일을 소상히 알려드리겠습니다.
국민생활에 큰 영향을 미치는 정보는 모든 과정을 사실 그대로 사전에 공개하겠습니다.

국민의 알권리 충족을 위해
공공정보를 적극 공개하겠습니다.

1 정부가 하는 일에 대해 사실 있는 그대로, 정책의 전 과정에 대해
소상하게 정부중심이 아닌 국민중심으로 공개

2 특히, 식품·위생·치안 등 국민생활에 큰 영향을 미치거나
행정감시가 필요한 정보는 국민이 요청하지 않아도 사전에 공개

3 정보공개의 대상기관 및 범위를 대폭 확대
- 모든 정보는 공개를 원칙으로 하고, 비공개 정보를 최소화
- 공개 문서는 생산하는 즉시 원문까지 사전 공개
- 공개 대상기관을 부처별 위원회, 출자·출연·보조기관까지 확대

정부가 보유한 원천 데이터를 최대한 개방하겠습니다.
개방에 대한 요구가 많고 경제적 파급효과가 큰 데이터들은 단계적으로 개방해 자유롭게 활용할 수 있도록 하겠습니다.

국민과 함께하는 정부가 되겠습니다.
정책 전 과정에 국민 여러분의 참여를 확대하고, 다양한 협업 공간을 마련하겠습니다.

정부3.0소개

유능한정부

홈 > 정부3.0 소개 > 유능한정부

정부3.0이란? >
투명한 정부 >
유능한 정부 >
서비스 정부 >
정부3.0 활용하기 >
중앙 지방 홈페이지 >

일 잘하는 유능한정부를 만들겠습니다.

부처간 칸막이를 없애고 협업체계를 정착시키겠습니다.
부처중심이 아닌 과제 중심으로 일하는 방식을 바꾸어 성과를 내는 정부가 되겠습니다.

정부 내 칸막이 해소로 협업에 기반한
양질의 정부서비스를 제공하겠습니다.

1 국정·협업과제는 정보공유 및 시스템 연계를 통해 적극 지원
- 국정과제(140개) 및 협업과제(170개) 중 부처간 시스템 연계·통합이 필요한
89개 과제에 대해 전자정부지원사업을 통해 우선 지원

2 부처간 이해상충 수준이 높은 '갈등과제' 지원
- 대상: ODA, 유아교육·보육 통합, 물관리, 다문화가족, ICT 등

3 부처간 협업이 필요한 '협력과제' 지원
- 부처간 협업으로 win-win 효과를 거둘 수 있도록 기관별 시스템 연계
- 행정정보공동이용 확대를 통한 부처간 협업 지원

효율적인 정부가 되겠습니다.
모든 정보를 각 부처가 서로 공유하여 합리적이고 효율적인 정책결정이 이루어지도록 하겠습니다.

데이터 기반의 과학적 행정을 구현하겠습니다.
다양한 정보분석을 통해 주요정책과제를 발굴하고, 국가의 미래 전략을 수립하겠습니다.

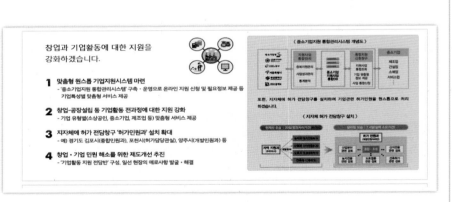

Step 4

정부3.0소개

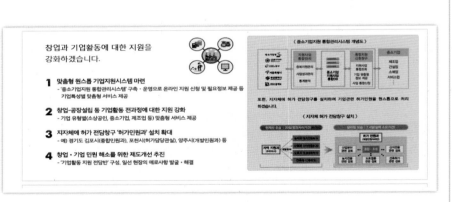

정부3.0소개

정부3.0이란?
투명한 정부
유능한 정부
서비스 정부
정부3.0 활용하기
중앙·지방 홈페이지

 홈 > 정부3.0 소개 > 서비스정부

서비스정부

국민 중심의 서비스정부를 만들겠습니다.

수요자 중심의 맞춤형 서비스를 통합하여 제공하겠습니다.
한번의 신청으로 모든 행정서비스를 제공받을 수 있도록 행정 시스템을 바꾸겠습니다.

수요자 중심의 맞춤형 서비스를
통합하여 제공하겠습니다.

〈 생애주기별 맞춤형 서비스 〉

1 생애주기별·유형별 원스톱 복지서비스 제공
- 한번의 정보 입력으로 모든 서비스를 선택적·통합적으로 지원
 (사례) 출생신고시 보육비 지원신청, 예방접종 일정 안내 등
- 부처별 시스템 통합·연계로 개인별 맞춤형 서비스 제공
 사회보장시스템(복지부), 고용서비스정보망(고용부), 주민등록시스템(안행부) 등

2 '민원 24' 고도화를 통한 통합생활민원정보 제공
- 개인별 다양한 생활민원정보를 하나의 창구에서 통합 안내

3 시스템 연계·통합을 통한 국민불편사항 해소
- 기관간 시스템·정보 연계를 통한 맞춤형 서비스 제공

중소기업의 어려움을 덜어드리겠습니다.
기업이 원하는 서비스를 신속하게 제공하기 위해 기업 특성별 통합관리시스템을 구축하겠습니다.

어려운 분들을 직접 찾아가겠습니다.
최접점 민원창구를 확대해 취약계층의 복지서비스를 늘려가겠습니다.

정보기술을 활용한 스마트 정부가 되겠습니다.
국민생활과 밀접한 분야는 스마트 정보기술을 활용하여 편리한 모바일 서비스를 제공하겠습니다.

Step 5

창업과 기업활동에 대한 지원을 강화하겠습니다.

1 맞춤형 원스톱 기업지원시스템 마련
- '중소기업지원 통합관리시스템' 구축·운영으로 온라인 지원 신청 및 필요정보 제공 등 기업특성별 맞춤형 서비스 제공

2 창업·공장설립 등 기업활동 전과정에 대한 지원 강화
- 기업 유형별(소상공인, 중소기업, 제조업 등) 맞춤형 서비스 제공

3 지자체에 허가 전담창구 '허가민원과' 설치 확대
- 예) 경기도 김포시(종합민원과), 포천시(허가담당관실), 양주시(개발민원과) 등

4 창업·기업 민원 해소를 위한 제도개선 추진
- '기업활동 지원 전담반' 구성, 일선 현장의 애로사항 발굴·해결

〈 중소기업지원 통합관리시스템 개념도 〉

또한, 지자체에 허가 전담창구를 설치하여 기업관련 허가민원을 원스톱으로 처리하겠습니다.

〈 지자체 허가 전담창구 설치 〉

02 사업자 등록증과 의무사항

1. 사업자의 필수의무사항

(1) 사업자등록

신규사업 개시자는 사업장마다 사업 개시 일부터 20일내에 관할 세무서에 등록을 하여야 하며, 사업 개시 전에도 등록이 허용된다.

사업자 등록을 하지 않은 경우에는 다음과 같은 불이익이 있다.

❶ 미등록의 경우 사업자는 매입세액 공제 불가
❷ 가산세
  가. 개인 : 공급가액의 1/100을 가산세로 징수
  나. 법인 : 공급가액의 2/100을 가산세로 징수
❸ 미등록에 대한 처벌 : 등록을 하지 아니한 때 50만원 이하의 벌금

(2) 장부의 기장의무

법인사업자 뿐만 아니라 개인사업자도 장부를 작성하고, 이를 비치하여 한다. 따라서 소규모로 영세하게 사업을 하는 경우도 간편 장부를 작성하여 야만 세무상 불이익을 당하지 않는다.

❶ 사업자는 납부세액 또는 환급세액과 관계되는 거래사실을 장부에 기록 하고 사업장에 비치한다.
❷ 과세되는 사업과 면세되는 사업을 겸업시 구분기장
❸ 장부와 세금계산서는 5년간 보관
❹ 기장을 하지 아니 한 때 50만원 이하의 벌금

⭐ **간편장부 대상자**

업종 구분	수입금액 기준
가. 농업, 임업, 어업, 광업, 도매업, 소매업, 부동산매매업, 그 밖의 '나' 및 '다'에 해당하지 않는 사업	3억원 미만
나. 제조업, 숙박 · 음익업, 전기 · 가스 · 증기 · 수도사업, 하수 · 폐기물처리 · 원료재생 및 환경복원업, 건설업, 운수업, 출판 · 영상, 방송통신 및 정보서비스업, 금융 · 보험업	1억5천만원 미만

업종 구분	수입금액 기준
다. 부동산임대업, 전문 · 과학 · 기술서비스업, 사업시설관리, 사업지원서비스업, 교육서비스업, 보건 및 사회복지사업, 예술 · 스포츠 · 여가관련 서비스업, 협회 및 단체, 수리 및 기타 개인서비스업, 가구내 고용활동	7천5백만원 미만

 간편장부

간 편 장 부

① 날짜	② 거래내용	③ 거래처	④ 수입		⑤ 비용		⑥ 고정자산 증감		⑦ 비고
			금액	부가세	금액	부가세	금액	부가세	

(3) 세금계산서의 중요성

재화나 용역의 매입시 세금계산서를 발급받아야 부가가치세 매입세액을 공제 받을 수 있다. 다만 다음의 경우에는 부가가치세 매입세액을 공제받을 수 없다.

❶ 세금계산서를 발급받지 않거나, 기재사항이 누락 또는 사실과 다르게 기재된 세금계산서인 경우

❷ 매입처별 세금계산서 합계표를 제출하지 않거나 부실 기재한 경우

❸ 사업과 직접 관련이 없는 매입세액

❹ 비영업용 소형승용차의 구입과 임차 및 유지에 관련된 매입세액

❺ 접대비 지출 관련 매입세액

❻ 면세관련 매입세액 및 토지관련 매입세액

❼ 사업자등록 前 매입세액 (등록신청일로부터 역산하여 20일 이내의 것은 공제가능)

(4) 세금계산서 유의사항

세금계산서를 발급받은 때에는 거래상대방의 사업자등록 상태, 과세유형과 아래의 기재사항이 정확히 기재되었는지 확인하여야 한다.

❶ 공급자의 등록번호, 성명 또는 명칭

❷ 공급받는자의 등록번호

❸ 공급가액과 부가가치세액

❹ 작성년월일

(5) 매입자 발행 세금계산서 제도

공급자가 세금계산서를 발급하지 않는 경우, 공급받은 사업자가 관할 세무서장에게 "거래사실 확인신청"을 하고, 공급자 관할 세무서장의 확인을 받아 세금계산서를 발급할 수 있는 제도이다. 일반과세자로부터 재화·용역을 공급받은 모든 사업자는 매입자발행 세금계산서를 발급 할 수 있다. 거래사실 확인을 신청하는 경우 다음과 같은 제한이 있다.

❶ 세금계산서 발급 시기로부터 3개월 이내에 신청해야 한다.

❷ 거래건별 금액이 10만원 이상 이어야 한다.

❸ 실거래를 입증할 수 있는 영수증 등 증거자료를 제출해야 한다.

　　신청인이 매입자발행 세금계산서를 발행하고, 부가가치세 신고 또는 경정청구*를 할 때 매입자발행 세금계산서 합계표를 제출하는 경우 매입세액으로 공제받을 수 있다. 공급자가 세금계산서를 발급하지 않는 경우에는 2%의 세금계산서 관련 가산세를 물게 되며, 징역형 또는 무거운 벌금형에 처할 수 있다.

> * **경정청구** : 세금을 납부한 후, 과다납부한 세액을 바로잡아 달라고 요청하는 행위

(6) 차명 또는 가짜 세금계산서의 발행으로 불이익

　　차명 세금계산서란 실지 공급자가 아닌 다른 사람 명의로 발급한 세금계산서를 말하고 가짜 세금계산서란 실물거래 없이 발급한 세금계산서를 말한다. 차명 또는 가짜 세금계산서를 발급받은 경우에는 매입세액을 공제받을 수 없으며, 공급가액의 2%에 상당하는 세금계산서 관련 가산세, 신고불성실 가산세 및 납부불성실 가산세를 물어야 한다. 또한 소득금액 계산을 하기 위한 비용으로 인정받지 못하며, 징역형 또는 무거운 벌금형에 처할 수도 있다. 차명 . 가짜 세금계산서를 발행한 경우에는 공급가액의 2%에 상당하는 세금계산서 관련 가산세를 물고 징역형 또는 무거운 벌금형에 처할 수 있다.

2. 사업자등록증 신청과 방법

(1) 사업자 등록 방법

아래의 경우는 세무서에 직접 방문하여 신청(정정)하셔야 합니다.

- 확정일자 신청
- 법인의 공동대표 구성원 변경
- 공동사업자 구성원 및 지문율 변경
- 사업자등록신청시 공동사업자 10인 이상
- 임대차내역 입력건수 100건 이상
- 사업자등록신청 · 정정 취하

p.85 참조

(2) 간이과세자와 일반과세자의 구분

➊ 간이과세자

간이과세자는 사업 규모가 영세한 개인사업자가 부가가치세 납세 의무를 간편하게 이용할 수 있도록 한 제도로, 직전 연도의 재화와 용역의 공급 대가(부가가치세 포함)가 4800만원에 미달하는 개인사업자에게 부과하는 과세를 의미한다.

❷ 일반과세자

일반과세자는 연매출 4800만원 이상의 매출을 올리는 사업자를 칭한다. 올해 4800만원 이상의 매출을 올리지 못해도 전년도 1년간의 매출액이 4800만원 이상이면 일반과세자가 된다.

⭐✩ 매출에 따른 과세 기준

구분	일반과세자	간이과세자
적용대상자	개인/법인 불문	개인사업자에 한함 직전년도 공급대가 4,800만 미만
매출세액	공급가액 × 10%	공급대가 × 10% ×15%(도소매업)
매입세액 (간이과세는 세액공제)	매입세액	매입세액 ×15%(도소매업)
세금계산서 교부	당연교부	영수증만 교부(세금계산서 교부할 수 없음)
포기제도	없음	간이 포기제도 있음
납세의무면제	없음	공급대가 2,400만원 미만 시

자영업자의 과세에 대한 두개의 고지(연매출 2400만원 / 4800만원)

자영업자 중 간이과세자의 경우 1.5~4%의 낮은 세율이 적용되지만, 매입세액의 15~40%만 공제받을 수 있고 세금계산서를 발행할 수 없다. 따라서 어떤 유형이 적합한지 여부를 알아보고 자신에게 맞는 사업자등록을 하는 것이 좋다. 부가가치세의 경우는 6개월을 과세기간으로 정해 상반기는 7월에, 하반기는 다음해 1월에 소득공제 시기까지 최종 납부해야 한다.

처음에는 자영업을 시작해도 세금을 한 푼도 내지 않는다. 그러나 세무서 신고 기준으로 연매출 2400만원을 넘을 경우, 그때부터는 신용카드 의무가 맹점으로 지정되면서 세금을 조금씩 내게 된다. 여기까지는 특별히 신경 쓸 것이 없다. 세무서에서 고지한 대로 세금을 납부하면 된다.

일반과세자가 됐을 때 바뀌는 의무

세금 자진신고/사업상자산 구입 시
세금계산서 필수/부가가치세 10% 의무 납부 등

연매출 4800만원을 넘어 일반과세자가 되면 세금계산서 발행 의무가 발생한다. 누군가가 세금계산서를 요구하면 발행해야 하고, 사업에 필요한 자산 등을 구매할 경우에도 반드시 세금계산서를 수령해야 한다. 일반과세자는 매출의 10%를 부가가치세로 꼭 납부해야 한다. 예를들어, 세탁소가 드라이클리닝 값으로 3만원을 받았다면, 세무서에는 3만원의 10%인 3천원 정도를 납부하는 것이다. 여러 조건이 붙기에 정확히는 2,727원을 납부하게 된다. 일반과세자가 사업용 자산 등 무엇인가를 구입할 경우 납부했던 부가가치세는 후에 따로 환급을 해주기도 한다. 다만, 업종마다 다르기 때문에 주의해야 한다.

③ 개인과 법인 사업자 신청 등록서류

구분	내용
개인	1. 사업자등록신청서 1부 2. 임대차계약서 사본(사업장을 임차한 경우에 한합니다.) 　* 단, 전대차계약인 경우는 "전대차계약서 사본"(계약서 사본에 건물주의 동의 또는 승낙 표시) 3. 허가(등록, 신고)증 사본(해당 사업자) 　- 허가(등록, 신고) 전에 등록하는 경우 허가(등록) 신청서 등 사본 또는 사업계획서 4. 동업계약서(공동사업자인 경우) 5. 재외국민 · 외국인 입증서류 　- 여권 사본 또는 외국인등록증 사본 　- 국내에 통상적으로 주재하지 않는 경우 : 납세관리인 설정 신고서
영리법인 (본점)	1. 법인설립신고 및 사업자등록신청서 1부 2. 정관 사본 1부 3. 법인등기부 등본 1부 　* 담당 공무원의 확인에 동의하지 아니하는 경우 신청인이 직접 제출하여야 하는 서류 4. (법인명의) 임대차계약서 사본(사업장을 임차한 경우에 한합니다.(1부) 5. 주주 또는 출자자 명세서 1부 6. 사업허가 · 등록 · 신고필증 사본(해당 법인에 한합니다) 1부 　- 허가(등록, 신고) 전에 등록하는 경우 : 허가(등록)신청서 등 사본 또는 사업계획서 7. 현물출자명세서(현물출자법인의 경우에 한합니다) 1부

④ 세금전략과 부가가치세, 일반과세자와 간이사업자 차이는?

사업자는 세금이 가장 무섭다는 말들을 흔히 한다. 일반사업자나 간이사업자는 종합소득세신고시 사업자가 알아야 하는 세금절세법을 미리 알아두면 과세율에 따른 세금을 환급받을수 있다.

국세청에서 소득공제 항목중 매년 환급되는 소기업소상공인공제(노란우산공제)는 사업자가 필수로 가입해야 소득공제를 환급받을수 있다. 일반사업자는 종합소득세 신고시 환급이 되고 법인 사업자는 연말정산시 환급이 된다.

사업자는 자기 사업에는 어느 유형이 적합한지 살펴본 후 사업자 등록을 하는 것이 좋다.

부가가치세가 과세되는 사업을 할 때 일반과세자와 간이과세자 중 어느 하나로 사업자 등록을 해야 한다. 일반과세자와 간이과세자는 세금의 계산 방법 및 세금계산서 발급 등에 차이가 있다.

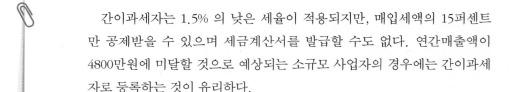

간이과세자는 1.5% 의 낮은 세율이 적용되지만, 매입세액의 15퍼센트만 공제받을 수 있으며 세금계산서를 발급할 수도 없다. 연간매출액이 4800만원에 미달할 것으로 예상되는 소규모 사업자의 경우에는 간이과세자로 등록하는 것이 유리하다.

일반과세자는 10퍼센트의 세율이 적용되는 반면, 상품 등을 구입하면서 받은 매입세금계산서상의 부가가치세액을 공제받을 수 있고 세금계산서를 발급할 수 있다. 연간 매출액이 4800만원을 초과할 것으로 예상되는 경우에는 일반과세자로 등록해야 한다.

사업자가 간이과세자로 등록했지만 거래 상대가 세금계산서를 요구하거나 기타 사정에 의해 일반과세자로 변경하고자 하는 경우에는 변경하고자 하는 달의 전달 말일까지 간이과세 포기 신고서를 제출하면 된다. 그러나 간이과세를 포기하면 3년간 다시 간이과세를 적용받을 수 없으므로 검토는 충분하게 해야 한다.

2014.10.23 한국상공인신문

사업자등록증 발급과정

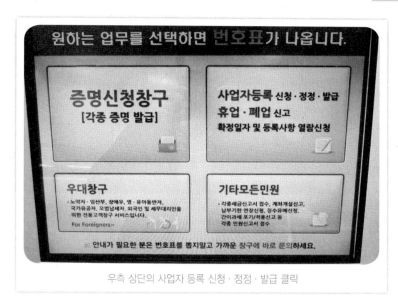

우측 상단의 사업자 등록 신청 · 정정 · 발급 클릭

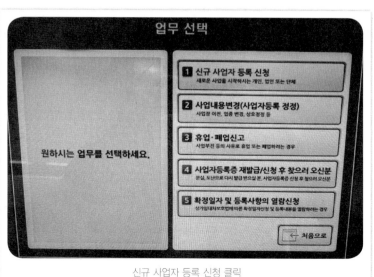

신규 사업자 등록 신청 클릭

Step 3

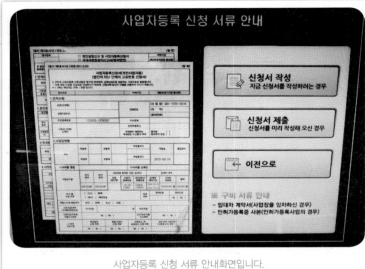

사업자등록 신청 서류 안내화면입니다.
자동화기기를 이용하여 신청하므로 첫번째 '신청서 작성'을 누릅니다.

Step 4

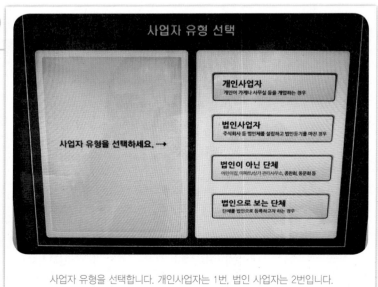

사업자 유형을 선택합니다. 개인사업자는 1번, 법인 사업자는 2번입니다.

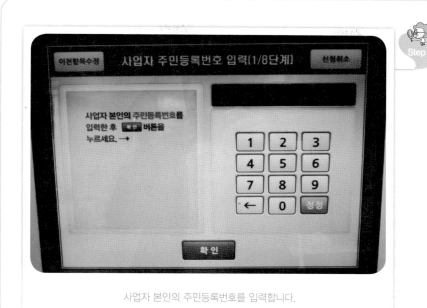

사업자 본인의 주민등록번호를 입력합니다.

사업자 본인의 휴대전화번호를 입력합니다.

Step 7

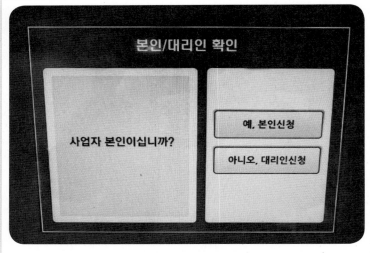

본인/대리인 확인 화면입니다. 사업자 본인이면 "본인신청"을 누릅니다.

Step 8

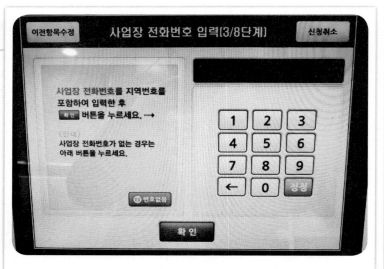

사업장 전화번호가 나오지 않은 경우는 "번호 없음"을 누릅니다.

사업장 전화번호를 입력합니다.

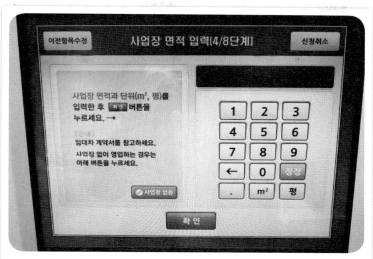

사업장 면적을 입력합니다. 사업장 면적은 평방미터나 평 단위로 입력하면 됩니다.

사업장 면적은 임대차 계약서에 기재된 면적 평수를 기재하면 되고 사업장 없이 영업하는 경우에는 "사업장 없음"을 누릅니다.

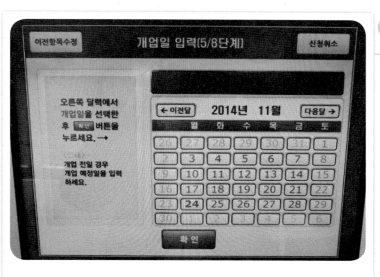

개업일을 입력합니다.

Step 11

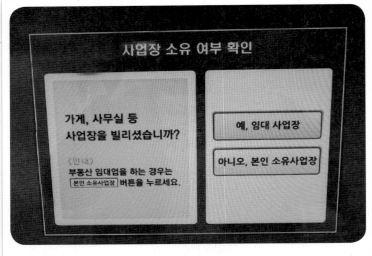

가게, 사무실 등 사업장을 빌리신 경우는 "임대사업장"을 부동산임대업이나 본인 소유 사업장인 경우는 "본인 소유 사업장"을 선택합니다.

사업장 소유 여부 확인 화면입니다.

Step 12

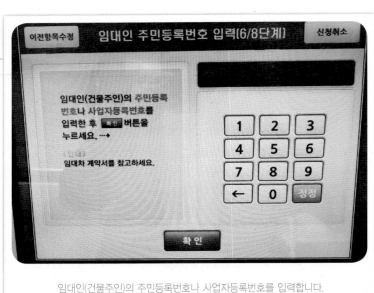

임대인(건물주인)의 주민등록번호나 사업자등록번호를 입력합니다.

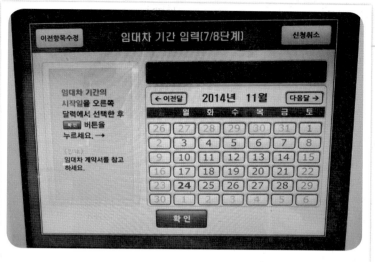

임대차 기간을 입력합니다.

우선 임대차 기간의 시작일을 달력에서 선택하여 확인을 누릅니다.

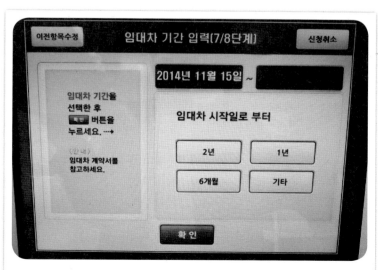

임대차 기간 입력 두번째 화면입니다.

임대차 시작일로부터 2년, 1년, 6개월, 기타를 선택하면 됩니다.

Step 15

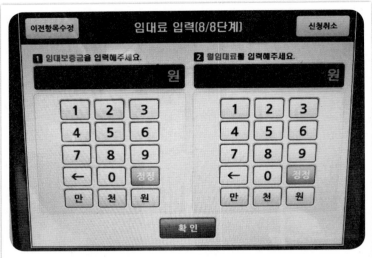

임대료 입력화면으로 임대보증금과 월임대료를 입력합니다.

Step 16

입력 내용을 확인 후 수정사
항이 없으면 "확인/번호표
발급"을 눌러 번호표를 받고
민원 창구에서 사업자등록
증을 발급 받으시면 됩니다.
사업자등록 신청서에 특별
한 문제가 없으면 사업자등
록증은 빠르면 10~30분 정
도면 발급 받을 수 있습니다.

임대료 입력이 완료되면 위와 같은 사업장등록 신청 화면이 나옵니다.

3. 개인기업과 법인기업

기업의 법률적 형태에 있어서 중요한 것은 개인기업과 회사형태의 기업이다. 개인기업은 기업이 완전한 법인격이 없으므로 소유주에게 종속되는 기업이고 회사형태의 기업은 완전한 법인격을 가지고 스스로의 권리와 의무의 주체가 되며 기업의 소유자로부터 분리되어 영속성을 존재 할 수 있는 기업이다.

⭐ 개인기업과 법인기업의 장단점

구분	개인기업	법인기업
장점	• 법적 절차가 비교적 간단하며 기업설립이 용이함. • 창업비용 및 창업자금이 비교적 적게 소요되어 소자본으로도 창업이 가능함. • 기업활동 상의 제반 정책수립, 집행, 계획 변경 등을 자유롭고 신속하게 결정·추진할 수 있음. • 개인기업의 기업주는 고객 및 종업원과 직접 접하는 경우가 많으므로 상호 이해하기가 쉽고 효과적인 경영을 할 수 있음. • 경리장부 및 결산서의 작성이 간단하며 결산서류는 이익처분에 대한 것은 처리 필요가 없음.	• 지분한도내 유한책임지므로 투자받기가 용이함. • 대외적인 신용도가 개인사업자 보다 높음. • 회사설립과 운영시 자본조달이 용이하고 대자본 형성이 쉬움. • 회사의 도산시 출자금액 범위 내에서만 법적 책임을 짐 • 주식의 양도에 의하여 출자액을 증감시킬 수 있음. • 소유와 경영의 분리가 가능함. • 주식의 상장 등을 통해 기업의 대중화 및 거대화가 가능함. • 법인의 공신력이 높아 매출, 직원 채용 등 영업상 유리한 점이 많음. • 법인세부담이 개인사업의 세부담 보다 낮기 때문에 사외유출이 적어진다.

구분	개인기업	법인기업
단점	• 설립자가 기업경영상 발생하는 부채와 손실에 대해 무한책임을 짐. • 사회적 신용을 얻기까지 시간이 필요할 뿐만 아니라 대출 등의 제한이 있을 수 있음. • 사업주 개인의 신장에 사고가 발생할 경우 폐업 또는 기업운영에 직접적인 영향을 미쳐 사업의 연속성이 결여됨. • 투자 및 차입규모가 클 경우 자본조달 능력에 한계가 있음. • 혼자서 경영상의 제 문제, 즉 생산, 판매, 자금조달, 인사관리 등의 경영 전반을 관장할 수 없는 등 경영 능력에 한계가 존재함. • 법인납세율은 13~25%이나 개인은 9~36%로 납세의 분리함이 있음.	• 회사설립시 상법의 규정에 따라 설립요건이 까다로움. • 정관의 사업내용을 임의로 변경할 수 없으며, 신규사업을 시작하거나 사업변경을 하는 경우, 정관의 기재사항을 변경헌 후 변경등기를 하여야 함. • 엄격한 회계와 거래에 대한 복식 장부정리가 필요. • 설립절차가 복잡함. • 경영에 대한 의사결정 기구는 주주총회, 이사회, 대표이사로 분리되었기 때문에 신속한 의사 결정이 어려움. • 주주 상호간 이해관계로 인한 대립시 갈등의 소지가 있고 경영 부재가 우려됨. • 유한책임 경영이 여타 주주에 큰 피해를 줄 수 있음.

개인기업과 법인기업의 차이점

① 설립상의 차이점

- 개인기업은 복잡한 법적 절차를 거치지 않고도 비교적 쉽게 창업할 수 있지만, 법인기업은 설립시 법적 절차가 비교적 복잡하다.

• 개인기업온 단독기업이므로 한 개인의 의사결정에 따라 창설할 수 있지만, 법인기업온 공동기업이므로 당해 기업에 참여할 자본주 또는 동업자를 구하고 공동의 의사 결정을 하게 되는 경우가 많다.

• 법인기업을 설립하기 위해서는 상법 등에 따라 당해 기업의 주체가 되는 법인설립절차가 선행되어야 하는 데 반해 개인기업의 설립은 그러한 절차가 필요 없다.

• 세무상 개인기업은 설립시 부가가치세법의 규정에 따라 사업자등록만 하면 되는데 반해 법인기업온 사업자등록 외 법인설립신고가 선행되어야 한다.

② 운영 상의 차이점

• 개인기업은 개인기업주가 기업경영활동의 결과에 대해 단독으로 무한책임을 지지만 법인기업의 출자자는 출자액을 한도로 유한책임을 진다. 즉, 개인기업과 달리 법인기업은 기업의 채무를 본인이 출자한 출자 금액을 한도로 책임을 지게 되므로 개인재산까지 처분하여 기업의 채무를 변제하지 않아도 된다.

• 사회통념상 법인을 우대하는 조세정책의 결과 일정규모 이상의 기업인 경우 법인기업과 비교하면 개인기업이 세무상 불리하다. 즉, 매출액이 동일한 경우 법인기업의 경우보다 개인기업온 세무 관리가 강화되며 또한 소득세에 대한 누진세율 때문에 일정규모 이상일 때 기업활동에 대한 개인기업의 세 부담액이 법인기업보다 많다. (세율측면에서 보자면 과세표준이 2,160만원 이하인 경우는 개인기업이 유리하고 2,160만원을 초과하는 경우에는 법인기업이 유리하다.)

- 개인기업이 법인기업보다 재산이전이 비교적 쉽다. 개인기업 소유자는 재산이전시 기업의 자산, 부채를 개별적으로 이전해야 하지만 법인기업의 소유자인 주주는 재산 이전은 주권의 양도로써 종결할 수 있다.

③ 청산시의 차이
- 기업의 설립시와 마찬가지로 청산시에도 개인기업에 비해 법인기업의 법적 절차가 더 복잡하다. 즉, 폐업에 따른 폐업신고, 부가가치세 신고 등의 세무상 절차는 개인기업, 법인기업, 모두 동일하지만 법인기업은 상법상 해산등기 등 청산절차를 추가로 수행해야만 청산이 종결된다.

④ 대외 신뢰도
- 건설업이나 연예기획사와 같은 업종의 경우에는 대외 신뢰도 역시 개인 기업이냐, 법인기업이냐를 결정할 때 고려해야 한다. 대외 신뢰도 면에서, 개인기업의 신뢰도는 사업자 개인의 신용과 재력에 따라 평가받으므로 법인기업보다는 현실적으로 낮다고 보아야 한다.

⑤ 자금조달과 이익의 분배
- 개인기업은 창업자 한 사람의 자본과 노동력이 들어가므로 자본조달에 있어 한계가 있는 반면 법인사업자는 주식이라는 매개체로 주주를 통해서 자금을 조달하므로 대자본 형성이 가능하다.
- 법인기업은 주주를 통해서 자금을 형성한다. 법인은 주주와 별개로 독자적인 경제주체이므로 일단 자본금으로 들어간 돈과 기업경영에서 발생한 이익은 적법한 절차를 통해서만 인출할 수 있다. 반면, 개인기업은 사업자금을 사업주 개인의 부동산 투자에 사용하든 자산의 사업에 투자하든, 혹은 영업에서 발생한 이익을 생활비로 쓰든 전혀 간섭을 받지 않는다.

일반적으로 기업의 영속성, 성장성 측면에서 주식회사 형태의 기업을 창업하는 것이 유리하다. 주식회사는 개인기업보다 대외공신력과 신용도가 높기 때문에 신주 및 회사채 발행을 통한 자금조달이 용이하고, 영업수행에 있어서도 기업의 이미지가 제고되어 유리한 점이 많다. 특히, 벤처기업을 창업하는 경우에는 개인기업보다는 주식회사의 형태로 하는 것이 더욱 유리하다고 할 수 있다. 개인기업은 소득세법의 적용을 받으므로 과세기간은 매년 1월1일부터 12월31일까지이며, 과세소득은 총수입에서 필요한 경비를 공제한 금액이 되며, 재무제표 공고의무가 없다. 법인은 법인세법의 적용을 받고, 그 과세기간은 정관과 규칙에서 정하는 회계기간에 따라 달라지며 과세소득은 이익금 총액에서 손실금총액을 공제한 금액이다. 재무제표의 공고의무가 있으나, 세 부담은 여러 가지 상황에 따라 차이가 있을 수 있다.

세율 측면에 있어서는 개인기업(6%~35%로 누진)보다 법인기업(10%~22%)이 유리하다.

 ## 개인 → 법인 전환 시, 유의할 점은?

수입금액이 많아 세금이 부담인 개인사업자라면 상대적으로 세율이 낮은 법인으로 전환하는 것을 한번쯤 고민해보았을 것이다.

그러나 '단순히 세율 비교만으로 법인 전환을 선택해서는 안 된다'는 것이 세무전문가들의 공통된 의견이다.

이에 본지에서는 개인사업자가 법인으로 전환할 경우 어떤 차이점이 있는지 다각도로 살펴봤다.

우선 개인사업자는 수입금액에 따라 간편장부로 소득신고를 해도 되지만, 법인은 반드시 복식부기로 장부를 작성해야 하므로 세무신고에 따른 부담이 과중한 편이다. 그러나 그만큼 개인에 비해 대외적인 공신력이 우월하며, 소유와 경영이 분리되어 사업을 경영할 수 있다는 장점이 있다.

반대로 개인사업자는 신속하게 사업 경영을 할 수 있지만, 사업자로서의 영속성과 성장에 한계가 있어 자금조달 등 성장에 제약이 있는 편이다.

개인은 설립이 쉽고 자유로우며 폐업절차도 비교적 간편하다. 그러나 법인은 최소 자본금제도가 없어졌다고 하더라도 개인사업자에 비하여 비용이 많이 들고, 그 청산과정이 복잡한 것이 사실이다.

특히 법인의 자금을 가져가려면 아무리 대표이사라도 일정한 소득처리를 해야 한다. 이를 어기고 자금을 인출하면 개인 및 법인에게는 인정상여라는 이중 소득처분이 되므로 주의해야 한다.

개인사업자는 사업용 통장에 들어온 돈을 자유롭게 쓸 수 있으며, 그 소득을 다음해 5월 종합소득세 신고납부 한다. 반면, 법인사업자는 사업이익이 발생하면 그

개인사업자와 법인사업자 비교

구분	개인사업자	법인사업자
세율	소득세율(6~38%)	법인세율(10~22%)
과세구분	매년 5월 1일~31일 종합소득세 신고	사업연도 종료 후 3개월 법인세 신고(일반적으로 3월말)
부가세신고	1월, 7월 연 2회(간이과세자 1회)	1월, 4월, 7월, 11월 연 4회
대표자급여	비용처리안됨	비용인정(급여, 상여, 퇴직금) → 단, 보수규정을 갖추어야 함.
부동산양도	양도소득으로 별도과세 단기 양도세는 특별세율 적용	유형자산처분이익으로 법인세 과세 → 단 1년미만 양도시 세율 동일 주택, 비사업용토지 등(10% 가산)
세후 이익의 처분	자유롭게 사용	급여/배당/주식처분 등으로 이전
자금대여 및 인출시	자유롭게 인출	상법상 절차를 거쳐 대여 인정이자 익금산입 지급이자 손금불산입
설립 및 청산	비교적 간편	최소자본금은 없으나 설립비용이 들고 청산절차가 복잡
운영상	의사결정이 신속 자금조달에는 한계	자금조달 용이, 대외공신역 있으나 법상 규제 많고 의사결정 시간소요

자료 : 비즈엔택스(www.bizntax.com)

에 대한 법인세를 납부하고 그 잉여금에 대해서는 배당소득세를 납부하고 개인에게 처분할 수 있다.

즉, 개인은 사업으로 자기 주머니에 들어온 소득에는 무조건 소득세를 납부하고 남은 돈이 자기 순이익 되지만, 법인을 운영하면 개인은 급여형태로 소득을 가져가고 발생한 이익에 대하여는 배당소득 등으로 분산하여 소득을 가져갈 수 있는 장점이 있는 것이다.

또한 개인사업자는 폐업을 하더라도 퇴직금을 가져갈 수 없지만, 법인을 운영할 경우 대표이사도 법인에서 퇴직금을 받을 수 있기 때문에 상대적으로 세율이 낮은 퇴직소득세를 소득분산에 이용할 수 있다. 단, 이 때 세법에서 인정하는 적정한 임원퇴직금규정을 마련해 놓아야 한다.

그 밖에도 법인사업자는 사업과 관련된 차입금 이자를 손금에 산입하여 과세소득에 반영할 수 있다.

세무전문가들은 "법인으로 전환하기 전에 세금뿐만 아니라 앞으로의 사업계획, 투자규모, 기장능력, 업종별 특성 등을 종합적으로 고려해야 한다"고 조언했다.

출처 : 창업경영신문 2015.5.25.

쉬어가기

상장회사의 조건 및 폐지 조건

상장회사가 되려면 우선 상장회사의 말뜻을 알아야한다. 예컨대 시골 사는 사람이 서울 올라가는 것을 올라갈 上, 서울 京, '상경(上京)'이라고 말하듯이 상장(上場)이란 말하자면 주식회사의 주식이 서울 올라가는 것을 의미한다. 여기서 '장'은 시장, 즉, 서울에 있는 증권거래소를 뜻한다. 다시 말해서 '상장'이란 주식회사가 발행한 주식 또는 채권이 우리나라의 유일한 공개매매시장인 증권거래소 시장에서 사고 팔릴 수 있도록 그 자격을 부여한다는 뜻이다. 이러한 자격을 부여받은 주식회사를 상장기업 또는 상장회사라고 부르고 그 주식을 상장종목이라고 한다.

상장회사가 되기 위해서는 증권관리위원회의 승인을 받아야 하는데 승인을 받는데 필요한 자격요건은 '유가증권 상장규정'에 명시되어 있다. 그 주요 내용은 회사 설립 후 일정기간이 지나야 하고 일정한 자본금 규모와 매출실적 및 수익성과 재무건전성을 갖추어야 한다는 것이다. 그 취지는 내용이 좋은 기업들의 주식만이 증권거래소에서 거래되도록 함으로써 부도로 말미암아 투자자들이 피해를 입는 일을 최소화하겠다는 것이다.

구체적으로 상장요건을 살펴보면 우선 회사 설립 후 5년이 경과해야 하며, 주식발행해서 모은 돈, 즉, 자본금이 30억 원 이상이고 여기에 사업해서 번 이익을 적립해 둔 것을 보탠 자기자본이 50억 원 이상이어야 하며 발행주식수는 30만주 이상이어야 한다. 또한 최근 3년 동안의 매출액이 평균 150억 원 이상이어야 하고 최근 사업연도의 매출액이 200억 원 이상이어야 한다. 아울러 최근 사업연도 말 현재 부채비율이 동업종 평균부채비율의 1.5배 미만이어야 하고 자본잠식상태가 아니어야 한다. 그 외에도 최근 3년 동안에 일정수준 이상의 이익을 낸 실적이 있어야 하고 한 주당 자산가치와 수익가치가 액면가의 일정배수 이상이어야 한다는 것 등의 요건이 있다.

그런데 이러한 요건을 충분히 갖추고도 남을 정도로 기업내용이 좋더라도 주식이 여러 사람에게 분산되어 있지 않으면 상장자격이 주어지지 않는다. 왜냐하면 유통되는 물량 자체가 작아서 거래가 원활해 질 수 없고 따라서 주식이 제대로 상품성을 갖지 못하게 되기 때문이다. 그러므로 일정수준 이상의 주식분산요건을 갖추어야 하는데 이러한 조건을 갖추는 것을 기업공개라고 한다. 상장의 전제조건이라고 할 수 있는 기업공개는 상장신청일전 1년 이내에 주식을 공개적으로 팔아서 자본을 조달한 실적을 기준에 맞게 갖추는 것을 말한다. 그 기준은 주식을 공개적으로 모집 또는 매출한 부분이 전체에서 30% 이상을 차지해야 하는 것으로 다시 말해서 최대주주의 지분이 70% 미만이어야 한다는 것이다. 비율로 따져 30%가 안되더라도 천만 주 이상을 공개적으로 신규 모집하거나 매출했다면 최소 분산요건을 갖춘 것으로 간주된다. 그러나 이 경우에도 최소한 총주식의

10% 이상은 되어야 한다. 따라서 천만 주 이상 공개적으로 팔지 못했을 경우, 말하자면 상장회사가 되는데 필요한 최대주주의 지분은 69.9%가 상한선인 셈이다.

이제 이러한 자격요건을 증명하는 증빙서류를 제출한 후 심사를 거쳐 상장회사가 되었더라도 최소한 1년 동안은 2부 종목으로 거래되도록 되어 있다. 보다 강화된 요건을 충족시켜야 1부 종목이 될 수 있는데 1부 종목이 되는데 있어 가장 중요한 요건은 주식의 분산요건이다. 만일 최대주주가 회사를 공개한 후 상장시켰을 때 69.9%의 지분을 가지고 있었다면 1부종목이 되기 위해서는 지분을 51%이하로 낮추어야 한다. 그리고 자본금도 30억이 아니라 이제 50억원 이상이어야 하고 일정한 기준 이상의 배당실적과 재무구조 건전성 기준 등을 갖추어야 한다.

상장회사가 상대적으로 한국을 대표하는 우량기업들로 구성된 것은 사실이지만 상장회사라고 해도 부도가 나서 관리대상종목이 되었다가 유예기간이 경과한 회사들, 영업인가가 취소된 금융기관들, 합병으로 인해 없어진 기업들처럼 액면 가액 일정 비율 미달로 인하여 관리종목으로 지정된 후, 90일(매매일)기간 경과 동안 주가가 다음 요건 중 하나라도 충족하지 아니하는 경우 상장폐지가 된다.

1. 액면가액 30% 이상('04.7.1부터 40%)인 상태가 10일 이상 계속될 것
2. 액면가액 30% 이상('04.7.1부터 40%)인 일수가 30일 이상일 것

물론 이전에 관리종목으로 지정하여 투자자에게 유의하라고 알려준다.
관리종목 지정 전 공시를 통해 관리종목지정을 알리며 그 요인이 해소가 되지 않을시 관리종목으로 지정하게 된다.
관리종목 지정 후 위에서 언급한 부분의 요인이 계속 발생하게 되면 그 전에 상장폐지 예고 공지를 알리며 그 후에도 해소가 되지 않으면 상장폐지 절차를 거치게 된다.

이때 거래를 정지시키며 폐지를 위해 정리매매기간을 정해 그 기간 동안 거래를 재개하여 정리 할 수 있는 시간을 준 뒤에 바로 상장폐지 시킨다.

상장요건	일반기업	벤처기업
설립후 경과연수	3년 이상 ※ 건설업의 경우 5년 이상, 건설공사 시공능력평가액이 3백억원 이상일 것	-
자기자본	30억원 이상	15억원 이상
자기가본 이익률 (ROE)	최근 사업연도말 현재 ROE, 10% 이상 또는 최근사업연도 당기순이익이 20억원 이상일 것	ROE 5%, 이상 또는 당기순이익이 10억원 이상일 것, 성장형 벤처인 경우 적용 베제
경영성과	최근 사업연도 법인세차감전계속사업이익 실현, 성장형벤처인 경우 적용 배제	
자본상태 감사의견	최근 사업연도말 자본잠식이 없을 것 최근사업연도 감사의견 적정	
주식 분산 기준	〈공모상장〉 • 상장예비심사 후 상장신청일까지 모집 또는 매출한 주식의 총수가 상장신청일 현재 발행주식총수를 기준으로 다음에 해당하고 소액수수의 수가 500인 이상일 것. - 상장예비심사청구일 현재 소액주주가 소유하고 있는 주식의 총수가 발행주식총수의 100분의 30미만인 경우에는 모집 또한 매출한 주식의 총수가 100분의 20 이상일 것. 이 경우 상장신청일 현재 소액주주가 소유하고 있는 주식의 총수는 100분의 30 이상이어야 함. - 상장예비심사청구일 현재 소액주주가 소유하고 있는 주식의 총수가 발행주식총수의 100분의 30 이상(모집만으로 이루어진 경우를 제외)인 경우에는 모집 또는 매출한 주식의 총수가 100분의 10 이상일 것 ※ 우리사주조합은 소액주주 1인으로 봄	

주식 분산 기준	• 상장신청일 현재 소액주주의 수가 500인 이상이고 상장예비심사 후 상장신청일까지 모집 또는 매출한 주식의 총수가 상장신청일 현재 발행주식총수의 100분의 10 이상으로서 상장예비심사청구 일 현재 자기자본을 기분으로 다음의 1에 해당할 것. - 자기자본 5백억원 이상 1천억원 미만인 법인 : 1백만주 이상 - 자기자본 1천억원 이상 2천5백억원 미만인 법인 : 2백만주 이상 - 자기자본 2천5백억원 이상인 법인 : 5백만주 이상 ※ 우리사주조합은 소액 주주 1인으로 봄 〈직상장〉 • 상장예비심사청구일 현재 소액주주(우리사주조합원은 제외한다) 의 수가 5백인 이상이고, 그 소액주주가 모집에 의해 소유하고 있 는 주식의 총수가 발행주식총수의 100분의 30 이상이거나, 100분 의 10 이상으로서 상장예비심사청구일 현재 자기자본을 기준으로 나목에서 규정하는 자기자본에 따른 분산요건을 충족할 것. ※ 주금납입일을 기준으로 상장예비심사청구일전 6일이내에 모집 또는 매출을 한 경우 소액주주의 수 및 당해 주주의 소유주식수 산정시 당해 모집 또는 매출준을 제외.
국내외 동시공모	• 국내외 동시공모하는 법인으로서 국내외 동시공모한 주식의 총수 가 상장신청일 현재 발행 주식 총수의 100분의 20이상미면서 국 내에서 모집 또는 매출한 주식의 총수가 30만주 이상일 것. - 이 경우 상장신청일 현재 소액주주의 수가 500인 이상일 것. ※ 국내에서 모집 또는 매출한 주식을 기준으로 하며, 우리사주조합 은 소액주주 2인으로 봄
자본금 변경	• 잉여금의 자본전입(무상증자) 상장예비심사청구일전 1년 이내에 임여금을 자본에 전입한 경우 당해 자본전입총액이 상장예비심사청구일부터 2년전의 날이 속 하는 사업연도말(이 날 이후 설립된 법인의 경우에는 설립일로 한 다)현재 자본금의 100분의 100 이하이고, 자본전입(자본금 변경의 효력발생일을 기준으로 한다) 후의 자본금에 대한 자기자본의 비 물이 100분의 200 이상

자본금 변경	• 유상증자등 상장예비심사청구일전 1년 이내에 이루어진 유상증자(전환사채, 신주인수권부사채와 신주인수권의 권리행사 및 합병으로 증가한 자본금을 포함한다)금액과 상장예비심사청구일까지 행사되지 아니한 전환권 및 신주인수권의 행사로 인하여 증가될 자본금의 합계액(모집*으로 인한 자본금의 증가액은 제외한다)이 상장예비심사청구일부터 2년전의 날이 속하는 사업연도말 현재 자본금의 100분의 100이하일 것. ※ 한도초과분을 1년간 보호예수하는 경우 요건충족으로 인정 거래도가 지정하는 해외증권시장에 상장할 목적으로 당해 외국증권에 따라 주권 또는 주식예탁 증서를 공모하기 위하여 신주들 발행한 경우들 포함
주식의 양도	정관 등에 주식양도의 제한이 없을 것. ※ 다만, 다른 법령에 의하여 제한되는 경우로서 그 제한이 코스닥시장에서의 매매거래를 저해하지 아니한다고 인정되는 경우에는 제외
최대주주의 변경제한	상장예비심사청구일부터 1년 전의 날 현재 최대주주가 상장예비심사청구일 전 1년 이내에 변경이 없을 것. ※ 예외 : 정부 및 예금보협공사의 소유주식 매각으로 인한 경우, 상속 또는 유증으로 인한 경우로서 최대주주의 변경이 기업경영의 계속성을 저해하지 아니한다고 거래소가 인정하는 경우 변경 허용
액면가액	100원, 200원, 500원, 1,000원 2,500원, 5,000원 중의 하나일 것
합병 등	합병, 분할 또는 분할합병(물적분할에 의한 분할 또는 분할합병을 포함한다), 증권거래법 제190조의2제2항에서 규정하는 중요한 영업의 양수 또는 양도를 한 경우에는 당해 합병 등의 기일이 속한 사업연도의 결산재무제표가 확정되었을 것. ※ 다만, 합병 등의 기일부터 당해 사업연도말까지의 기간이 3월 미만인 경우에는 다음 사업연도의 결산재무제표가 확정되어야 함.
소송 및 부도발생	회사경영에 중대한 영향을 미실 수 있는 소송 등의 분쟁사건이 없고, 부도가 발생한 사실이 있었던 경우에는 상장예비심사청구일부터 6월전에 그 사유가 해소되었을 것.

명의개서 대행위탁	상장예비심사청구일 현재 증권거래법 제180조의 규정에 의한 명의개서대행회상와 명의개서대행계약을 체결하고 있을 것. ※ 다만, 은행법에 의한 금융기관은 제외
통일규격 유가증권	주권은 증권예탁결제원이 증권거래법 제176조의2의 규정에 의하며 정하는 유가증권취급규정에 따른 유가증권 일 것.
	주권은 증권예탁결제원이 증권거래법 제 176조의2의 규정에 의하여 정하는 유가증권취급규정에 따른 유가증권 일 것.
사외이사	증권거래법 제54조의5 또는 제191조의16에서 정하는 사외이사요건을 충족할 것(일반기업과 최근사업연도말 현재 자산총액 1천억원 이상인 벤처기업만 해당)

당해 법인이 다음에 해당한다고 거래소가 인정하는 사유가 없어야 한다.

구분	내용
1. 상장서류의 진 실여부	상장예비심사청구서 및 첨부서류의 내용 중 허위의 기재 또는 표시가 있거나 중요한 사항이 기재 또는 표시되지 아니한 경우
2. 재무적 안정성	부채비율, 유동비율, 당좌비율, 차입금의존도 또는 금융비용부담률 등이 동업게 평균비율보다 불량한 기업으로서 차입금의 구성비율, 자금운용계획 등을 감안할 때 재무적 안정성이 현저히 낮다고 판단되는 경우
3. 벤처 금융 상장 주선사 주식취 득 여부	벤처금융의 임원 직원이 누구의 명의로 하든지 자기의 계산으로 당해 상장예정벤처기업의 주식등에 투자한 사실이 있거나 상장주선인의 상장업무관련 임원직원이 누구의 명의로 하든지 자기의 계산으로 상장예정법인의 주식등에 투자한 사실이 있는 경우. 다만, 모집 또는 매출에 의하여 당해 주식등을 취득한 경우, 상속·유증 등 불가피한 사유로 취득한 경우 및 당해 주식등을 처분한 후 1년 이상 경과하는 경우에는 제외

4. 적정공시조직 구비여부 등	외부감사인이 작성하는 감사보고서 등 회사경영과 관련된 주요자료가 주주에게 적법하게 공시되지 않거나 재무상태 경영실적 특수관계인에 관한 중요사합 등을 적시에 공시할 수 있는 관리조직이 구비되지 않은 경우
5. 최대주주등의 소유주식비율 변동 등	상장예비심사청구일 전 1년 이내에, 최대주주등의 소유주식 비율 변동으로 인하여 기업경영의 안정성이 저해되거나제3자 배정에 의한 신주발행 등으로 부당하게 주주이익이 침해되는 경우 또는 상장예비 심사 청구 후 상장 신청일까지의 매출로 인하여 기업경영의 안정성 등이 저해되는 경우
6. 관계법령 위반 여부 등	관련법령의 위반으로 정상적인 영업활동이 어려운 경우, 관계회사의 부도발생 또는 부도발생 가능성으로 당해 법인의 재무상황에 중대한 위해요인이 있을 경우, 업종의 특성 등 그밖에 투자자보호를 위하여 코스닥시장 상장이 현저하게 부적합한 사유가 있는 경우

※ 거래소는 위의 상장요건들 심사합에 있어 다음 표의 심사항목을 반영할 수 있음.

[질적요건 심사항목]

구분	내 용	세부 심사 항목
시장성	시장의 규모 및 성장 잠재력 시장 경쟁상황	주력시장 등의 규모 주력시장 등의 성장률 주력시장의 경쟁정도 매출의 지속 여부
수익성	비용의 우위성 매출의 우량도	매출 및 이익규모 주력제품의 원가율 및 수익구조
재무상태	재무 성장성 재무 안정성 재무자료의 신뢰성	우발채무 위험도 주요 재무비율의 악화여부 매출채권 및 재고자산의 건전성 영업활동으로 인한 현금흐름이 양호할 것 차입금 상환계획의 적정성

기술성	기술의 완성도 기술의 경쟁우위도 기술인력의 수준 기술의 사용화 경쟁력	핵심기술 및 지적재산권의 보유 여부 핵심기술인력의 고용안정 여부
경영성	경영진의 자질 인력 및 조직경쟁력 경영의 투명성 경영의 독립성	경영진의 불법행위 여부 이해관계자 거래의 적정성 내부통제구조의 적정성 지배구조의 독립성 관계회사의 경영성과에 의한 부실 화 가능성 안정적인 경영권 확보 여부

구분	매각제한기간
1. 최대주주 등	- 상장후 1년간 ※ 상장후 6개월후부터 매1월마다 보유주식의 5%이내에서 매각허용 - 상장청구전 1년간 제3자 배정으로 신주를 취득(제3자배정으로 발행된 CB?BW 및 신주인수권의 권리 행사로 인해 발행되는 신주를 취득하는 경우를 포합)한 자와 최대주주등으로부터 주식을 양수한 자에게도 적용됨
2. 벤처기업에 투자한 벤처금융	- 상장후 1월간 ※ 한도 및 기간 1. 한도 : 상장신청일 현재 자본금 10% 한도까지 2. 기간 : 투자기간 2년 미만(예비심사청구일 기준)일 경우 ※ 성장형 벤처기업으로서 상장규정시행세칙 제7조제2항에 해당하는 지정법인(프리보드법인)의 경우는 적용 제외

3. 벤처기업에투자 한 기관투자자	- 상장후 1월간(모집, 매출에 의한 취득주식 제외) ※ 한도 및 기간 1. 한도 : 상장신청일 현재 자본금의 10% 한도까지 2. 기간 : 투자기간 1년 이내(예비심사청구일 기준)일 경우 ※ 성장형 벤처기업으로서 상장규정시행세칙 제7조제2항에 해 당하는 지정법인(프리보드법인)의 경우 적용 제외
4. 유상증자제한 초과분 보유자	- 상장후 1년간(단, 100주 미만의 주식 등은 제외)

4. 사업자 등록 후 의무신고 사항

사업자 등록이 끝나면 법적으로 시작할 수 있는 절차가 완료되나 기타 행정절차를 요하는 경우에는 신고를 하여야 한다. 등기소를 비롯하여 노동부 지방사무소, 의료보험조합 등에 등기 또는 의무신고 할 사항이 있다.

(1) 근로자 명부와 임금대장

근로기준법 규정에 의하여 상시근로자가 5인 이상인 경우 근로자명부와 임금대장을 작성하여야 한다. 사업자는 근로기준법 시행규칙에서 정하는 서식에 각 사업장별로 근로자의 성명, 생년월일, 이력 등을 기재한 근로자 명부을 작성하여 보존하여야 한다.(단. 사용자가 근로기준법 제41조 소정의 근로자 명부 작성의무를 위반한 경우에는 500만원 이하의 과태료가 과해진다.)

⭐ 근로자 명부

연번	성 명	주민등록번호	주 소	연락처	직책	입사일	퇴사일	비고

(2) 사회보험

사회보험제도는 국민에게 발생한 사회적 위험을 보험방식에 의하여 대처함으로써 국민의 건강과 소득을 보장하는 제도이다.

여기서 사회적 위험이란 질병, 장애, 노령, 실업, 사망 등을 의미한다. 이러한 사회적 위험은 사회구성원 본인은 물론 부양가족의 경제생활을 불안하게 하는 요인이 된다. 따라서 사회보험제도는 사회적 위험을 예상하고 이에 대처함으로써 국민의 경제생활을 보장하려는 소득보장제도인 것이다.

① 국민연금

정부가 직접 운영하는 공적 연금 제도로, 국민 개개인이 소득 활동을 할 때 납부한 보험료를 기반으로 하여 나이가 들거나, 갑작스런 사고나 질병으로 사망 또는 장애를 입어 소득활동이 중단된 경우 본인이나 유족에게 연금을 지급함으로써 기본 생활을 유지할 수 있도록 하는 연금제도를 말한다.

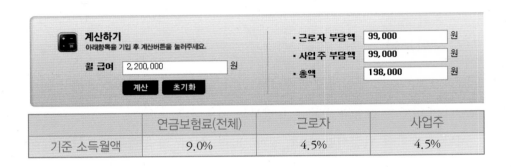

	연금보험료(전체)	근로자	사업주
기준 소득월액	9.0%	4.5%	4.5%

② 건강보험

건강보험은 국민의 질병·부상에 대한 예방, 진단, 치료, 재활과 출산·사망 및 건강증진에 대하여 보험서비스를 제공하여 국민건강을 증진시키기 위한 사회보장제도이다. 국민들이 매월 보험료를 내면 그것을 차곡차곡 쌓아두었다가 질병 등 치료할 일이 생겼을 때 진료비의 일부분을 납부해 주는 것이다.

건강보험료 및 장기요양보험료		보험료율	근로자	사업주
건강보험료	보수월액	6.07%	3.035%	3.035%
장기요양보험료	건강보험료	6.55%	가입자 부담 50%	사업주 부담 50%

* 예) 보수월액이 991,600원일 때, 계산방법
  건강보험료 : 991,600(보수월액) × 6.07%(건강보험료율) = 부담금 30,090원, 사업주 부담금 30,090원
  장기요양보험료 : 60,180원(건강보험료) × 6.55%(장기요양보험료율) = 가입자 부담금 1,970원, 사업
  자 부담금 1,970원

❸ 고용보험

근로자가 실직한 경우에 생활안정을 위하여 일정기간 동안 급여를 지급하는 실업급여사업과 함께 구직자에 대한 직업능력개발·향상 및 적극적인 취업알선을 통한 재취업의 촉진과 실업예방을 위하여 고용안정사업 및 직업능력개발사업 등의 실시를 목적으로 하는 사회보험의 하나이다.

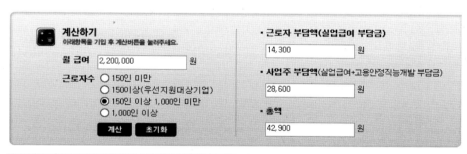

구 분		근로자	사업주
실업급여(2013. 7. 1 기준)		0.65%	0.65%
고용안정, 직업능력 개발사업	150인 미만기업	–	0.25%
	150이상(우선지원대상기업)	–	0.45%
	150인 이상 1,000인 미만 기업	–	0.65%
	1,000인 이상기업, 국가 지방자치단체	–	0.85%

* 우선지원대상기업이란?
  제조업 500인 이하/광업 300인 이하/건설업 300인 이하/운수, 창고, 통신업 300인 이하/기타 100인 이하

④ 산재보험

공업화가 진전되면서 급격히 증가하는 산업 재해 근로자를 보호하기 위하여 1964년에 도입된 우리나라 최초의 사회보험제도. 산재보험은 산재근로자와 그 가족의 생활을 보장하기 위하여 국가가 책임을 지는 의무보험으로 원래 사용자의 근로기준법상 재해보상책임을 보장하기 위하여 국가가 사업주로부터 소정의 보험료를 징수하여 그 기금(재원)으로 사업주를 대신하여 산재근로자에게 보상을 해주는 제도이다.

대분류	보험료율
1. 광업	6.9~34%
2. 제조업	0.7~4.6%
3. 전기가스 · 상수도업	1.0%
4. 건설업	3.8%
5. 운수 · 창고 · 통신업	0.8~6.9%
6. 임업	8.9%
7. 어업	2.5~16.2%
8. 농업	2.7%
9. 기타의 산업	0.7~3.2%
10. 금융 및 보험업	0.7%

 4대보험 비교

구분	국민연금보험	건강보험	고용보험	산재보험
성격	복지보험		노동보험	
소관부처	보건복지부		고용노동부	
자격관리	국민연금관리공단	건강보험공단	근로복지공단/고용센터(고용노동부)	
보험료 징수	통합 징수에 따라 건강보험공단에서 수행			
가입대상 — 연령	18세 이상 60세 미만	제한 없음	근로기준법에 의한 모든 근로자	
가입대상 — 제외	• 타공적연금 가입자/수급자 • 1개월 미만 일용근로자, 월60시간 미만 단시간 근로자	• 유공자등 의료보호 대상자(선택) • 의료급여 수급자 • 1개월 미만 일용근로자, 월60시간 미만 단시간 근로자	• 1개월 60시간(주15시간) 미만 (단, 생업을 목적으로 3개월 이상 근로 제공시 제외) • 타연금 가입자, 외국인 사용자	• 타연금 가입자
가입대상 — 사용자	근로소득이 발생하는 경우(개인사업자·무보수 이사 제외)		가입 불가	
가입대상 — 외국인	우리 나라에 거주하는 외국인은 내국인과 동일하게 가입대상	출입국관리법에 따른 외국인 등록을 하였거나 국내 거소 신고를 한 재외동포는 가입대상	원적적으로 적용 제외이나 일부 체류자격(교수, 연구, 전문자격)에 한하여 가입대상	내외국인 불문하고 근로기준법상 근로자에 해당하면 가입 대상
소득상한선(월)	398만원	7,810만원	없음	
보험요율	기준월 소득액의 9% → 사용자와 근로자가 1/2씩 부담	보수 월액의 5.99% (건강보험료) 건강보험료의 6.55% (요양보험료) → 사용자와 근로자가 1/2씩 부담	사업장 근로자 전체의 개인별 원평균 보수의 전체 합계액 × 보험료율 → 실업급여는 1.3%(사용자와 근로자가 1/2씩 부담) → 고용안정·직업능력개발사업 및 산재보험료는 규모 또는 사업종류에 따라 보험요율이 다르며 이는 사용자만 부담함.	
신고/납부 마감	매월 15일 신고 마감 후 다음달 10일까지 납부			
소득 (적용기간)	• 전년도 소득을 기준으로 연1회 정기결정 • 개인사업장 사용자 및 근로소득 미확인자는 5월 소득총액 신고 안내 • 적용기간 : 당해 7월~익년 6월	• 매년 2월 전년도 보수총액 신고(보험료 정산), 급여 변동시 또는 퇴직시 보추총액신고 • 적용기간 : 당해 1월 ~ 당해 12월	• 매년 2월말까지 신고하여 전년도 보험료 정산 및 당해연도 보험료 결정(자진신고/납부 원칙, 국세청 자료 등을 통해 확인 및 정산)	

사회보험은 사회의 연대성과 강제성이 적용되며, 민간보험과는 다른 주요한 특성을 다음과 같이 갖고 있다.

구 분	사회 보험	민간 보험
제도의 목적	최저생계 또는 의료보장	개인적 필요에 따른 보장
보험가입	강제	임의
부양성	국가 또는 사회부양성	없음
수급권	법적 수급권	계약적 수급권
독점/경쟁	정부 및 공공기관의 독점	자유경쟁
공동부담여부	공동부담의 원칙	본인부담위주
재원부담	능력비례부담	개인의 선택
보험료 부담방식	주로 정율제	주로 소득정율제
보험료 수준	위험율 상당 이하 요율	경험율
보험자의 위험 선택	불필요	필요
급여 수준	균등급여	기여비례
인플레이션 대책	가능	취약
보험사고대상	인보험	인, 物보험
성격	집단보험	개별보험

(3) 신고방법

4대보험 신고방법

🖱 EDI(Electronic Data Interchange) 신고

① 사회보험EDI 홈페이지(www.bips.co.kr)에서 가입신청

• 왼쪽 로그인 아래 "EDI 서비스 가입"

② 공단확인을 통해 (주)KT에서 사업장에 E · mail로 가입통보

③ 사회보험 EDI 홈페이지(www.bips.co.kr)에서 프로그램 다운받아 설치

- 홈페이지 좌측 "통합 EDI 설치" → 설치 후 비탕화면에 EDI 아이 콘 표출됨

④ Log-in 후 환경설정, 보안인증서를 설치하여 사용

⑤ 서비스이용 가능업무

- 4대 사회보험 신고업무(사업장가입자자격취득 · 상실 · 내용변경 신고, 사업장내용변경 · 탈퇴신고, 건강보험 퇴직시 보수총액통 보서 등)
- 국민연금 고유 신고업무, 정보자료발급 신청업무, 통지업무 등

★ 9인 이하사입장 이용요금 무료

(10인 이상사업장도 매월 20일경 보험료고지내역 확인은 무료)

🖱 인터넷 신고

① 인터넷 4대보험 포털사이트 접속 → www.4insure.or.kr

② 포털사이트 회원 가입 → ID/Password 발급

③ 회원 Log-in 및 공인인증서 확인

④ 「민원신청」 선택 → 민원서비스 이용

- 4대사회보험 신고가능업무(사업장의 신규가입 · 내용변경 · 탈퇴 신고, 사업장가입자의 가입 · 내용변경 · 상실신고, 건강보험 피부 양자취득 · 상실 신고 등 보험별 고유업무 일부)

⑤ 「민원처리현황」 조회 → 신고내역 조회 및 처리결과 조회

⑥ 4대사회보험관련 홈페이지의 단일 로그인에 의한 연계 서비스

사업장 가입 신고

- 가입 대상 : 근로자가 1인 이상 있는 모든 사업장
- 신고 서식(증빙자료 필요한 경우 있음, 이하 동일)
① 당연적용사업장 해당신고서 1부(4대보험공통신고서)
② 사업장가입자 자격취득신고서 1부(4대보험공통신고서)

근로자의 자격 취득 자격 상실 신고

🖱 **가입제외자**
- 국민연금 : 18세 미만, 60세 이상, 기초수급자, 타공적연금가입자(공무원, 군인, 사립학교교직원, 별정우체국직원), 타공적연금 수령자, 1월 미만 또는 월 60시간 미만 근로자
- 건강보험 : 연령제한없음, 의료급여수급자, 유공자 등 의료보호대상자, 1월 미만 또는 월 60시간 미만 근로자
- 고용보험 : 월 60시간 미만 근로자, 공무원, 사립학교연금가입자

🖱 **자격취득일** : 사업장 가입일, 입사일(공통)
- 국민연금 : 만 18세, 기초수급해지일
- 건강보험 : 유공자등의료보호대상 제외일, 의료급여수급자 제외일
★ 국민연금 취득신고시 취득월 납부 희망/미희망 여부 반드시 기재

🖱 **자격상실일** : 퇴사 · 사망일의 다음날(공통)
- 국민연금 : 60세 생일, 국적상실/국외이주 다음날, 기초수급지정일, 타공적연금 취득일

- 건강보험 : 국적상실 다음날, 의료급여수급자지정일, 유공자등 의료보호대상자가 건강보험적용 배제신청한 날

★ 고용보험 상실사유는 정확하게 반드시 기재
(실업급여 지급에 영향)

🖱 신고 서식(외국인도 동일 신고서에 작성)
- 사업장가입자 자격취득(상실)신고서 1부(4대보험공통신고서) (피부양자 있는 경우 '직장가입자자격취득신고서' 함께 제출)

사업장 내용 변경(정정)

🖱 **신고 사항** : 사업장명칭, 주소, 전화번호, 사용자 등 변경(정정)
🖱 **신고 서식**
- 사업장내용변경신고서 1부(4 대보험공통신고서)

🖱 **유의사항**
- 법인의 대표자 상실신고시 사업장내용변경신고서와 새로운 대표자 취득신고서를 함께 제출
- 개인사입장 사용자 변경 : 내용변경 불가(**탈퇴 후 신규가입**)
  * 상속의 경우 가능(국민), 양도양수 경우 가능(건강)
- 개인사업장 ↔ 법인사업장 : 내용변경 불가(**탈퇴 후 신규가입**)

사업장이 휴업 · 폐업했을 때

🖱 **탈퇴사유** : 폐업, 합병, 통합, 사업종료(4대보험 공통)

휴업, 근로자수가 '0'인 경우(국민, 건강만 해당)

근로자 없이 1년 경과(고용만 해당)

🖱 신고 서식 : 사업장 탈퇴신고서 1부(4대보험공통신고서)

사업장 가입자 자격상실신고서 1부(4대보험공통신고서)

사업자 내용 변경(정정)

🖱 신고 사항

- **4대보험공통사항** : 성명, 주민등록번호(4대보험 공통)
- **고유사항** : 취득일(상실일) 정정, 취득(상실)취소, 소득금액정정 등

🖱 신고 서식

- 사업장가입자 내용변경신고서(4대보험공통)
- 국민연금 사업장가입자 내용변경신고서(국민연금만)

🖱 유의사항

- 4대보험 공통사항(성명, 주민번호)은 4대보험 모두 처리가능하나 그 외 고유사항은 해당기관에 각각 신고하여 처리하여야 함
- 보수월액변경(급여인상/인하)은 건강/고용/산재보험만 신고

보험료 납부예외신청 · 재개신고(국민연금)

🖱 신청 사항 : 출산휴가, 육아휴직, 군입대, 병가 등으로 급여 지급 안 될 경우 보험료 납부가 예외됨(신청사항으로 의무사항 아님)

🖱 신고 서식

- 연금보험료 납부예외신청/재개신고서(휴직/복직)

★ 납부재개신고시 재개월 납부 회망/미희망 여부 반드시 기재

신고 기간(기한)

🖱 신고기한 : 매월 15일

- 15일 이전 신고 : 당월분 고지서에 반영

- 16일 이후 신고 : 다음달분 고지서에 반영

※ 당월분에 미반영된 건은 신고일이 속하는 달 고지서에

CHAPTER

04

창업
실무

창업
실무

01 창업 사업계획서

1. 의의와 필요성

창업 사업계획서는 개인 또는 법인의 형태로 신규 사업을 시작하고자 할 때 작성하는 서식양식이다. 특히 사업의 내용을 종합적으로 분석하고 발생할 수 있는 리스크를 사전에 점검하기 위해 작성하는 종합 실행 계획서라고 할 수 있다. 창업 준비과정을 한눈에 파악하기 위해 내부 용도로 활용하며 실제 창업으로 연결시키기 위해 정부기관, 은행 등은 지정된 서식에 따라 작성하며, 개인 투자 및 동업자를 위한 사업계획서는 자신이 구상하고 수립했던 내용이 목적에 부합되게 빠짐없이 기록해야 한다.

가장 쉽게 창업할 수 있는 프랜차이즈 창업에서부터 인터넷, IT, 제조 및 도소매 사업 등 전 업종에 관련하여 작성이 가능하며 제출 대상에 따라 자금

조달 및 운영계획을 중점으로 하는 내부관리용, 투자계획 및 상환계획을 중점으로 하는 은행용, 기술개발계획 및 매출계획을 중점으로 하는 보증기금용, 사업기대효과 및 환경계획을 중점으로 하는 지자체용, 사업성 분석 및 이익계획을 중점으로 하는 창업투자자용, 이익계획 및 투자회수계획을 중점으로 하는 개인투자자용, 지분계획을 중점으로 하는 동업자용으로 분류할 수 있다.

창업을 준비하는 예비 창업자들은 누구나 성공을 꿈꾸지만 노력과 열정의 결과물이란 사실을 창업 초기부터 쉽게 피부로 느끼지는 못한다. 따라서 창업 사업계획서를 작성할 때 가장 중요한 요소는 자신의 능력과 역량에 맞춘 계획과 타당성을 기초로 충분히 사업 여건에 대한 검토를 토대로 계획서를 작성해야 한다.

주관적인 사업구상이 아니라, 객관적이고 체계적으로 사업타당성을 검토할 수 있어야 하며, 창업에 필요한 제반요소를 점검하고 부족한 부분을 파악함으로써 효율적으로 창업과정을 수행하고, 창업 성공률을 높일수 있다.

2. 순서 및 작성요령

(1) 사업계획서 목적에 따라 기본방향을 설정해야한다.

추진 사업계획과 관련하여 일반적으로 포함되는 내용은 다음과 같다.

1 사업계획서 요약

2 회사개요

3 상품계획

4 산업분석 및 시장분석

⑤ 마케팅 계획

⑥ 생산 기술 및 시설계획

⑦ 재무계획

⑧ 사업추진 일정계획

(2) 자사 추진사업계획을 담을 자사만의 목차로 구성해야한다.

인터넷이나 다른 기업의 사업계획서 샘플을 통해 힌트를 얻을 수도 있다. 그러나 이것은 창업자가 추진하고자 하는 사업과 경영의 틀이 아니라는 것을 염두 해야 한다. 힌트를 얻으려면 동종 유사기업의 목차를 참고하는 것도 바람직하나, 참고만 하여야 한다. 중요한 것은 창업자의 추진 계획내용과 부합되는 큰 목차와 뼈대를 순서에 관계없이 일단 구상해야 한다.

(3) 목차의 우선순위를 고려하고 순서 배열을 해야한다.

확정된 목차를 논리전개 순서에 맞게 또는 계획추진의 성격, 내용의 중요성에 따라 그 목차배열 순서를 정한다.

(4) 최종 목차가 구성되면, 사업계획서 작성할 양식을 결정을 한다.

PPT 또는 한글로 필요와 최적에 따라 사업의 성격과 프리젠테이션 여부, 사업계획서 검토자가 누군인지 등을 고려하여 가장 적합한 양식형태를 선정한다.

아래한글 MS WORD등 한글문서로 작성했다 하더라도, 내,외부 사업설명 등의 발표가 있는 경우에는 별도 PPT 사업계획서 작성이 추가 필요할 수 있다.

(5) 창업자만의 특색있는 사업계획서 양식과 내용구성을 해야한다.

인터넷에 있는 문서양식을 상업적으로 취급하는 표준 사업계획서 양식 등은 크게 도움은 안된다. 타사의 사업계획서 양식에 창업자의 생각과 계획을 끼워 맞춰서는 안된다. 단지, 도움이 될 만한 항목들에 있다면 참고는 할 수 있다.

(6) 창업자의 고민과 계획수립 방안의 부분별 반영을 해야한다.

창업가의 중장기 비전, 무형적 추구가치, 기업 문화 등을 사업계획서에 반영한다. 구체적인 사업계획 전략과 기획을 부분별로 고민하여 수립하기에 가장 오랜 시간이 걸릴 수 있다.

(7) 일반 개요의 내용 구성 및 정리를 한다.

최종 회사의 개요, 연혁, 경영진, 주주관계 등 일반 현황 및 개요 부분등 일반적인 회사현황 등을 최종 정리한다.

사업계획서는 기술한 내용을 그림이나 도표, 이미지 등이 반드시 필요한 경우를 판단하고, 필요시 추가작업을 통해 해당내용을 부연설명 될 수 있도록 반영한다. 단 지나친 이미지 삽입이나 화려한 이미지 사용은 절제해야 함에 유의해야 한다.

외부 제출용인지 내부보관인지 그 용도와 목적, 제출처 등에 부합되도록 사업계획서 작성분량을 적절히 조정해야 한다.

여기서 중요한 것은 사업계획서 작성 전에 작성분량을 체크하는 것이 아니라, 사전 일정범위로 염두만 해둔 상황에서 작성을 해야한다. 사업계획서 초안을 두고 필요한 부분과 삭제할 부분, 요약할 부분 등 수정반복을 통해 최종 목적에 맞는 분량으로 재조정한다. 즉 페이지에 사전 우선 중점을 둔 것이 아닌 사업내용에 초점을 둔 사업계획서가 될 수 있어야 한다.

사업계획발표 순서 탁구공 뽑아
1번 신세계, 7번 HDC신라 결정

15년만에 찾아온 서울 시내면세점 특허(사업권)를 향한 치열한 경쟁이 본격화되고 있다.

4일 관세청 서울본부세관에서 열린 신규 면세점신청 사업자 설명회에는 서울과 제주지역 면세점 신청 업체 관계자 70~80명이 참석해 성황을 이뤘다.

관세청은 이미 제출된 신청 서류를 토대로 입찰 자격을 충족하는지 여부를 검토한 뒤 이달 10일까지 현장 실사를 벌여 면세점 입지와 주변 환경을 점검할 예정이다.

관세청 관계자는 현장 실사와 관련해 "(입지와 관련해) 새로운 점을 찾아내기보다는 제출한 사업계획서와 다른 점은 없는지 점검하는 것"이라며 "실사 시간은 업체에 따라 달라질 수 있다"고 말했다.

관세청은 이어 관계부처와 민간 전문가가 참여하는 특허 심사위원회를 꾸려 심사를 벌이겠다고 밝혔다.

평가 기준은 ▷관리역량 ▷지속가능성 및 재무건전성 등 경영능력 ▷

관광 인프라 등 주변 환경요소 ▷중소기업 제품 판매 실적 등 경제·사회 발전 공헌도 ▷기업이익 사회 환원 및 상생협력 노력 등이다.

마지막 절차인 업체들의 사업계획 발표(프리젠테이션)는 다음 달 진행된다. 정확한 발표 날짜는 1주일 전 업체에 통보된다.

발표 당일 모든 사업자의 프레젠테이션이 끝나면 심사위원회는 곧바로 토의를 거쳐 최종 사업자를 선정한다.

프레젠테이션 순서는 통상 업체끼리 조율하거나 종이에 숫자를 적은 간단한 제비뽑기로 결정했지만 이번에는 신청 사업자가 24곳에 달하는 만큼 '탁구공 뽑기'로 선정했다.

순번이 적힌 탁구공을 '뽑기통'에 넣고 업체마다 뽑게 한 것이다.

대기업군 사업계획 발표는 신세계디에프가 첫 테이프를 끊고 현대디에프와 한화갤러리아타임월드·SK네트웍스·이랜드·롯데면세점 순으로 진행된다. HDC신라면세점은 마지막인 7번으로 정해졌다.

중소·중견기업군은 중원면세점부터 시작해 서울면세점까지 14개 사업자가, 제주 면세점은 엔타스듀티프리부터 3개 사업자가 발표를 한다.

면세점 심사 기한은 신청일로부터 두 달 이내인 7월 말까지다. 관세청은 이르면7월 중순께 심사가 끝날 것으로 보고 있지만 신청 사업자가 많아 일정이 늦어질 가능성도 있다고 설명했다.

이날 설명회에서 관세청 측은 업체들의 과열 경쟁을 우려한 듯 "심사위원을 알아내려고 노력하지 말아 달라"고 당부하기도 했다.

실제로 관세청은 심사위원을 상대로 로비하다가 적발되면 불이익 당하는 것은 물론 로비 정도가 심할 경우 입찰방해 혐의로 해당 업체를 고발하기로 한 바 있다.

이날 설명회에 참석한 한 업체 관계자는 "이미 사업계획서를 제출한만큼 가장 중요한 과제는 끝낸 셈"이라며 "남은 과정도 최선을 다해 좋은 결과를 낼 수 있도록 노력할 것"이라고 말했다.

출처 : 헤럴드경제, 2015. 06.04

3. 사업계획서의 실효성

(1) 탄탄한 기반을 마련할 수 있다

벤처기업이나 중소기업의 법인설립 창업자본금이 2000만 원, 또는 5000만원인 점을 감안하면 자영업인 점포 창업자의 창업자금은 점포임차비용, 권리금, 인테리어비용, 초도상품비 등을 포함해 자본금이 1억원 이상 투여되는 경우가 허다해 중소기업 수준이 라고 할 수 있다. 따라서 예비창업자가 자신의 사업을 지속적으로 성장시키기 위해 구체화된 의지를 체계적으로 정리한 계획서를 준비해야 하는 것은 지극히 당연한 일이다. 어렵게 창업한 기업이나 점포가 부실해지고 실패로 끝나는 것도 사업계획서 없이 주먹구구식 창업에 기인하는 바가 크다고 볼 수 있다.

(2) 경비 절감의 효과를 노릴 수 있다

창업 준비과정에서 공사 일정이 지연된다거나, 창업시기에 맞추려고 무리하게 추진하는 과정에서 예산에 없는 비용이 드는 경우가 비일비재하다. 예를 들자면 시급한 공사기일로 인해 견적서 한 번 제대로 받아보지 못하고 물품구매가 이루어지는 경우나, 허가를 요하는 업종에 있어서는 급행료가 지출된다거나 하는 일이 다반사인 것이 우리의 창업현실이다. 이 점을 감안한다면 창업자는 사전에 생길 수 있는 모든 문제점을 파악하고 사업계획서를 작성해 순서에 의한 체계적인 창업을 추진할 필요성이 있다.

(3) 체계적인 사업 준비를 하는 데 유리하다

창업절차를 밟는 과정에서 계획사업의 효율적 추진을 위해 도움을 줄 배우자, 동업자, 금융기관, 일반고객 등에게 자신의 사업을 설명하고 홍보하는 과정이 필요한데, 이때는 구두로 하는 것 보다는 사업계획서가 훨씬 더 설득력을 발휘한다.

(4) 사업 성공 가능성을 높여준다

사업계획서를 작성하는 과정에서 창업가는 사업에 관한 여러 가지를 살펴보게 되며, 성공 가능성, 위험 부담, 시장 조건 등을 객관적으로 빠뜨리지 않고 살펴볼 수 있는 기회가 되므로 실패 위험을 줄일 수 있다.

(5) 점포 경영의 지침서다

기록이 없으면 처음 시작할 때 의도했던 목표나 예측을 잊어버리고 그때그때의 평가 기준에 의해 성과를 평가하게 돼, 결국 경영상의 차질을 빚게 되기도 한다. 사업계획서가 얼마나 양질인가에 따라 상품의 공급, 또는 수요 관련 거래처들에게 사업 목표, 경영 방침 등을 효과적으로 알릴 수 있으며, 창업자 자신의 인격이나 성품을 알릴 수 있는 수단이 된 다는 사실을 염두에 둬야 한다.

02 사업아이템 분석

1. 아이템 선정

창업에 관심을 갖는 대부분의 사람들은 과연 어떤 사업을 해야 하며, 어떤 비즈니스 모델을 구축해야 사업적으로 성공 할 수 있을지를 고민하게 된다.

창업에 대한 아이템 선정은 크게 두 가지로 나눌 수 있는데 하나는 자신이 생각했던 것을 사업에 연계하여 창업을 하는 것이고, 또 하나는 시장에 나온 업종을 분석하여 기존사업의 모방을 통한 창업을 진행하는 것이다.

신규창업이든 모방창업이든 중요한 것은 아이템선정의 기본원칙을 알아야 한다는 것이다. 창업자 스스로 판단하게 된다면, 긍정적 사고만을 갖고 있기에 실패에 대한 위험 부담을 느끼지 못하는 경우가 생기게 된다. 따라서 주변의 종사자가 있으며 면담을 하거나 인터넷, 매스컴 등을 이용하여 정보 수집을 하여야 한다. 제3자의 입장에서 객관적인 사업타당성 분석을 실시하여 최적의 사업아이템을 선정 하여야 한다.

① 성장가능성이 있는가?
② 경험이나 특징을 활용할 수 있는가?
③ 실패의 위험이 적은가?
④ 공장을 설립해야 하는지 아니면 아웃소싱이 가능한가 ?
⑤ 대기업이 참여하기 곤란한가 ?
⑥ 자기자본 규모에 적당한가 ?
⑦ 수요와 시장성이 충분한지 또는 1~2년 내에 수요가 형성될 수 있는가?
⑧ 투입비용에 대비하여 수익성은 높은가 ?
⑨ 일시적인 유행에 그치는 분야인가 ?

등 창업에 대한 기본원칙이 있어야한다, 중소 기업청에서는 창업할 업종을 선택하는 기준으로 다음과 같은 사항들을 제시하고 있다.

① 당신의 성격에 맞는 업종인가?
② 지금까지의 경험이나 지식을 살릴 수 있는 업종인가?

❸ 가족의 찬성과 협력을 얻을 수 있는 업종인가?

❹ 개업 시점에서 일정의 수익이 예상되는 업종인가, 장래성은 있는가?

❺ 고도의 기술이나 전문적인 지식이 필요로 하는가, 만일 그렇다면 배울 방법은 있는가?

❻ 경험이 없는 사람이 개업하기에 위험한 업종은 아닌가?

❼ 면허, 허가, 등록, 신고 등을 필요로 하는 업종은 아닌가, 법적 규제는 없는가, 만일 그렇다면 조건을 충족시킬 수 있는가?

❽ 개업에 어느 정도의 자금을 필요로 하는 업종인가, 그 조달은 가능한가?

자영업자 숫자로 본 업종 기상도

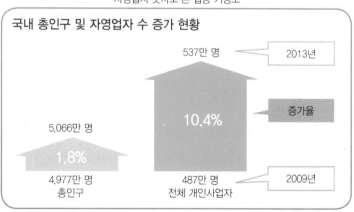

출처 : 동아일보

"회사 나가면 치킨집이나 차려 볼까 하고 평소 농담 삼아 말하곤 했는데, 현실이 됐네요." 경기 수원시의 한 아파트단지 상가에서 프랜차이즈 치킨집을 운영하는 최철한 씨(49)는 쓴웃음을 지으며 창업 동기를 설명했다. 경기 안산시 반월산업단지의 반도체 부품업체에 다니던 그는 2년 전 구조조정에 떠밀려 사표를 쓴 뒤 치킨집을 열었다. 최 씨는 "경쟁이 치열하다는 것도, 장사가 어렵다는 것도 알지만 이렇다 할 기술 없이 먹고살려면 선택의 여지가 없었다"고 말했다.

'치킨집'으로 대표되는 소규모 음식 자영업자의 폭발적 증가세는 통계에서 드러난다. 최근 4년간 늘어난 패스트푸드점(치킨, 피자, 햄버거 등 판매)만 전국에 9,444곳. 2009년보다 64.1%나 늘어난 것으로 주요 생활밀집업종 중 증가세가 가장 가팔랐다.

국세청은 27일 이런 내용을 포함한 최근 4년간 개인사업자 변동 현황 통계를 공개했다. 표본 사업자를 대상으로 관련 통계를 내는 통계청 조사와 달리 실제 세금 신고를 한 사업자들의 등록 현황을 토대로 작성한 전수조사다. 국세청에 따르면 지난해 말 기준 국내 전체 개인사업자는 537만 명으로 2009년(487만 명)보다 10.4% 증가했다. 같은 기간 총인구 증가율(1.8%)의 6배다. 슈퍼마켓 편의점 화장품가게 빵집 학원 세탁소 등 국세청이 선정한 30개 생활밀집업종의 자영업자는 지난해 133만 명으로 2009년보다 5.6% 늘었다.

■ 패스트푸드점-편의점 늘고 문구점-PC방 줄어
자영업자 10.4% 급증

지난해 등록된 생활밀접업종 사업자 중 40대 창업자가 43만 명(32.3%)으로 가장 많았고 50대(42만 명·31.3%)가 그 뒤를 이었다. 지난해에만 40대 중 9만4000명이 국세청에 새로 사업자 신고를 했고, 이 중 절반 이상(5만8000명·61.7%)이 여성이었다.

국세청 관계자는 "경기침체로 구조조정을 당한 가장이 늘자 생업전선에 뛰어든 주부들이 많아진 것으로 보인다"고 말했다.

패스트푸드점과 함께 최근 4년간 가장 폭발적으로 늘어난 건 편의점(56.5%)과 휴대전화 판매점(56.1%)이었다.

반면 문구점은 같은 기간 21.4%(3000곳)가 문을 닫았고 PC방(−18.8%) 서점(−17.5%) 등도 시대의 변화를 거스르지 못하고 줄어드는 추세다. 연령별로는 30대는 휴대전화 판매점과 PC방, 40대는 학원과 꽃가게, 50대는 노래방과 철물점, 60대는 이발소, 여관 사업자가 많았다.

서울에서는 전체 개인 사업자의 20%(4만6000명)가 강남 서초 송파 등 이른바 '강남 3구'에 몰린 것으로 나타났다.

강남구에서만 일반음식점 6,775개, 부동산중개업소 1,883개, 미용실 1,111개가 치열하게 경쟁 중이다. 명동, 남대문시장이 있는 중구는 옷가게가, 신촌 홍익대 등 젊은이가 몰리는 지역인 마포구는 일반주점이, 대형 전자상가가 있는 광진구는 휴대전화 판매점이 가장 많았다.

출처 : 동아일보

2. 창업 아이템 선정절차

창업아이템 선정은 창업자의 자금과 능력에 비례한다. 현실적으로 창업자는 자금동원 능력에 맞는 아이템을 선정할 수 밖에 없기 때문에, 무계획적이고 체계가 없는 아이템 선정은 많은 시간을 낭비하고 최적 아이템의 선정마저도 불가능하게 만들 수 있다. 몇 개의 아이템에 의해 최적 아이템이 결정되면 별 문제가 없지만, 예비 검토 단계에서 기각되는 아이템이 여러 차례 발생될 경우에는 많은 시간낭비 및 정신적 불안감은 높아질 수 있고, 시작부터 포기상태가 될 것이다.

따라서 보다 효율적인 업종 및 사업아이템 선정 순서는 일반적으로 다음과 같다.

① 창업 희망 업종에 대한 정보수집

② 기존 기업 또는 종사자와의 면담

③ 사업아이템에 대한 구체적 정보수집 및 정밀분석

④ 사업타당성 분석

⑤ 최종 창업아이템 선정

창업자의 자세는 창업 성공을 위해 업종 선택 단계 이후에 추가적으로 동업종 및 관련 업종의 우량 기업에서 수습 기회를 갖거나 경영에 대한 공부를 해 둘 것이다. 이것은 아이템 안전성을 높일 뿐만 아니라 창업경영을 수월하게 나갈 수 있기 때문이다. 수습과 경영의 자세를 배웠다면 본격적으로 사업계획서 작성, 창업자금 조달, 종업원 확보, 점포선정, 개업 준비 등 구체적인 창업절차 수행 과정을 거치면 하나의 창업 점포가 탄생하게 되는 것이다. 업종 및 아이템 선정의 기본 순서가 정해지면 예비 창업자는 좀 더 구체적으로 업종 및 사업아이템 선정 단계별로 순서에 따라 각 항목별 접근 방법을 강구할 필요가 있다.

아이디어 발견은 창업자 자신의 경제활동 영역과 인간관계 등에서 만들어진 인맥을 통해 정보를 습득하는 것에서 출발을 해야한다.

3. 카테고리 킬러(category killer)

특정 상품을 저렴한 가격에 제공함으로써 구매자의 만족감을 최대화하는 전문할인매장이다. 1980년대초 미국에서 처음 등장한 소매 형태로, 기존 대형할인점, 백화점과 같이 많은 물건을 나열해 팔지 않고 한 종목만 취급하며, 낮은 가격대를 유지하는 유통업체를 가리킨다. 카테고리 킬러는 체인화를 통한 현금매입과 대량매입, 목표고객을 통한 차별화된 서비스 제공, 체계적인 고객관리, 셀프 서비스와 낮은 가격 등에 의한 강력한 흡인력을 바탕으로, 경제 위축기에도 업태 경쟁력이 더욱 강력해지는 것이 특징이다.

처음에는 완구·가전제품·카메라 등 특정 품목 위주로 형성되었으나, 이제는 업태와 업종을 가리지 않고 다양한 분야에서 널리 나타나는데, 미국과 일본에서 시작되어 현재 우리나라도 시작되어지고 있다. 가전제품·스포츠용품·완구용품 등 대중적 구매력을 갖춘 품목들을 중심으로 여러 거점의 전문매장을 갖춘 새로운 유통형태인 카테고리 킬러는 주5일제 확산, 상품에 대한 전문적이고 다양한 수요의 등장으로 점차 확산되고 있다.

카테고리 킬러의 사례

세계 40여개국 400여개 매장에 15만 명의 종업원을 고용하고 있는 세계 최대 가구기업, 작년 우리나라 광명시에 진출하면서 가구시장을 들썩이게 한 스웨덴 가구공룡 '이케아'를 키운 도시는 어디일까?

대부분 사람들은 큰 기업 '이케아'를 지휘하는 중심은 스웨덴의 수도 스톡홀름 정도는 될 것으로 생각하지만 사실 이 기업의 모태는 인구가 8000명밖에 되지 않는 스웨덴 남부의 작은 도시 알름홀트이다.

이 도시는 척박한 자연환경과 근검절약을 미덕으로 꼽는 농업도시였다. 이케아는 가난한 농부들에게 가구를 팔기 위해 조립식 가구를 만들었고, 인구 밀도가 낮다는 점을 이용해 쇼핑부터 놀이, 식사까지 가능하도록 설계했다.

이케아는 근검절약 농업도시인 알름홀트 특성의 지역문화를 기반으로 실용적인 디자인과 거품을 뺀 검소한 가구로 '심플하고 검소한 라이프스타일'의 독특한 이케아 기업 문화를 창조해낸 것이다.

세계적 기업 스타벅스의 본사도 뉴욕이나 LA가 아닌 작은 도시 시애틀이다. 이 도시의 주민들은 춥고 비가 많이 오는 날씨 때문에 까페와 여유를 즐기며 살았다.

스타벅스는 시애틀의 커피문화를 받아들여 세계 최대 기업으로 키워냈다. 만약 스타벅스가 시애틀의 커피문화를 고려하지 않았다면 크게 성장해내지는 못했을 것이다.

이 뿐 아니다. 나이키의 본사도 작은 도시 포클랜드에 있고, 홀푸드마켓은 오스틴에 있다. 이처럼 세계적 기업이 상대적으로 작은 도시에서 시작해 성공한 사례들이 많다. 그렇다면, 한국의 작은 도시는 어떨까?

지난 22일 한은 별관에서 열린 제 611회 한은금요강좌에서 모종린 연세대

JEJU

학교 국제학대학원 교수는 '작은 도시 큰 기업'을 주제로 강의를 진행했다.

모종린 교수는 "세계적으로 성장한 큰 기업을 키우는 작은 도시에 어떤 특징이 있는지 궁금했다"며 "서울집중 문제가 심각한 한국에서 지역에서도 기업을 우리가 키울 수 있을지 여부가 지역발전에 중요한 주제"라고 설명했다.

세계적인 기업들의 사례를 보면 성공한 도시의 공통점은 도시마다 고유한 문화 라이프 스타일을 토대로 개방적이고, 세계화에 적극적으로 나섰다.

하지만 우리나라 작은 도시의 현 주소는 각 지역이 특색을 잃고, 전 도시가 서울화돼 산업 생태계로서 기능도 못할 뿐 아니라 독자적인 사업기반도 없다.

다행히 변화의 조짐은 보이기 시작했다. 대안적인 라이프스타일에 대한 요구가 커지며 탈서울, 제주이민, 귀농귀촌 등에 관심이 커진 것. 최근 10년 사이에 서울에서 살고 싶다는 비율이 24%에서 16%로 줄었다는 것도 이를 방증한다.

모 교수는 한국의 지역문화를 살린 비즈니스 모델로 아모레퍼시픽의 이니스프리를 꼽았다.

우리나라에서 작은 도시 큰 기업이 생긴다면 제주도가 가능성이 가장 높은데 이니스프리가 선두에 나선 셈이다. 이니스프리는 모든 재료가 제주에서 나온다는 특징을 활용한다. 건강, 향장, 가든닝을 모토로 제주미를 지역가치로 키워 새로운 사업을 개발했다.

그러나 다른 세계적 기업처럼 제주 주민이 활용하지 못하고 있다는 점은 아쉽다. 그나마 이니스프리가 작은 도시 마케팅을 활용하고 있지만 아직 미미한 수준이다. 우리나라의 각 도시가 갖고 있는 고유의 문화와 특색, 장점을 잘 활용해 새로운 산업발전 비즈니스 모델이 필요한 시점이다.

모종린 교수는 이날 강의를 마치며 "제조업 시대에는 모든 자원이 한곳에 집중돼도 성장할 수 있었지만 탈산업화 사회에서는 지역적 편중이 바람직하지 않고, 폐해도 나타나고 있다"며 "정부와 대기업 주최가 아니라 각 개인이 주변을 관심있게 보고 그 지역 특색을 토대로 과감한 창업이 필요하다"고 조언했다.

출처 : 토마토프라임, 2015. 05. 27.

카테고리 킬러의 예를 들어보고 선정해보시오.

학과 : _____ 학번 : _____ 성명 : _____

4. 업종의 분석행위

창업이란 사업을 시작하는 것이고, 사업이란 일정한 계획과 목적을 위한 경제 행위로 그 목적은 이익을 얻는 것이며, 운영을 한다는 것은 결국 이익을 얻는 구조를 만들어 가는 것이라 할 수 있다. 따라서 창업자는 유망업종을 발굴하는 것이 바로 성공창업이라 생각하며 업종 선정과 함께 입지 선정을 우선시하는 경향이 있다. 점포의 목이 좋으면 어떤 창업을 하더라도 잘된다는 것이 일반적인 생각이다. 그러나 주위를 둘러보면 점포의 목이 좋다고 하더라도 업종이 수시로 바뀌는 현상을 볼 수 있으며, 입지와 업종에 상관없이 문전성시를 이루는 매장도 볼 수 있을 것이다. 이러한 현상은 다음과 같은 분석과 전략을 잘 이루어 냈기에 가능한 것이라 볼 수 있겠다.

(1) 소비욕구를 충족한다.

소비자 시대의 변화와 소비자의 새로운 소비욕구를 충족시켜, 지속적으로 소비가 증가하는 현상을 만들어간다. 소비욕구가 지속적이지 못하고 일시적인 현상으로 그칠 때에는 성공적 창업이라 볼 수 없다.

(2) 지속적 소비행위가 되어야 한다.

대부분의 업종이나 상품은 도입기 성장기 · 성숙기 · 쇠퇴기의 '라이프사이클(life cycle)'이 있다. 도입기에서 성장기와 성숙기를 거치지 않고 곧바로 쇠퇴기로 건너가 버리는 특성을 갖고 있는 현재 유행 업종의 아이템은 위험업종으로 분류하여야한다. 업종이나 상품에 따라 그 주기가 긴 것도 있고 짧은 것도 있기에 창업자 자신에게 적합한 것인지, 위험이 적은 성장기의 업종인지를 확인해야 한다. 그리고 소비행위의 근간이 되는 수요가 꾸준한지도 살펴야 한다.

(3) 유망업종을 선택해야하는 이유

창업을 하려면 판매하려는 상품 이외에도 점포임차료, 시설 및 인테리어, 점포권리금, 홍보비 등 여러 가지 투자가 이루어지게 된다. 사업은 이윤추구의 목적이므로, 창업자는 당연히 이러한 투자금액의 회수를 고려해야 한다. 보통 점포창업에서 투자한 투자금액을 모두 회수하려면 약 3년의 시간이 걸린다. 이러한 관점에서 본다면 최소 2~3년 동안은 꾸준히 소비자들로부터 인기를 누리는 업종이 유망업종이라고 볼 수 있으며, 유행 업종은 짧은 기간 동안 높은 수익을 얻을 수 있지만, 유행기간이 짧아 결국은 투자금을 회수하기 어렵다. 점포경영이 어려워지면 점포권리금을 제대로 받기 어려운 것이 현실인데 유행 업종의 창업은 바로 이런 관점에서 위험성을 갖고 있다.

(4) 업종에 따른 과열경쟁

유망업종은 일반적으로 언론이나 창업전문가들로부터 추천을 받고 기사화 되어진다. 일단 유망하다고 거론이 되면 많은 사람들이 창업을 시도하게 되고, 짧은 기간 내에 경쟁점포가 난립한다. 장소나 창업자의 능력에 따라 결과가 달라질 수 있기에 유망업종일지라도 창업자 모두에게 성공이 보장되는 것은 아니다.

(5) 성숙기의 업종을 선택해야한다.

창업자는 성장기에서 성숙기로 넘어 가는 업종으로 창업을 시도하는 것이 비교적 안전하다. 도입기 업종은 소비층이 형성되지 못한 상태라 불안하고, 성숙기 업종은 소비층이 두텁다는 장점이 있지만 경쟁이 치열해 경험이 부족한 창업자에게는 경쟁력이 상대적으로 약하다. 따라서 업종 선정은 성장기에서 성숙기로 접어드는 시점에서 선택하는 것이 좋다. 소비자가 늘어나

시장 규모가 확대되는 시기이므로 경쟁점포가 많지 않고 창업기회가 넓은 편이기 때문이다.

(6) 가치의 극대화 요령을 기른다

유행업종이 될 가능성이 많은 업종의 특징을 살펴보면 신상품 개발이 불가능하거나, 개발이 된다 하더라도 새로운 시설투자가 이루어져야 하는 업종, 계절적인 업종이나 비수기가 있는 업종, 창업 후 경상비의 지출이 높은 업종, 영업시간이나 회전율이 짧은 업종, 문화적으로 미풍양속을 해칠 우려가 높은 업종, 국내 법규에 저촉되거나 라이프사이클이 짧은 업종이 유행업종이 될 가능성이 높다. 선택한 업종이 유행업종으로 둔갑해 시장성이 부족하거나 수요량이 약하다고 판단된다 할지라도 아이템 자체가 신선할 경우는 낮은 시장성을 극복하기 위해서 또 다른 품목을 함께 판매하는 복합 마케팅을 실시함으로써 매출을 극대화시켜 유행업종의 징후를 극복해 나갈 수가 있다. 결국 영원한 유망업종은 존재하지 않는다. 새로운 아이템이나 서비스를 개발하고 창업자 스스로 시장을 개척해 나가는 것이다.

(7) 판매범위 및 대상을 설정해야한다.

무엇을 판매 할 것인가라는 생각과 구매의 대상을 어떻게 만들 것인가 라는 질문에 명확하게 답을 내려야한다. 유동인구가 많고 팔려는 상품이 인기가 있으니 점포만 문을 열면 장사는 되겠지 라는 발상이나, 나름대로 판매하는 방식을 달리하면 많이 팔리고 이익이 남을 것이라는 안일한 생각으로는 성공하기 어렵다. 구매하는 고객을 알지 못하는 경우라면 자기점포에서 상품제공도, 판매노력도 할 수 없다는 사실을 인지해야 할 것이다.

(8) 예상 매출 산정은 필수요소이다.

일반적인 자영업 상권은 점포로부터 반경 500m를 1차 상권으로 규정하고 있다. 2차 상권은 반경 1~2㎞이다. 3차 상권은 1·2차 상권을 벗어난 지역으로 본다. 범위를 정하고 나서 그 범위 내의 인구를 조사하면 판매액을 산출 할 수 있다. 인구조사는 구청 홈페이지를 이용하면 된다. 1인당 월간 소비금액이 5만원이고 상권범위 내의 인구가 5,000명인 경우 2억 5000만원의 소비시장이 형성되며, 그 금액이 최대한 팔리게 될 시장 규모인 것이다. 여기에 상권 범위 내 동종업종의 점포 수를 나누면 자기점포의 몫인 예상 월 매출이 산출되는 것이다. 점유율을 계산해 보려면 시장 규모인 2억 5000만 원의 2%가 가능한 목표라 할 때 '시장규모 × 예상시장 점유율'이면 산출된다. 이 방법은 시장 규모에 따른 매출액 산정법이다.

창업자가 점포를 구할 때 주로 유동인구를 살펴보는 경우가 대부분이다. 유동인구가 많다고 생각하고 '이만하면 장사가 잘 되겠지' 한다면 바로 주먹구구식 창업이 된다. 유동인구를 정확하게 이해하고 활용해 체계적으로 접근하려면 유동인구에 따른 매출액이 반드시 산출되어야 한다. 예정 후보점포 앞의 유동인구가 일 2만명이라면 '통행인구수 × 내점률* × 객단가*'를 하면 예상 매출이 산출된다. 예비 창업자의 경우 개업을 하지 않은 관계로 확인할 수 없으므로 인근 유사 점포를 조사하면 된다. 유동인구 대

> * 내점률 : 유동인구 중 자기점포로 입점하는 비율을 말하는 것이다.
> * 객단가 : 인근지역의 유사업종이나 동종업종에서 고객 1인당 평균 구매액

비 점포로 들어가게 되는 인구 수를 파악하는 것으로 1,000명당 5명이면 내점율 0.5%임을 알 수 있다. 따라서 2만×0.005×7,000원일 경우 일 예상 매출은 70만원임을 알 수 있다.

03 사업타당성 분석

창업자는 해당 사업에 대하여 수행 할 수 있는 역량이 있는가라는 질문에 자문을 해봐야 한다. 최소한 경영자라면 조직의 관리능력, 해당사업과 시장에 대한 전문지식 및 통찰력을 갖고 있어야 한다. 창업자는 누구나 '본인 사업이 장래에는 잘 될 것이다. 혹은 현재의 계획대로 될 것이다.' 본인 스스로 생각하지만 현실에서는 약 20% 미만이 성공창업을 하고 있다. 이에 창업자가 사업계획서를 작성한 이후 고려해야 할 중요한 단계는 사업타당성 분석이다.

사업타당성 분석을 통하여 잘못된 부분과 보완할 점들을 발견함으로써 사업계획서를 수정,보완할 수 있는 기회를 갖게된다, 이러한 일련의 피드백이 수차례 실행됨으로써 완벽한 사업계획서를 작성 할 수 있게 되는 것이다.

1. 시장성 분석

시장분석은 시장 조사의 일부로, 어떤 상품의 판로, 소비자의 수준, 판매수량 따위를 파악하기 위해 기업 내외의 각종 자료를 수집하고 분석하는 조사 활동이다.

제품의 종류, 원료, 용도나 특성에 따라 계획제품의 수요처가 많지 않고, 경쟁사의 현황이 잘 알려져 있다면 목표설정과 시장성 분석자체가 비교적 쉬울 수 있다. 그러나 제품 용도가 일반적이며, 유통구조 및 경쟁이 과열상태인 경우에는 시장성 분석을 위한 작업이 매우 복잡해지므로 목표설정 과정에서부터 상세하고, 체계적인 계획을 세우지 않으면 안된다.

따라서 창업자가 시장분석을 통해 도출한 결과는 반드시 객관적인 근거와 실제 조사에 의하여야 한다.

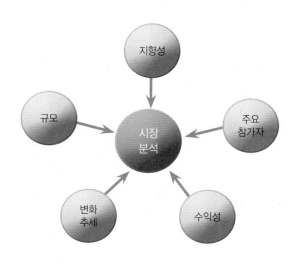

2. 시장동향의 파악

시장분석 이라함은 기존상품과 유사경쟁 상품에 대한 전반적인 시장동향에 대해서 파악하는 것이다. 관련 단체, 협회, 학회, 연구소 등에서 발행하는 업종별 시장성 분석 도서 등을 활용하거나 매스컴을 통해 유용한 자료들을 수집할 수 있다.

전반적인 시장동향의 파악은 다음 표를 참조한다.

상품에 대한 시장성 규모	• 내수시장의 규모에 대해서 조사 • 국내 생산규모의 정확성 • 해외 전체 시장규모의 변화 • 수출입 규모

수요시장의 규모	• 국내시장 수요규모 • 해외시장 수요규모
시장의 특성과 분석	• 주요 수요처 조사 • 잠재고객의 수치 • 고객의 특성 파악 • 유통경로의 이해 • 유상업종의 판매방법 및 판촉전략
소비자 분석	• 소비자의 구성 분포 파악 • 소비자의 변화 추세 • 상품에 대한 소비단위 • 구매동기 유발 파악

3. 목표시장 선정

시장 세분화를 통해 시장기회를 파악할 수 있지만, 세분화된 모든 시장을 목표시장으로 선택할 수 있는 것은 아니다. 세분화된 시장별로 각기 다른 특성, 즉 소비자의 구매행동, 자사의 여건, 경쟁기업의 시장관리 능력 등을 분석해야 하기 때문이다. 어떤 세분화시장이 적당한 규모와 성장성이 있으며, 구조적인 장점을 가졌다 하더라도 그 세분화 시장에 대응하는 기업의 목적과 자원에 적합하지 않으면 목표시장이 될 수 없다. 따라서 객관적 사실에 근거하여 세분화시장이 경쟁상 우위에 설수 있는 강점을 가지고 있고 자사와 일치하는 점이 많으면 그 시장을 표적시장으로 선정하는 것이 좋다.

(1) 시장의 세분화

• 전체시장을 몇 개의 기준으로 선정한다.

- 각 기준에 의해 시장을 세분화한다.
- 세분화된 시장의 특성을 동질의 성격으로 규정지을 수 있는지 검토한다.
- 시장의 규모가 이익을 가져올 수 있는지 검토한다.

(2) 표적시장의 선정

- 표적시장에 대한 정의를 재정립한다.
- 재정립된 표적시장의 속성과 변화 추세를 파악한다.
- 시장의 세분화, 표적시장 선정 및 재정립의 과정에 대한 피드백 과정을 거쳐 표적시장을 명확히 정의하고 분석한다.
- 분석을 통하여 시장진입 시기를 결정한다.
- 개괄적인 성장전략을 구상한다.

4. 위치정립 전략 분석

세분화시장 내의 고객이 경쟁업체와 관련하여 자사의 제품이나 서비스를 차별적으로 인지 및 이해 할 수 있게 기업 이미지와 함께 제품을 고객의 마음속에 형성되도록 하는 활동이다.

🖱 **속성에 의한 전략**

제품의 기능 편익이나 속성을 경쟁 제품과 차별화하여 소비자에게 인식시키기 위한 전략

🖱 **경쟁 제품에 의한 전략**

소비자가 인식하고 있는 기존 경쟁 제품과 비교함으로써 자사 제품의 편익을 강조하는 전략

🖱 사용 상황에 따른 전략

　제품이 사용될 수 있는 사용상황을 제시함으로써 위치정립하는 전략

🖱 제품 사용자에 의한 전략

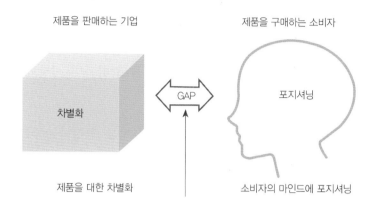

5. 수요예측

　수요분석을 토대로 시장조사나 각종 예측조사의 결과를 종합해서 장래의
수요를 예측하는 일로 특정 상품의 수요동향을 결정하는 요인들을 찾아내고
그것이 전체 수요량에 미치는 영향을 분석함으로써 장래의 영향력을 미리
짐작할 수 있는 것이다. 기업은 수요분석을 통해 외부의 경제적 요인이나 기
업 활동 그 자체가 수요량에 어떻게 작용할 것인지 예측함으로써 적절한 판
매계획이나 생산계획을 세우게 된다. 수요예측은 기간에 따라 장기예측·연
차예측·단기예측 등으로 구분되며, 여러 가지 예측방법이 이용될 수 있다.
수요예측은 판매계획과 생산계획, 자금운용 계획 등을 예상매출액의 추정으
로부터 출발하기 때문에 중요한 의미를 가진다. 이러한 수요예측을 수행하
기 위한 절차는 다음과 같다.

- 수요예측에 필요한 객관적 기준을 마련한다.

- 수요를 결정하는 중요한 요소가 무엇인지를 판단하고, 그 요소들에 대한 중요도를 결정한다.(지역, 판매방식, 고객특성 등)

- 판단기준 및 결정요소의 중요도를 고려하여 필요한 자료를 수집하고 분석, 평가를 실시한다.

- 합리적인 가정을 설정하고 각각의 중요도를 고려하여 시장에서의 점유율을 추정한다.

- 다시 발생 가능한 변수를 고려하여 예상수치를 수정하는 작업을 거쳐 예상매출액을 정한다.

6. 채산성 분석

제품에 대한 채산성 분석은 사업효과, 즉 수익성을 측정하는 하나의 기준이 된다. 따라서 제품원가, 마케팅비용, 생산비용, 소비자 판매가, 마진율 등을 고려하여야 한다.

(1) 제품원가를 산출한다.

- 인건비를 산출한다.(기본급, 제수당, 상여금 등을 고려함)

- 재료비를 산출한다.

- 제조경비를 산출한다.(제조경비 항목별 산출방법 등을 고려함)

- 인건비, 재료비, 제조경비를 토대로 객관적 기준에 의거하여 제조원가를 산출한다.

(2) 마진율을 분석한다.

• 마진율은 매출액에 대한 수익률로서 표시된다.

  * [마진 = 판매가 - 원가, 마진율 = 마진 / 판매가 x 100]
  * 수익률은 매출액으로부터 제품에 대한 제조원가는 물론 판매비와 일
    반관리비, 영업외비용, 특별비용 등을 제외한 순수이익이 되는 부분
    이다.

• 목표마진을 설정하고 실제예상 마진율이 어느 정도 접근하는지를 파악
  한다.

• 실제예상 마진율이 목표 마진율과 차이가 있을 경우 그 원인을 파악하
  고 대책을 강구한다.

(3) 제품가격을 산정한다.

• 제품가격은 마케팅의 성공여부와 직결되는 것이며, 동시에 마케팅에 영
  향을 미치는 중요한 요소이다.

• 제품을 시장에 진입시키기 위한 가격정책을 수립한다.(주력 / 전략 / 행
  사상품 등)

• 제품에 대한 시장에서의 유사제품의 가격동향을 살핀다.

• 가격정책을 고려하여 적정한 제품가격을 산정한다.

• 최근의 가격변화추세와 향후 가격변화 추세도 예측하여 제품가격을 산
  출한다.

7. 환경분석

시장규모에 따른 제품의 수요예측을 하였다면 시장 및 환경 분석을 실시

해야한다. 특히 오늘날과 같이 빠른 변화 속에서는 외적인 요소에 의하여 사장되어질 수 있는 제품이 있고, 기업의 존망이 걸린 문제가 발생할 수 있기에 창업자는 항상 외적 환경요인에 각별히 신경을 써야 한다.

(1) 자원 환경요인

- 인적자원 요소에 있어서 영업조직의 효율성을 분석한다.
- 인적자원 요소에 있어서 생산조직의 생산효율을 분석한다.
- 신제품의 개발능력을 분석한다.
- 원재료 수급의 용이성을 검토한다.

(2) 기술적 환경요인

- 경쟁사 제품에 대한 자사제품의 전반적인 기술수준을 비교한다.
- 기술수준에 따른 제품의 시장 점유율에 대하여 분석한다.
- 새로운 기술에 대하여 항상 습득해야한다.

(3) 마케팅 환경요인

- 경쟁사의 판매 전략을 수시로 체크 분석한다.
- 시장의 특성과 조화를 이루는지 분석한다(판매방법, 결제조건 등).
- 사회적 환경요인을 비롯한 정치적 환경, 법률적 환경요인에 있어 알아 두어야 한다.

CHAPTER
05

입지선정과
점포관리

점포를 개설하고자 하는 지역이 선정되면 입지문제가 중요한 과제로 대두된다. 입지(立地)라는 것은 업종과 사업규모에 따라 선택의 폭이 제한되어 있기 때문에 누구나 선정에 상당한 어려움을 가질 수 있다. 점포의 위치에 따라 경영자의 자질문제도 대두 될 수 있기에 효율적 경영을 위한 입지선정 요령은 중요하다고 볼 수 있다.

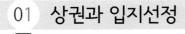

01 상권과 입지선정

1. 상권과 입지의 분류

상권과 입지를 조사하고 분석하는 과정은 매우 복잡하고 많은 시간이 투자되기에, 상권과 입지를 조사자의 경험과 직관에 의해 선택되는 경우가 많다. 이런 경우 최상의 결과를 내기에는 역부족일수 있다. 그러나, 상권과 입지의 분류방법을 이해하고 각각의 분류 형식에 따라 창업자가 파악하려는 특징을 알아낸다면 단기간에 상권과 입지를 선택하는 의사결정에 활용할 수가 있을 것이다.

(1) 상권

상권(商圈)이란 상업상의 세력이 미치는 지리적 범위로 유효수요자가 분포되어 있는 공간을 의미한다. 따라서 점포매출액의 비중에 따라 1차 상권, 2차 상권, 3차 상권으로 구분되어지다. 1차 상권은 전체 매출의 70%를 구매하는 소비자가 거주하는 지역으로 나타내며,

2차 상권은 25%를 구매하는 소비자가 거주하는 지역, 나머지를 3차 상권으로 분류할 수 있다. 물론 이것은 업종 및 형태에 따라 거리, 거주지역, 교통, 주차공간 등 다양한 구성요소에 의해서도 나누어지게 된다.

중소기업청 상권분석 시스템 활용하기

검색 포털사이트를 통해 '상권정보시스템'을 검색한다.
(http://sg.smba.go.kr)

1. 중간 메뉴로 상권을 분석하고, 우측의 업종 밀집 정보를 통해 보완하여 분석하다.

2. 좌측의 지역 선택 후 검색한다.

3. 창업하고자 하는 분류선택을 한다.

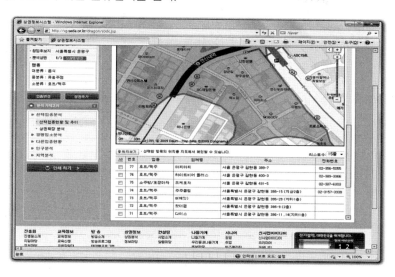

자료를 통하여 상권추이를 분석할 수 있다.

(2) 입지

입지(立地)라 함은 경제 활동을 하기 위하여 선택하는 장소로서, 상권의 분류는 다양한 분류가 가능하나 입지의 분류 기준은 매우 제한적 일수밖에 없다. 다만 입지의 좋고 나쁨을 판단하기 위하여 실무적으로 상가권 내에서 입지조건을 1급지(A급지)~3급지(C급지)로 구분하고 있으며 '상권 범위에 따른 입지의 분류'라 하며, 현재는 입지의 분류와 함께 '영업시간에 따른 분류'도 함께 조사되어지고 있다.

⭐ 입지의 분류

구분	특성	상권범위	내 용
1(A)급지	가시성 홍보성 접근성	모두 양호	넓다	• 유동인구의 흡수가 쉬운 시내중심가, 대규모단지, 대규노 상가의 입구, 대로변 버스정류장 근처, 사거리 주변 등으로 패스트푸드나 커피전문점, 표준화된 음식점이 적합
2(B)급지	가시성 홍보성 접근성	한 가지만 양호	중간	• 유동인구의 일부만 흡수하며 배후지 거주민이 주로 이용하는 입지, 품질로 승부하는 음식점이 적합
3(C)급지	가시성 홍보성 접근성	모두 불량	좁다	• 1급지와 2급지를 제외한 수익성이 떨어지는 입지 • 틈새시장을 노려 경쟁을 피할 수 있음. • 시설비가 적게 소요되는 장점도 있으며, 개인화된 서비스로 승부하는 음식점이 적합

☆ 영업시간의 분류

구분	특성		상권범위	내용
24시간형	가시성 홍보성 접근성	모두 양호	넓다	1급지와 유사한 입지특성을 보이며 해당 업종으로는 패스트푸드, 커피 전문점, 해장국, 설렁탕 등 표준화된 음식이 주를 이루고 있음.
일반형 10:00~22:00	가시성 홍보성 접근성	한 가지만 양호	중간	2급지와 유사한 입지특성을 보이며 해당 업종으로는 한식, 중식, 양식, 일식 등 가장 다양한 업종이 분포하며, 배후 세대 및 유동인구에 따라 업종이 결정되는 특성을 가지고 있음.
새벽형 16:00~03:00	가시성 홍보성 접근성	한 가지 or 없거나	중간	2급지와 유사한 입지특성을 보이며, 대표 업종으로는 나이트 주변의 술집, 대학가 술집, 번화가 술집 등을 볼 수 있으며, 3급지와 유사한 영태를 보이기도 하는 포장마차와 야식 배달 등이 함께 존재하는데 해당 업종은 가시성, 홍보성, 접근성이 떨어지고 상권범위는 넓은 특징을 갖고 있음.

    상권과 입지에 대한 내용은 어디까지나 참고의 대상이지 있는 그대로 전부를 신뢰해서는 안된다. 왜냐하면 조사의 특성상 여러 가지 변수가 존재하며 중소기업청의 조사시점과 현재 창업자의 조사시점이 다르기 때문이며, 또한 트렌드 변화나 시세의 변화도 있기 때문에 상권정보시스템을 100% 활용은 하되, 해당상권을 직접 확인하는 것이 창업자의 자세일 것이다.

창업을 준비할 때 중요한 것 중 하나가 매장의 얼굴 이라고 할 수 있는 '인테리어'다. 그런데 세련되고 감각적인 인테리어를 하려면 비용이 만만치가 않다. 특히 소자본으로 창업을 하는 소상공인들에게는 더욱 부담이 되는 부분이다.

그래서 소상공인들에게 도움을 주고자 뭉친 협동조합이 있다. 바로 이아인협동조합(www.einkorea.com 이사장 박효신)이다. 이아인협동조합은 '이·미용 소상공인을 위한 아름다운 인테리어 협동조합'을 의미한다.

이아인협동조합은 500개 이상의 헤어숍, 네일숍, 피부숍, 카페 등의 창업컨설팅과 인테리어시공, 마케팅 홍보 및 이·미용 분야 교육을 담당해 온 실무진들이 모여 지난 2013년 2월 결성했다.

이 조합의 공동 브랜드는 '에비뉴'다. 소셜 프랜차이즈 형태의 창업시스템으로 소상공인들에게 부담이 되는 가맹비와 로열티 없이 상권 분석 및 개발, 네일아트, 피부 등 이·미용 기술과 운영교육을 제공한다. 또한 공동 구매 및 시공을 통한 저렴한 인테리어와 매장 오픈 후에도 지속적으로 온·오픈라인 매장 홍보를 동시에 지원한다.

　이아인협동조합은 이·미용 관련 기자재를 공동구매해 조금이라도 저렴하게 매장에 공급하는 시스템을 구축했다. 매장을 운영하는 동안에도 비용절감을 통한 안정적인 경영에도 많은 도움을 주고 있다. 또한 주요 포털 사이트의 블로그, 카페 등을 통해 매장 홍보와 관련한 바이럴마케팅을 지원함으로써 신규 고객 창출도 이끌어 내고 있다.

　조합원들은 모두 개인 회사를 운영하고 있으며 인테리어 자재 공동구매와 시공으로 최대의 비용절감 효과를 보고 있다. 조합을 통해 인테리어 시공을 진행할 경우 동일 자재 기준으로 타 인테리어 회사 대비 20~30% 정도의 비용을 절감할 수 있다. 인테리어 외에 운영기술 교육과 매장 홍보 시스템까지 제공되는 점을 감안하면 기존 프랜 차이즈 회사에 비해 거의 반값으로 시공할 수 있다.

　"소셜 프랜차이즈를 모토로 조합을 만들었지요. 실제 매장을 운영하는 사람들이 조합원으로 가입돼 있어 네일아트 기술 등 기본적인 이·미용 교육은 물론 매장을 운영하면서 경험한 풍부한 노하우를 공유할 수 있습니다."

　박효신 이사장은 "우리 조합은 중소기업청 산하 소상공인시장진흥공단으로부터 '소상공인을 위한 우수 아이템 협동조합'으로 선정돼 공단으로부터 많은 도움을 받고 시작한 조합인 만큼 사회적 책임이 크다"며 "한 명의 창업자도 실패 없이 함께 성공하고 불황의 위기에도 함께 어려움을 나누고자 하는 것이 조합이 추구하는 가치"라고 설명했다.

출처 : 헤럴드경제, 2015. 06.18

점포의 위치는 상권과 입지를 고려하였을 경우 크게 역세권 상가, 아파트 단지, 주택가점포, 대로변 중심상가, 이면도로, 근린 상가 등으로 구분 할 수 있다.

1. 역세권 상가점포

역세권상가라고 하면 역에서 적게는 반경 100m 이내의 점포 및 크게는 300m 이내의 점포를 의미한다. 역세권 상가의 경우는 생식품(야채, 청과, 육류, 생선 등)을 제외한 음식업, 소매업 및 서비스업 등의 업종이 무난하다고 볼 수 있으나 점포투자비가 비싸므로 창업자의 투자금액에 따라 결정되는 경우가 많다.

2. 아파트 단지 내 점포

세대수에 따라 차이가 있으나 실 평수 기준 5~10평의 점포가 적당하며 아파트의 세대수가 500가구 내외의 경우는 생식품(야채 · 청과 · 육류 · 생선 등), 음식점(분식 · 중식), 슈퍼(15평이내), 어린이 관련 학원, 기타 소매점(세탁소 · 문방구 · 미용실 · 부동산 등)이 가능한 업종이 된다. 아파트 가구수가 500~1,000가구일 경우는 패스트푸드점, 한식점, 치킨호프점, 생활용품점(실내 인테리어 등)등의 업종이 유망업종으로 분류된다. 아파트 단지 내 점포를 선정할 경우 다음과 같은 사항에 유의하여야 한다.

- 인접상가가 걸어서 5분 이상에 위치하고 4차선 이상인 차량의 전용도로 가 인접해 있으면 고객을 독점할 수 있어 유리하다.
- 아파트 주민은 물론이고, 유동고객까지 흡수할 수 있는 위치에 있으면 더욱 좋다.
- 대규모 아파트 단지의 경우는 주민의 주요이동 동선을 파악하여야 하며 어느 점포에 손님이 많은지를 파악하여야 한다.
- 사전에 그 지역의 개발계획(주변개발계획, 아파트 재개발 여부 등)을 확인하여야 한다.

3. 주택가 점포

주택가 점포는 5~10평이 적당하며 너무 큰 평수를 구하지 않도록 한다. 구조를 파악하여 유동인구의 주 통행로를 알아내야 하며 주부들이 지나는 길목에 구하여야 한다. 점포배후에 주택재개발이 활발히 이루어지는지 주목하여야 하며 차량통행이 잦은 곳보다는 도보로 진입하는 골목입구에 있는 점포가 유리하다. 주변점포의 경우는 다양한 업종이 모여 있는 장소가 바람직함 소비자의 생활수준을 파악하여 창업하고자 하는 업종과 맞는지를 파악하여야 한다.

4. 대로변 중심상가 내 점포

대로변의 중심상가에 점포를 구하는 경우는 점포 앞을 지나는 유동인구의 파악이 가장 중요하다.

- 유동인구의 통행방향 및 연령과 성별을 기록한다.
- 피크타임 시 유동인구가 시간 당 5,000명 이상인 지역은 A급 상권이다.

5. 다음으로 배후지역의 세대수 및 인구를 파악하여야 한다.

- 해당 동사무소에서 세대수 및 인구수를 파악한다.
- 반경 1Km 이내의 지역주민 생활수준 파악과 업종의 연계성을 검토한다.
- 지하철 이용객수 및 버스노선을 파악한다.
- 지하철 이용객은 하루4만명 이상, 버스노선은 12개 이상이면 발전 가능성이 있다.

03 점포 선정의 원칙

　창업에 있어서 입지선정은 대단히 중요하다. 작은 규모와 업종의 단순함, 그리고 홍보의 한계성으로 인하여 주변의 여건과 경쟁점에 의하여 큰 영향을 받기 때문이다.

　대체로 창업의 형태는 유통업, 식음료업과 서비스업으로 구분되는데 업종의 특성에 따라 약간의 차이는 있으나 입지에 있어서는 대체로 어느 것이나 다음과 같은 기본적인 요인에 의해 검토된다.

(1) 상권의 크기와 특성

점포는 배후단지나 그 점포가 속한 상권의 크기에 많은 영향을 받는다. 배후단지의 규모가 크고 상주인구가 많으면 고객이 많아지며, 상권이 크고 유명하면 그 상권을 찾는 유동인구가 많아진다.

물론 상권은 역세권 등 교통의 편이성과 접근의 용이성에 많은 영향을 받지만 배후단지 상인구의 연령층, 소득수준, 교육수준과 소비성향 등도 자신의 업종과 관련하여 직접적인 고려 요소가 된다.

창업자는 유동인구가 취급하는 업종과 어떤 연관이 있는지를 살펴보아야 할 것이다.

(2) 점포의 접근성

소규모 점포는 그 점포에의 접근성이 매우 중요하다.

접근성은 배후단지의 상주인구를 기준으로 할 때에는 통상 500m 이내의 거리를 1차상권으로 보며 고객의 60%~70%를 점한다고 본다.

2차상권은 1Km 이내를 들고 있으며, 고객의 15%~20%를 예상한다. 이것은 도보를 기준으로 한 통상 아파트단지 등 도심의 경우에 해당한다. 상권의 흡입력은 상권과 지역간의 거리에 반비례하고 점포의 크기에 비례하는 크리스탈러의 중심지이론을 참조한다.

☆☆ 크리스탈러의 중심지 이론

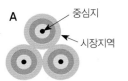

A

중심지

시장지역

B

C

A와 같이 중심지의 서비스권이 형성되면 서비스를 받지 못하는 곳이 나타나고 B와 같은 경우는 중심지간의 경쟁이 발생할 것이므로 경쟁을 최소로 하기 위해 C와 같은 6각형을 이룬다.

6각형 시장구조

● 1차 중심지
— 1차 중심지의 시장지역 경계

● 2차 중심지
— 2차 중심지의 시장지역 경계

● 3차 중심지
— 3차 중심지의 시장지역 경계

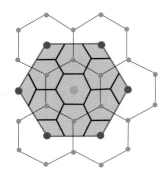

(3) 점포의 가시성

점포건물, 간판이나 안내표지판, 출입구, 조명, 쇼케이스 등이 고객유인의 핵심요소가 된다.

점포의 가시성은 도보로 통과하는 보행인 뿐 아니라 차를 타고 통과하는 운전자나 승차인도 충분히 고려하여야 한다.

가급적 크고 특징있는 간판, 환하고 밝은 조명으로서 고객을 유인하고 쉽게 기억할 수 있게 하는 것이 매우 중요하다.

(4) 경쟁점포의 숫자와 규모, 특성을 정리한다.

경쟁점포의 유무나 숫자, 규모, 영업종목과 영업방식을 미리 잘 파악하고 이에 대처할 필요가 있다.

창업자가 하려는 업종이나 품목과 동일한 것을 취급하는 점포가 가까운 곳에 이미 있는 경우 그 점포와 경쟁하여 고객을 나누거나 또는 추가로 고객을 증가시킬 수 있는지를 검토해야 한다.

대개의 경우 경쟁점포는 기존의 고객을 두고 창업자와 경쟁관계에 서게 되겠지만 창업자의 출현으로 밀집상가가 되어 오히려 고객을 배가시키는 효과가 올 수도 있다.

아니면 기존 점포에 보완적인 업종을 취급하는 경우에는 기존 점포의 고객을 내 점포의 손님으로 유인할 수 있는 경우(먹자거리 골목에 커피집이나 노래방)도 있다.

업종선정과 점포의 입지는 어느 것이 먼저라는 원칙은 없다. 업종을 먼저 정하고 그에 맞는 점포를 구하는 것이 보통이겠으나 반대로 적당한 점포를 먼저 잡아 놓고 거기에 맞는 업종과 아이템을 선정하는 방식도 있다. 어느 것이 옳다는 원칙은 없으나, 역발상의 생각은 항상 창업자 생각해야 할 과제 이다.

쉬어가기

일본의 작가 혼다 켄은
"부자가 되려면 부자에게 점심을 사라"는 말을 했다.

돈 버는 기술이 아니라 그들이 가지고 있는 사고방식과 습관을 배울 기회를 얻을 수 있기 때문이다. 세계에서 가장 부유한 사람 중 한 명인 워렌 버핏과 점심 식사 한끼 경매가 매년 최고 금액을 경신하는 것도 그의 경험과 지혜를 엿볼 기회를 얻고 싶은 사람이 그만큼 많다는 뜻이다.

1. 무엇이든 메모한다.

부유한 사람들이 미래를 예측할 수 있는 능력을 가진 것은 아니다. 그들 역시 우리와 같이 평범한 사람들이지만, 한 가지 다른 점이라면 그들은 미래 트렌드를 예측하려는 노력을 기울였다는 것이다.

스티브 잡스(Steve Jobs)는 매일 아이디어를 메모했고 그것은 종종 애플의 혁신적인 제품의 플랫폼으로 탄생했다

2. 일의 경중을 따진다.

미국 온라인 매체 비지니스 인사이더에 따르면 부유한 사람들의 80% 이상이 매일 아침 업무 시작 전 일의 경중을 따져 업무의 순서를 정한다. 겉으로 중요해 보이는 업무가 사실은 가볍게 넘겨도 되는 일일수도 있고, 업무에 소요되는 시간 손실을 최소화할 수 있기 때문이다.

3. 매일 운동한다.

부유한 사람들에게는 매일 운동하는 습관이 배어 있다. 운동을 하지 않는 일반적인 이유중 하나로 시간이 없다는 핑계를 대지만, 부유한 사람들은 없는 시간을 쪼개서라도 운동한다. 그들은 건강이 억만금으로도 환산될 수 없다는 사실을 알고 있기 때문이다.

4. 작은 지출을 우습게 여기지 않는다.

워렌 버핏은 "작은 지출을 조심하라"고 말했다.

티끌 모아 태산이라는 말이 있듯, 작은 지출이 모여 큰 손실이 될수 있기 때문이다.부유한 사람들은 재산을 구축하는 동안 사치와 필수적인 지출을 식별하는 능력을 키워 검소함이 몸에 배어 있다.

5. 하루를 빨리 시작한다.

부유한 사람 중 대부분은 아침형 인간이다.

하루 중 아침을 생산성이 가장 높은 때라고 생각하기 때문이다. 충분한

숙면을 취하되 일찍 일어나 경기 전 워밍업처럼 본격적인 업무를 시작하기 전에 명상을 하거나 독서를 하며 마음을 다스리는 것이다. 실제로 아침에는 창의력과 상상력에 관련된 우뇌 활동이 활발하므로 신문과 책을 통해 정보를 수집하는 일이 효과적이다.

6. 책을 항상 곁에 둔다.

부유한 사람들 사이에는 실제로 독서광이 많다. 그들이 독서 습관을 중요시하는 이유는 폭넓은 간접 경험과 정보를 축적할 수 있기 때문이다. 늘 손이 닿는 곳에 책을 두거나 자녀들 교육법으로 책 읽는 모습을 많이 보여주는 것도 독서의 중요성을 알고 있기 때문이다.

그들은 책 읽을 시간이 없단 핑계 대는 대신 출퇴근 시간에 오디오북을 활용한다. 자신이 좋아하는 분야의 책을 골라 하루 10분씩이라도 꾸준히 읽는 연습을 한다면 독서 습관이 자연스레 몸에 밸 것이다.

7. 주변인에게 소홀히 하지 않는다.

부유한 사람들은 진심을 담아 주변인에게 감사함을 표현할 줄 안다. 이들은 사람들과의 유대를 중요시하고 다른 사람과 오래 지속되는 관계를 형성하기 위해 노력한다. 평생 친구들에게 축하 전화를 해주는 습관을 기르고, 안부를 묻는다.

8. 매일 새로운 것을 배우려고 노력한다.

워렌 버핏은 "위험은 자신이 무엇을 하는지 모르는 데서 온다."고 말했다.

부유한 사람들은 매일 새로운 것을 배우거나 이해하려는 태도를 가진다고 한다.

뿐만 아니라 이들은 새로운 사람과의 만남을 즐길 줄 안다.

다른 사람들에게서 배울 점을 취하면 더 나은 사람으로 발전할 수 있기 때문이다.

9. 긍정적 사고력을 유지하려 애쓴다.

부유한 사람들은 마인드 컨트롤에 뛰어난 모습을 보인다. 감정에 치우치거나 부정적 개념에 연연하지 않으려는 연습의 결과라고 할 수 있다.

그들은 비판적이지 않으며, 긍정적인 측면을 찾으려고 노력한다.

10. 플러그를 뽑는다.

부유한 사람들은 하루 TV 시청 시간이 한 시간 미만이라고 한다. 시간을 더 효율적으로 사용하기 위해 단순한 재미를 포기할 줄 아는 의지를 갖고 있는 것이다.

TV 앞에서 낭비되는 시간을 다른 생산적인 것에 시간을 보낸다.

04 관리방향

관리는 창업시작 전부터 짜임새 있게 세워져 있어야 한다. 창업을 시작한 후 항상 고객과의 접점이 행해지기에 창업자는 점포관리와 직원관리의 중요성에 대해서 인식하고 항상 철저한 준비를 사전점검 해야 된다.

1. 점포관리

(1) 개점, 폐점시간 공지

평일, 주말, 혹은 휴일 등에 따른 개점시간, 폐점시간을 미리 입구 등에 공

지하여 고객에 대하여 신뢰감을 주어야 하며 이를 꼭 지켜야 한다. 고객을 상대로 하는 업소는 개점과 폐점 시간을 잘 안 지키는 순간부터 '성의 없는 업소를 운영하고 있다는 사실'을 고객들에게 공지하는 것과 같다.

(2) 청결함 유지

항상 개점 하기전 청소를 끝내야 한다. 고객이 들어오는데 청소를 하고 있다든지 하면은 해당 업소에서 좋은 인상을 갖지 않을 것은 자명한 것이다.

업장은 입구서부터 화장실, 내부 등이 청결함을 유지하여 점포로 고객이 들어섰다가 돌아서게 하는 일이 결코 있어서는 안된다.

고객이 업장입구로 들어서는 순간 향긋한 냄새가 항상 배어 나도록하여 고객이 기분을 한층 높여 주어야한다. 특히 지하 업소에서는 흔히 얘기하는 지하실 냄새가 나지 않도록 인테리어 시점부터 신경을 써야 하고, 화장실 또한 마찬가지다.

(3) 외부간판

외부 간판불은 가급적 타임머 장치를 하는 것이 좋다. 간판 켜는 시간을 잊어 버리고 간판을 켜지 않아, 고객으로 하여금 문을 아직 열지 않은 것으로 착각하게 해서는 곤란하다. 계절에 따라 간판을 켜는 시간이 다르므로 계절별로 타임머를 조정하여야 한다.

(4) 종업원들과의 미팅

종업원들과는 근무시간 이외의 시간을 선정하여 주기적으로 미팅을 하여 업주의 전달사항과 지시사항 만을 위한 미팅이 아닌 종업원들의 아이디어를 내도록 하여 영업의 발전적으로 향상되어 갈 수 있도록 하는 미팅을 하는 것이 중요하다.

2. 직원 관리

대부분의 창업자들은 직원 관리 때문에 고심하는 경우가 많다.

창업자는 처음이고, 직원이 그 계통에 경력이 많다보니, 자연히 직원에게 끌려 다니게 되고 다른 직원들도 창업자 지시 보다는 경력자의 지시에 더 잘 따르는 기이한 현상이 벌어지게 되는 것이다. 돈을 투자하여 창업으로 돈을 버는 일만 남았나 했더니, 직원들이 속을 썩이고, 통솔이 되지 않아 창업을 포기하는 경우도 생기게 마련이다.

이런 대부분의 창업자들은 창업 준비만을 서두르다가 직원의 근무태도와 서비스 교육에는 등안시 하는 경우이다. 창업개시 이후부터 가장 중요한 것은 직원들의 일치 된 서비스 정신을 배양하는 것이다.

(1) 직원 고용시점

직원 고용시점은 영업개시 10일전 정도에 미리 선발이 되어 있어야 하고, 영업개시일 1~2일 전부터 출근을 시켜 고용 계약서를 작성하고 분야별 직원들이 하여야 할 임무를 정확히 숙지시키고, 사장의 운영방침을 사전에 알려주어 서비스에 만전을 기할 수 있도록 처음부터 운영의 기틀을 마련해야 한다.

(2) 경험자와 무경험자 고용시 선택

경험이 있으면 무조건 잘 할 것으로 착각하여서는 안된다. 기존 직장에서 나름대로의 근무방법과 경험을 토대로 하여 근무경력을 나타내기 때문에 기존 직장에서 잘못 근무방법을 배워온 직원은 "기존직장에서는 이렇게 근무했다"는 등의 표현을 자주 쓰며, 잘못된 기존 근무방법을 고수하려하기 때문에 시정을 하는데 초보자보다도 더 신경이 쓰이고, 시간도 많이 소요되기 때문이다. 그러나 초보자들은 창업자의 운영방침대로 잘 따라주기 때문에 한결 통솔하기가 쉽고, 창업자의 경영을 소신껏 펼 칠 수 있으므로 참고해야할 사항이다.

(3) 출근표 기록

직원들은 출근시간 10분전까지 출근하고, 출근표를 기록하여 항상 차후 특별수당 등을 지불할 경우 참고자료로 사용 할 수 있다.

(4) 유니폼 착용

직원들에게 가급적 유니폼을 퇴근시 까지 입도록 함으로써 근무시간동안 소속감과 서비스 향상을 기대한다. 또한 근무시간동안 태만함이 사라지고, 자신의 행동을 조심스럽게 하는 효과가 있다.

(5) 직원들에 대한 선의의 경쟁활용

직원들끼리도 잘 할 수 있도록 선의의 경쟁을 유도해야한다. 근무를 잘 한 직원에 대해서는 그에 상응하는 대가(특별수당이나 급여인상, 진급 등)를 지불하는 것이 바람직하며 그 기준은 객관성이 있도록 설정해야한다.

(6) 창업자부터 모범

직원에게만 업소를 맡겨 두고, 업주는 출퇴근 시간도 안 지키고 업소에 관심이 없는 것처럼 비춰지면 직원들은 열심히 근무를 하지 않을 것은 당연하므로 고객들에게 창업자가 모범을 보여야 한다.

05 상품의 진열

1. 상품진열의 목적과 역할

상품의 진열 이라함은 고객에게 해당 상품의 구매 욕구를 느끼게 하여 보다 많이 팔 수 있다는 것으로 연결되어야 한다. 진열이란 디스플레이(display)를 의미하며 디스플레이에는 본래 '진열하다', '전시하다'라는 의미이다. 따라서 상품의 진열 목적에는 고객의 구매행동을 분석해야 하고 소비자 의사결정 또한 창업자가 알아야 하겠다.

⭐ 구매자의 유형

	고관여	저관여
최초 구매	복잡한 의사결정 (포괄적 문제 해결)	다양성 추구 (제한적 문제해결 or 회상적 문제해결)
반복 구매	상표충성도 (Brand Loyalty)	관성적 구매 (Inertia – 기식적 충성도)

상표충성도란 호의적 태도를 가진 특정상표를 반복적 구매하는 행동이며, 관성적 구매란 단지 구매노력을 덜기 위해 이전에 구매한 상표를 반복 구매하는 행동이다. 상품의 진열에서도 관성적 구매유도를 위해 반복적 광고 통해 진열효과를 높여야 하겠다.

고객은 점포방문 전까지 구매의도가 없는 상황에서 발생하는 구매행동과 제품에 대한 강한 호의적 감정이 발생하는 순간 즉각적으로 구매가 이루어질 때도 있다. 소비자 의사결정에서 보면 이것은 충동 구매자라 할 수 있다. 구매행동의 결과를 전혀 의식하지 않고, 제품을 구매해야 한다는 강한 느낌을 보유하고 있으며, 유쾌하지 못한 무드를 벗어나기 위한 수단으로 활용하기에 즉각적 욕구충족(gratification)을 통해 행복감을 느끼는 경우이기에 점포 내 머천다이징, 인적판매 등으로 구매가능성이 높다. 따라서 진열은 무조건적인 것이 아니라 구매심리를 바탕으로 진열을 해야 효과적인 판매가 될 것이다.

2. 상품의 진열기준

효과적인 진열을 위해서는 점포에서 지금 무엇을 중점 상품으로 할 것인지 또는 부문별로는 무엇을 호소하고자 하는지 정하여 가능한 초점을 맞추는 것이 중요하다. 확실한 목적을 갖고 상품을 사러 갔으면서도, 효과적인 진열의 매력에 이끌려 예정한 상품을 변경하거나 구입할 의사가 없는 상품을 진열에 매료되어 충동구매 하는 일이 흔한 일상사가 되었으므로 진열의 중요성은 매장 운영에서 다음과 같은 기준에 의해 진열되어야 한다.

① **기획력** : 판매하고자 하는 상품을 적극적으로 진열하여 호소력을 높인다.
② **배치력** : 보기쉽게, 손에 닿기 쉬우며, 시선 집중 포인트 즉 팔기 쉬운 장소를 설정한다.
③ **상품력** : 팔 수 있는 상품적량을 준비하여 경쟁점을 압도하는 상품 구색과 넓은 공간으로 흥미와 욕망을 느끼게 한다.

④ **연출력** : 진열하는 방법을 창출하여 가령 계절감을 표현하기 위해 보조 기구를 이용 함으로써 실감 있는 연상을 느끼게 한다.

⑤ **설득력** : 상품설명, 가격의 명료한 표시 등 POP광고를 전개하고 고객이 망설이지 않고 충동구매를 하도록 유도한다.

CHAPTER

06

서비스와 고객관계 관리

CHAPTER 06

서비스와 고객관계관리

01 서비스의 의의

상품과 용역 서비스에 대해 고객의 기대에 부응함으로써 그것이 고객의 사회적, 심리적, 물질적 만족감을 주고, 고객의 지속적인 재 구매활동과 수평적 인간관계를 형성하는 커뮤니케이션 사이클(cycle)로 인하여 창업자는 항시 고객만족이라는 단어를 가슴에 새긴다.

고객만족은 순간의 만족으로 끝나는 것이 아니라, 지속적으로 유지될 때 비로소 진정한 고객만족이라고 할 수 있겠다.

고객만족은 다음과 같이 3가지의 구성요소로 나타날 수 있다.

(1) 하드웨어 부문

매장의 시설, 인테리어, 분위기 연출 등

(2) 소프트웨어 부문

매장에서 취급하는 상품, 서비스 프로그램, A/S시스템, 부가서비스 체계 등

(3) 휴먼웨어 부문

직원들의 서비스 마인드와 고객에 대한 서비스 행동, 매너 등

위 구성요소는 곱하기의 논리방식을 갖고 있다. 구성요소중 하나라도 0점을 받게되면 다른 요소가 100점이라 하더라도 결론은 0점으로 나오게 되어 있다. 시설이 아무리 최고급이고, 좋은 상품과 좋은 서비스 프로그램으로 운영된다고 해도 직원들이 불친절 하다면 고객은 다시 찾아오지 않는다. 또한 낡고 칙칙한 시설에서 제대로 된 서비스 프로그램 하나도 갖추지 못한데서 직원들에게 오로지 친절하기만을 강요한다면 제대로 된 고객만족을 창출해 내지 못하게 되어있다.

따라서 모든 기업은 고객의 만족을 궁극적 경영 목표로 삼음으로써 시장 변화에 흔들리지 않는 안정적 수익 기반을 장기적, 지속적으로 확보해 나가려는 경영 방식을 추구한다.

고객만족은 경청에서 시작된다

제품실패 데이터 분석자료(Product Failure Data)-IBM Corp.   자료 : IBM

02 서비스 정신

주제 : 서비스란 무엇인가?

개인의견을 적어보자! (제출용)

학과 : _____ 학번 : _____ 성명 : _____

서비스의 단어를 사전풀이하면 다음과 같다.

1. 재화(財貨)를 생산하지는 않으나 그것을 운반, 배급, 판매하거나 생산과 소비에 필요한 노무를 제공하는 일.
   요즘은 서비스를 주로 하는 산업이 많이 활성화되고 있다.
   비표준어   서비스
   유의어   용역(用役)

2. 개인적으로 남을 위하여 여러 가지로 봉사함. 특히 장사에서 손님을 접대하고 편의를 제공하는 것을 이른다.
   고급 백화점은 보통 서비스도 좋다.
   그 상점을 고객에 대한 서비스 정신을 주요 덕목으로 생각하고 있다.
   비표준어   서비스

3. 장사하는 사람이 값을 깎아 주거나 덤을 붙여 줌.
   이렇게 많이 사는데 서비스 좀 없어요?
   이건 서비스로 그냥 드리는 것이니 가져가세요.
   비표준어   서비스

서비스에 답은 없다. 학문과 달리 서비스는 행동에서 나타나야 하는 것이기에 이론으로 설명은 가능하나, 직접적인 해답은 주어지지 않는다. 서비스라는 것은 '나'라는 존재와 '타인'이라는 존재의 상호작용에 따라 흐름이 달라질 수 있기에 우리는 서비스를 선별적이 아닌 보편적 서비스에 의해서 출발점을 찾아야 하는 것이다. '서비스를 어떻게 하는가' 라는 질문보다는 창업을 '왜 하는가'라는 질문에서 생각을 해봐야 한다. 창업은 이익을 내기 위한 목적이므로 목적을 달성하기 위한 수단은 치열한 경쟁에서 방법을 찾으면 된다. 가령 가격, 매장 분위기, 행사 등 다양한 방법이 있을 수 있다. 그러나, 최종 마지막 단계인 서비스는 고객과의 접점이기 때문에 접점에서 어떻게 하느냐에 따라 창업자의 이익은 향후 달라 질 수 있다. 이러한 관점에서 창업자는 서비스의 핵심을 내부고객과 외부고객에게 대한 서비스에서 찾아야 한다. 내부고객이라 함은 직원을 지칭한다. 창업자는 직원들이 퇴사를 하여도 언제나 마음 편하게 찾을 수 있는, 언제나 창업자의 매장에 소비자로 올 수 있는 환경을 조성해야한다. '직원을 가족처럼'이라는 흔한 얘기가 아닌 진심으로 운영해야 하는 것이다.

창업자가 이익만을 추구 하기위해 내부고객인 직원에게 서비스를 못한다면, 내부고객인 직원은 외부고객인 소비자에게 서비스의 질을 낮추는 것은 자명한 일이다. 따라서 서비스는 경영의 이익추구와 관계가 있음을 기억해야한다.

외부고객에 대한 서비스는 보편적 서비스로 누구에게나 항시 똑같이 행해져야하며 5가지로 집약할 수 있다.

(1) 얼굴에는 미소 가득

고객은 첫인상을 중요시 여긴다. 고객은 필요충분조건에 의하여 필요한 것을 돈을 주고 구매하는 것이지만 그 이면에는 보다 나은 친절함을 원하고 있다. 지불하는 것에는 포함되지 않지만 재 구매의 연속성을 갖고 있기에 미소는 상품보다 우위에 있다.

(2) 빠른 행동의 결과

고객은 직원의 행동에 있어 '느리다' 라고 생각할 때는 서비스의 불만족으로 느낄 수 있다. 상품에 대한 배달시간, 음식점에서 배달시간, 계산대에서의 시간등 우리는 빨리빨리라는 문화에 익숙해져 있기 때문에 고객입장에서 상황은 이해하지만 그래도 나에게는 빨리 해달라는 암시가 구매와 함께 전달되기 때문에 약속시간 및 행동은 지켜져야 한다.

(3) 동일한 감정표현

어떤 고객은 10만원을 구매 하더라도 더 잘하고 싶은 고객이 있는 반면, 100만원을 구매하더라도 빨리 이 사업장에서 나갔으면 하는 고객 또한 있게 마련이다. 그러나, 고객 입장에서는 10만원이던 100만원이던 똑 같은 구매자로 행동하기에 직원은 이런 것에 대하여 차별화 행동을 보여주어서는 않 된다. 직원은 가격을 떠나 동일선상의 고객으로 맞이해야 하는 것이다.

(4) 안전에 대한 신뢰감

안전은 고객에 대한 배려이며, 이것은 신뢰감으로 이루어진다. 어떠한 사업장이던 고객에 대하여 안전을 우선시 하는 것은 당연한 것이지만, 이익추구만을 하다보면 안전 불감증에 사로잡혀 간혹 실수가 아닌 고객을 속이는 행위를 보일 때가 있다.

(5) 보안에 대한 신뢰감

현 시대에 있어 개인의 비밀, 상품에 대한 품질, 나아가 기업의 비밀을 보장하는 것이다. B2B, B2C의 사업 모두 기밀에 대한 보장을 함으로써 신뢰관계가 이루어진다.

코카콜라의 살아있는 자판기 체험

▷ 코카콜라는 2009년 자판기 속에 서비스맨이 들어가 직접 서비스하는 '라이브 벤딩 머신(Live Vending Machine)' 캠페인을 실시

- 버튼을 누르면 자판기 안에서 사람 손이 나와 콜라를 내밀며 친절히 마개까지 따주는 자판기를 미국 4개 도시에 설치
- 자판기에서 튀어나오는 실제 사람의 팔에 깜짝 놀란 소비자들은 하나 같이 즐거워하며 웃음을 터트리고 대호응

〈자료 : MAAW(2009), Best Event or Experiential Marketing Campaign,
〈http : //www.maaw.org/globesAwards/〉〉

아멕스 고객이 되는 기쁨을 일깨운 'Dinner in the Sky'

▷ 아멕스는 기존 고객을 대상으로 토론토 시내 50m 상공 리프트에서 유명 쉐프가 요리하는 고급요리를 맛보는 체험 이벤트를 개최

- 예약 사이트 오픈 3시간 만에 전 좌석이 매진, 홈페이지 방문객 수는 무려 7,000% 급등
- 해당 이벤트 기간 중 세계 언론 매체에 아멕스가 언급된 횟수도 평소 대비 76% 증가
  • 언론이 긍정적인 시각으로 다루면서 탁월한 홍보 효과를 창출

자료 : Dinner in the Sky 홈페이지 〈http://www.dinnerinthesky.ca/〉〉

무한응대 서비스, 자포스

美 인터넷 쇼핑몰 자포스에서 신발을 구입한 고객이 가족상(喪)으로 인해 환불받으려던 신발을 기한 내에 반품하지 못하자, 자포스는 반송비도 받지 않고 반품해 주었으며 조의 화환까지 배달

사진자료 : 자포스 홈페이지

- 그 외에도 주문한 신발이 떨어지면 재고가 있는 경쟁업체로 연결하거나 밤중에 문을 연 피자집을 알려달라는 요청까지 응대

▶ 자포스는 창업 10년 만인 2008년에 매출이 10억달러를 돌파하고 2010년에는 「포천」 '일하기 좋은 기업' 15위에 선정

자료 : Hsieh, T. (2010). Delivering Happiness. Grand Central Publishing.

파이크 플레이스(The Pike Place)에서 즐거운 생선 사기

시애틀의 파이크 플레이스 어시장은 생선 손질과 포장 과정에 생선 장수의 쇼(show)를 가미하여 활기찬 체험 공간으로 변신

- 일단 고객이 사고 싶은 생선을 가리키는 것에서부터 체험이 시작
  ① 고객이 주문하는 즉시 한 직원이 길이 60~70cm의 펄떡이는 생선을 마치 야구공처럼 다른 직원에게 던져서 전달
  ② 다른 직원은 신문지를 야구 글러브처럼 접어서 쥐고 있다가 앞의 직원이 던져준 생선을 재빠르게 캐치
  ③ 이 생선을 단 몇 초 만에 노련한 칼질로 손질해 얼음 상자에 포장
- 자신이 주문한 즉시 현란한 생선 판매 과정이 진행되는 것에 쾌감을 느낀 고객은 마치 관광객처럼 어시장에 몰려들고 있음

자료 : Kelly, T. (2001). The Art of Innovation. Doubleday.

CRM (Customer Relationship Management)은 소비자들을 자신의 고객으로 만들고, 이를 장기간 유지하고자 하는 경영 방식으로 고객과의 관계를 관리하는 것으로, 단순한 관계를 말하는 것이 아니라 리더십이나 멤버십 같은 정신적인 부분이 포함된 것으로서 상호 신뢰를 바탕으로 맺어지는 관계를 말한다.

CRM은 1980년대에 거론되어지기 시작한 관계마케팅에서 발전된 마케팅으로 마케팅 전개의 요점을 어디에 두느냐에 따라서 전략과 전술이 달라지며, 고객 중심 경영으로 고객의 가치를 극대화하면서 고객과의 관계를 유지하고자 하는 것이기 때문에 기존고객 및 잠재고객을 대상으로 고객이탈을 방지하고 타상품과의 연계판매와 수익성이 높은 상품을 판매하기 위한 전략으로 고객 점유율을 높이는 것이다.

(1) 고객에 대한 재인식 -신규고객 보다 기존 고객이 더 중요하다

과거 상품을 생산과 판매 하는 것에만 신경을 써오던 전략들이 이제는 한층 더 나아가 상품을 사는 주체인 고객에게로 옮겨지고 있기에 기업들의 경영전략은 기업 중심에서 고객 중심으로 변화하고 있다. 이러한 변화 속에서 기업들은 항상 새로운 고객들을 유치하기 위해 많은 비용을 투자하고 치열한 경쟁을 벌인다. 하지만 다양화된 고객들의 욕구 변화에 따라 기업의 불특정 다수의 대중을 향한 광고가 더 이상 기대한 만큼의 효과가 없게 되었으며, 수치화된 연구결과에 따라 기업들은 기존 고객의 다양화된 욕구를 충족시켜주어 고객과 친밀한 관계 유지하며 결국은 평생 고객으로 유도하는 것을 중요한 과제로 인식하게 되었다.

고객의 중요성

① 기업 수익의 65%는 만족을 얻는 기존의 고객을 통해 이루어진다.
② 신규고객의 획득에 따른 소요비용은 기존 고객에게 베푸는 서비스 비용의 약 5배가 든다.
③ 고객 유지율이 몇 %만 증가해도 25%~100%까지의 이윤을 증가 시킬 수 있다.

(2) CRM의 등장 -기존의 고객을 잡아라!

기존의 고객들을 관리해서 장기적으로 거래를 지속하여 고객으로 부터의 구매와 수익을 극대화 하는것이 중요해지면서 이에 대한 해결책으로 등장한 것이 고객관계관리(Customer Relationship Management)이다. 고객에 대한 정보를 활용하여 고객과의 관계를 구축하고 강화시켜 나가 평생 고객으로 만드는 것이라 할 수 있기에 이러한 CRM을 도입한 기업들은 불특정 다수의 고객을 대상으로 마케팅을 하는것이 아니라 고객을 세분화하고, 세분화 된 고객의 특성에 맞는 타켓 마케팅의 기반을 구축하여 고객 개개인에 적합한 마케팅을 목적으로 한다.

(3) 국내의 CRM 현황 -침체와 재도약

CRM은 2000년대 초반부터 국내에 본격적으로 소개되었으며, 당시 기업들은 CRM을 통해 고객관리가 효율화되고 수익창출이 가능할 것이라는 기대에 부풀어 있었다. 하지만 고객에 대한 이해가 부족하였고 효과가 즉각적으로 나타날 것이라는 섣부른 기대로 인해 많은 기업들은 CRM 프로젝트가 실패했다는 평가를 받게 되었고, 이후 국내 CRM 시장은 수년간의 침체기를 겪어야만 했다.

CRM 실패요인

1) 확실한 목표설정의 부재

당시의 기업들은 자신들의 상황과 잠재력을 분석하고, 이를 통해 CRM을 통해 무엇을 개선하고 어떠한 목표를 달성해야 할지에 대한 계획이 부재하였다.

2) 기업 전체적인 관점에서의 접근 실패

기업 전체적인 관점에서 접근하지 못하고 일부 부서 단위의 프로젝트로 실행됐기 때문에 사전에 설정된 목표에 대한 지속적인 관리가 힘들고, 고객에 대한 분석과 정보 통합이 용이하지 않기에 CRM은 기업적인 전체적인 측면에서 이루어 져야 한다.

3) 솔루션 공급자의 실패

과거 기업들이 CRM을 도입할 때 한 가장 큰 실수는 섣부른 S/W 구매이다. CRM은 단순히 도입만 한다고 성과를 거두는 시스템이 아닌, 지속적인 관리와 분석을 필요로 하는 만큼 신뢰할만한 공급자를 선택해야 한다.

성공적인 고객관리 방법은 고객수익성 향상을 목표로 아래의 표처럼 전략을 세워야 한다.

자료 : 삼성경제연구소

CHAPTER

07

마케팅
관리

마케팅
관리

01 마케팅의 개념

21세기 이전까지 마케팅(marketing)은 수요를 관리하는 사회 과학으로만 정의되어 왔다. 마케팅은 광고, 영업 등을 포함하여 창의성을 갖는 산업으로 비쳐왔으며 또한 소비자가 가질 만한 미래의 요구와 욕구를 예측하는 일로 한정되었으나 21세기 이후의 마케팅은 어떤 잠재적인 욕구를 자극하여 표면상으로 이끌어 내는 행위나 동기로써 용어의 범위가 시장에서 벗어나 일상의 행위에서도 마케팅이라는 용어가 등장하였다. 마케팅은 그 용어의 시작이 시장에서 출발하였으나 일상생활까지 영향력이 확대되어 효용창출활동을 하며, 어떤 조직에 있어서든 가치창출을 수행한다.

02 마케팅의 가치창출

고객이 상품을 구매할 때에는 상품이 줄 수 있는 가치에 대해 생각하게 되는데, 고객이 느끼는 가치의 원천이 무엇인지 이해하는 것은 효율적인 마케팅을 수립하는데 효과적이다.

고객가치의 원천은 경제적 가치, 기능적 가치, 심리적 가치로 살펴볼 수 있다.

기업은 위 3가지의 가치 중 일반적으로 하나 또는 두 가지 이상의 가치에 있어서 다른 경쟁사보다 더 나은 가치를 충족하는 경우가 무엇인지에 대한 연구를 지속적으로 해야하며,이로 인한 고객가치는 혜택과 비용에 의해 결정된다.

(1) 경제적 가치

가장 기본적인 원천의 가치로서 비용절약이라는 측면에서 눈에 보일 수 있는 객관적 상태에서 측정할 수 있는 가치이다. 상대적 가치이기 때문에 기업은 신상품 출시 및 가격 책정시 많이 활용되고있다.

(2) 기능적 가치

소비자들이 측정할 수 있는 효용적인 혜택을 제공하는 부분이다. 신상품 디자인에 대한 형태와 혜택이 기능적 가치에 속한다.

(3) 심리적 가치

눈에 보이지 않는 것들로 시장 성숙기에 접어들거나 또는 경쟁자간 기술 혹은 제품의 차이점들이 거의 없을때, 심리적 가치는 특히 주요한 차별화 요인이 되며 브랜드에 대한 이미지가 이에 속한다.

고객가치의 원천인 경제적 가치, 기능적 가치, 심리적 가치에 대해 고객의 느끼는 만족은 다르기에 기업에서는 이 차이를 전략적 마케팅의 방법으로 활용 할 수 있다.

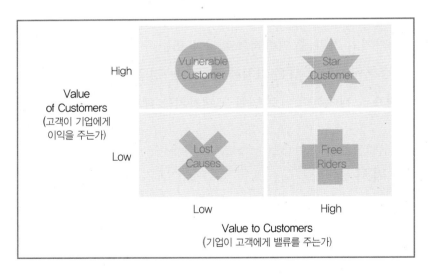

① Vulnerable Customer
- 고객은 기업에게 높은 가치를 제공하지만 기업의 서비스에서 많은 가치를 얻지는 못함(불만)
- 이런 타입의 고객층은 신규로 가입하였거나 오랜 시간동안 기업과 함께 해온 고객임
▶ 기업이 적절한 조치를 취하지 않으면 이런 타입의 고객층들은 쉽게 경쟁사들에게 빼앗길 수 있음

② Star Customer
- 높은 마진과 강한 로열티, 오랜 정체시간을 가지며 기업에 높은 가치를 제공
- 기업과 고객의 관계는 균형 잡히고 동등하며 상호 보완적인 win-win 관계임
▶ 기업은 신중하게 이런 타입의 고객층을 형성해야 함

③ Lost Causes
- 고객들은 기업의 제품이나 서비스에서 그리 많은 가치를 얻지 못함
- 기업들에게 있어서 이런 타입의 고객들은 한계 수익점이라고 할 수 있음. 즉, 생산비용을 줄이고, 판촉의 효율성을 증대시키는 정도의 역할을 함
▶ 기업이 이런 타입의 고객층들을 수익성이 높은 단계로 끌어올리지 못하면 투자를 줄이거나 혹은 고객 제거를 해야 함

④ Free Riders
- 기업의 제품과 서비스를 사용함으로써 높은 가치를 얻는 반면, 기업에게 있어서는 가치 높은 고객층은 아님
▶ 서비스 단계를 낮추거나 가격을 높이는 방법으로 이런 고객층을 줄여야 함

03 마케팅 전략의 개발

영리조직이든 비영리조직이든 모든 조직은 소비자에게 효과적으로 접근하기 위한 마케팅 전략을 개발할 필요가 있으며, 마케팅 전략의 시작은 목표시장에 대한 소비자 집단을 이해하는데서 출발을 해야 하며, 소비자행동과 마케팅 믹스를 접목한 전략을 수립해야한다.

1. 소비자 행동

마케팅은 소비자를 만족시키는 과정이다. 소비자의 욕구가 무엇이고, 왜 생겨나며, 어떻게하면 소비자들의 욕구를 만족 시킬 수 있는지 알아야 할 것이다. 결국 소비자를 만족시키는 방법은 소비자행동의 연구를 통하여 이해하는 과정에서 중요성을 찾을 수 있다.

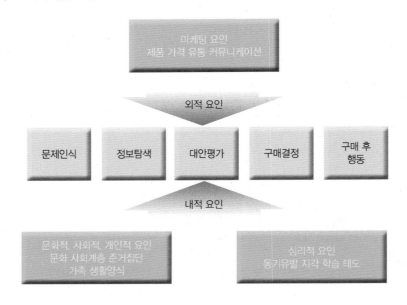

☆ 소비자 행동모델

☆ 관여도에 따른 구매 의사결정 수준

관여도	저관여 ----------------➤ 고관여		
의사결정유형	습관적 의사결정	한정적 의사결정	광범위한 의사결정
문제인식	선택적	일반적	일반적
정보탐색	• 제한된 내적 탐색 • 낮은 탐색동기 • POP광고 영향	• 내적 탐색 • 보통 탐색동기 • 보통의 정보원	• 내적 탐사 • 높은 탐색동기 • 다양한 정보원
대안평가	• 습관적 • 비보상 평가방식 • 단일대안	• 제한된 평가기준 • 단순한 평가기준 • 적은 대안	• 다양한 평가기준 • 보상적 평가기준 • 많은 대안
구매	• 셀프서비스 선호 • 즉흥구매	• 단순 구매	• 비교구매 • 합리적 점포선택

구매 후 행동	• 부조화 없음 • 극히 제한적 평가 • 습관적 재구매 • 불만족시 타상표 구매	• 부조화 없음 • 제한적 평가	• 부조화 있음 • 복잡한 평가 • 구매결정에 대한 강화 • 만족시 상표 알림

창업자는 소비자 행동모델과 관여도에 따른 구매의사결정 수준 내용을 바탕으로 전략을 세우는 방법을 터득해 나가야 할 것이다.

2. 마케팅 믹스

마케팅 믹스(Marketing Mix)란 일정한 환경적 조건과 일정한 시점 내에서 여러 가지 형태의 마케팅 수단들을 경영자가 적절하게 결합 내지 조화해서 사용하는 전략을 의미한다. 즉, 어떠한 제품에 사용될 모든 마케팅 전략의 집합체를 조정, 구성하는 일이다. 마케팅 믹스라는 용어는 미국 미시간 주립 대학의 교수인 E.제롬 맥카시 교수에 의해서 1960년 처음 소개되었다. E.제롬 맥카시 교수는 회사가 그들의 타겟 고객층을 만족시키기 위해서 제품(Product), 가격(Price), 장소(Place), 촉진(Promotion)의 크게 4가지로 나뉘는 마케팅 전략을 적절하게 섞어서 사용한다고 주장하였다.

2차 세계대전의 승전국이자 아무 피해도 입지 않은 미국에게 있어 1950년대는 호황기였다. 중산층으로의 진입은 대규모로 늘어났고, 소비자들의 구매력은 충분해졌다. 그 결과 사람들은 더 나은 집과 가전 제품, 자동차를 그들의 충분한 구매력을 이용해서 선택하게 되었고, 전통적인 제조업 회사들은 이러한 고객의 니즈를 만족시켜야 더 높은 입지와 성공이 보장되었다. 그렇기 때문에 경쟁은 치열해졌고, 고객을 제품의 구매에 이르게 하는 마케팅의 개념은 어느때 보다 중요해졌다. 그렇기 때문에 다양한 마케팅 전략을 전체적으로 조정, 구성하는 것을 연구하는 전략인 마케팅 믹스는 1960년대 특히, 그 시점에 고객의 욕구를 만족시키는 것을 간절히 찾던 기업들에게 반드시 참고, 연구해야 할 핵심 전략이었다. 그 당시부터 50여년이 지난 현재까지도 마케팅 믹스는 마케팅 관련 분야에 중요하게 다루어져야 할 핵심 개념으로 자리잡고 있으며 수많은 관련 도서와 실무에서 많은 연구와 활용이 시도된다.

E.제롬 맥카시 교수가 소개한 마케팅 믹스는 당시 마케팅 전략의 분류와 연구가 체계적으로 되어있지 않고 마케팅이라는 개념 자체가 생소했던 도입기이기 때문에, 특정 회사가 사용하게 될 네가지 전략의 분류와 소개가 대부분이다. 즉, 4P 전략을 카테고리별로 나누어서 소개해 둔 것으로, 결합 부분은 깊이 다루고 있지 않다. 하지만 50년이 지난 현재에서는 각 사업 또는 회사의 성격이 전통적인 제조업에서 벗어난 형태가 많으며, 마케팅에 대한 연구 역시 다양하게 진행되었다. 특히 현대 사회에서는 운송수단 및 미디어의 혁신적인 변화로 전통적인 마케팅 믹스에 대한 구성요소 중요도의 차이가 매우 커졌기에 과거의 4P 개념의 단순 적용은 무리가 있다. 현재에는 오히려 이 구성 요소들을 어떻게 결합시켜서 소비자에게 접근하느냐가 이슈이다. 현대의 여러 학자들 의견에서는 마케팅 믹스의 구성요소를 전통적인 마케팅의 요소인 4P로만 나누는 것이 다원화된 현대 사회에 알맞지 않기 때문에, 그것을 개량해서 보다 소비자에게 친숙한 구성요소로 이루어져 있고, 인터넷 마케팅에서 특히 중시되는 네가지 요소인 4C(Cost, Convenience, Consumer, Communication)로 현대 비즈니스에서 기존의 4P 못지않게 중요해진 요소인 과정(Process), 물리적 근거(Physical evidence), 사람(People)의 세 요소를 4P에 보완해서 만들어낸 7P 등으로 구성요소를 확장해서 정의하고 그것의 활용이 널리 쓰여지고 있다.

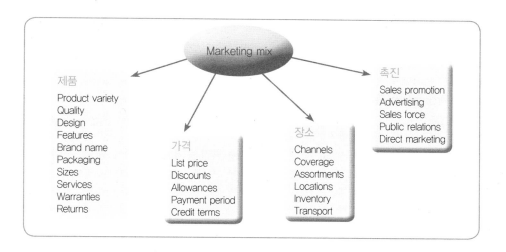

4P의 분류

Product(제품)

단순히 제품이나 서비스를 생산하는것 이외에 그 제품이 줄 수 있는 종합적인 혜택을 통틀어서 이르는 것이다. 디자인, 브랜드, 상징, 보증, 상품 이미지 등을 폭넓게 포함하고 그것을 관리하는 전략이다.

Price(가격)

기업이 특정 물품의 가치(Value)를 가장 객관적이며 수치화된 지표로 나타내는 전략이다. Skimming(가격을 높게 잡는 고가화 전략), Penetrating(가격을 낮게 잡는 침투전략), EDLP(Every Day Low Price), Competitive Pricing(경쟁사와의 관계를 이용하는 가격 전략) 등이 있다.

Place(장소)

기업이 특정 물품의 판매를 촉진하기 위해서 활용하는 공간의 단순한 배치를 넘어서, 고객과의 접촉을 이루어지게 하는 전체적인 유통경로의 관리를 포함하는 공급사슬 관리이다.

Promotion(촉진)

기업이 마케팅 목표 달성을 위하여 사용하는 광고, 인적판매, 판매촉진, PR, 직접 마케팅 등의 수단으로 대중들의 원활한 의사소통을 기반으로 구매를 이끌어내는 유인 기법을 말한다.

3. SWOT 분석

기업의 내부환경을 분석해 강점과 약점을 발견하고, 외부환경을 분석해 기회와 위협을 찾아내 이를 토대로 강점은 살리고 약점은 보완, 기회는 활용하고 위협은 억제하는 마케팅 전략을 수립하는 것을 의미한다. 이 때 사용되는 4요소를 강점·약점·기회·위협(SWOT)이라고 하는데 이 중 강점과 약점은 경쟁기업과 비교할 때 소비자로부터 강점 약점으로 인식되는 것이 무엇인지, 기회와 위협은 외부환경에서 유리한 기회, 불리한 요인은 무엇인지를 찾아내 기업 마케팅에 활용하는 것을 말한다. 기업 내부의 강점과 약점, 기업 외부의 기회와 위협을 대응시켜 기업의 목표를 달성하려는 SWOT 분석에 의한 마케팅은 4가지 전략으로 이뤄진다. ① SO(강점-기회) 전략으로 시장의 기회를 활용하기 위해 강점을 사용하는 전략을 선택하는 것이고 ② ST(강점-위협) 전략으로 시장의 위협을 회피하기 위해 강점을 사용하는 전략을 말한다. ③ WO(약점-기회) 전략은 약점을 극복함으로써 시장의 기회를 활용하는 것이고 ④ WT(약점-위협) 전략은 시장의 위협을 회피하고 약점을 최소화하는 전략이다. 일부에서는 기업 자체보다는 기업을 둘러싸고 있는 외부환경을 강조한다는 점에서 위협·기회·약점·강점(TOWS)으로 부르기도 한다.

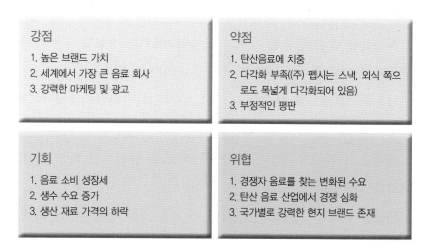

☆ SWOT 분석 사례 – 코카콜라

강점

1. 높은 브랜드 가치
2. 세계에서 가장 큰 음료 회사
3. 강력한 마케팅 및 광고

약점

1. 탄산음료에 치중
2. 다각화 부족((주) 펩시는 스낵, 외식 쪽으로도 폭넓게 다각화되어 있음)
3. 부정적인 평판

기회

1. 음료 소비 성장세
2. 생수 수요 증가
3. 생산 재료 가격의 하락

위협

1. 경쟁자 음료를 찾는 변화된 수요
2. 탄산 음료 산업에서 경쟁 심화
3. 국가별로 강력한 현지 브랜드 존재

4. 신제품개발

새로운 제품 또는 서비스의 개발은 조직의 생명줄이다. 제품은 영원히 경제적으로 효과적인 상태로 남아있지 못하며 기업의 생존을 보장하기 위해서는 새로운 상품들이 개발되어야 한다. 오늘날 대부분의 신제품들은 구체적인 고객의 욕구를 충족시키는 것을 목표로 하고 있으며, 기업이 신제품을 개발하는 이유는 여러 가지가 있다. 그중에서 다음과 같은 이유에서 고려되고 있다.

❶ 기업이 지속적인 성장을 하기 위해서이다. 소멸하지 않고 계속 성장하는 기업이 되기 위해서 신제품을 개발해야 한다.

❷ 신제품 개발에 대한 제품 차별화 전략을 가지고 있어야 한다. 제품 차별화 전략이란 자사의 제품을 핵심제품, 상표, 포장, 서비스, 이미지 중 어느 하나 또는 이들의 조합을 이용해서 경쟁제품과 구별되도록 함으로써 독점적 혜택을 누리는 전략이다. 기업이 개발한 신제품은 계속적으로 독자적인 위치에 있는 것이 아니라 곧 소비자의 환영을 받으며 받을수록 경쟁자에 의해 모방된다.

❸ 소비자들은 많은 정보를 가지고 있으며, 때로는 정보를 수집하여 여러 상품을 비교한 후에 구매하는 경향이 나타나고 있다.

❹ 신제품은 그 스스로 상징성을 가지고 구매하는 사람의 위신과 체면에 긍정적인 효과를 가져다준다.

❺ 신제품은 소비자의 생활수준이 향상되므로 실질적인 삶의 질 개선의 변화를 요구한다.

❻ 신제품은 대부분 기술의 소산이며, 신제품 개발 경쟁은 기술의 발전을 낳는데, 이는 결과적으로 능률과 효율을 높이게 된다.

신제품 개발 이유와 더불어 시스템적 접근방법이 마케팅에서 요구되고 있다. 신제품 개발과정은 6개의 단계, 즉 신제품 아이디어 창출, 아이디어의 평가, 사업성분석, 제품개발, 테스트 마케팅, 상업화 단계이다. 이때 각 단계마다 경영자의 촉진과 중단이라는 의사결정이 필요하다.

5. 제품수명주기 이론 (PLC : Product Life Cycle)

제품에는 일정한 수명이 있고 이러한 수명은 신제품의 출시에 따라 반복적인 형태로 나타나는 것을 의미하는데, '도입 - 성장 - 성숙 - 쇠퇴' 의 단계를 거치게 되며 네 단계마다 다른 전략들을 적용해야 한다.

제품 수명 주기의 구분에 관한 일반적인 견해는 시장 도입기, 성장기, 성숙기, 쇠퇴기의 네 단계로 분류하는 것이다. 또한 제품 계획과 관련시키면 시장 도입기 이전에 개발기도 중요하다. 이에 마케팅 전략 면에서 수요, 비용, 경쟁을 기준으로 삼아 4단계를 설명하면 다음과 같다.

 제품수명주기에 따른 판매와 이익변화

구분	도입기	성장기	성숙기	쇠퇴기
매출액	낮은 수준 서서히 증가	급격히 증가	최고수준 유지 성장률은 정체	감소
이익	신제품의 시장 도입을 위한 투자로 인해 적자	판매급증과 동시에 단위당 원가 감소로 이익이 급상승하기 시작하여 성장기 말기에 최대 수준 도달	일정한 이익 유지 또는 시장의 정체와 경쟁의 격화로 다소 감소	총이익은 감소하나 희소성을 바탕으로 단위당 이익은 다소 높아지기도 함
생산원가	높음	점차 하락	낮아짐	낮음
경쟁구조	경쟁자 적음	경쟁자 대거 진입	경쟁력이 약한 경쟁자는 도태되어 과점 상태 유지	시장매력도 저하로 경쟁자 시장에서 철수
소비자특성	혁신층	조기수용층	중간다수층	최종수용층
고객당 촉진비	높음	평균	낮음	낮음

구분	도입기	성장기	성숙기	쇠퇴기
마케팅 목표	시장규모 확대 제품인지도 확대	시장 점유율 확대	이익극대화 시장점유율 유지/방어	최저이익유지 비용절감 투자비 회수 독점적 지위 추구
제품	다양한 편익 개발	포지션 강화 제품 라인 확대	리포지셔닝 제품 차별화	대체품 개발
가격	높다	탄력적 가격 운영	최저 가격	가격 감소/상승
유통	유통경로 확보	유통망 확대	유통망 유지	선택적 유통
촉진	광고, 홍보 강화	인적판매 강화	판매 촉진 강화	최소한의 수준

제품수명주기에 따른 판매와 이익변화

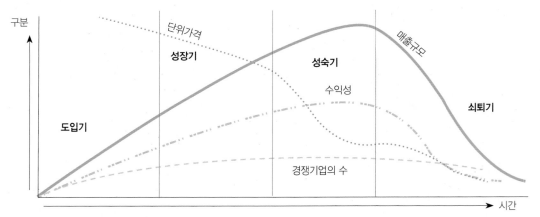

6. 가격전략

가격은 기업, 소비자, 경쟁자 입장에서 결정될 수 있다. 원가에 적정 이윤을 더하여 결정하는 것은 기업입장이며, 제품을 소비하면서 얻게 되는 가치를 기반으로 결정하는 것은 소비자 입장이다. 과열경쟁으로 인하여 경쟁기업이 설정한 가격을 기준으로 가격을 결정할 수도 있다. 기업입장에서의 가격결정은 목표판매량과 목표이익이 제시되는 경우에 보통 원가중심으로 가격이 결정된다. 고객의 관점은 무시하고, 경쟁자와 이익에 대한 고려가 적다는 비판을 받기는 하지만 단기간에 시장점유율을 확대해야 하는 경우에 사용된다. 원가중심은 다시 원가에 일정 이윤을 더해서 판매가격을 결정하는 방법과, 기업이 설정한 목표이익을 달성할 수 있는 수준에서 가격을 결정하는 방법, 미리 결정된 목표이익에 총비용을 더해서 결정하는 방법이 있다. 그러나 원가에 기반한 가격결정은 경쟁사에서 가격을 내릴 경우 이익증가 없이 매출만 늘어나게 되고, 출혈경쟁으로 모두에게 손실을 입히는 결과를 낳기도 한다. 메모리반도체 분야에서 삼성전자와 일본 업체들이 진행한 내용을 보면 삼성전자는 이익을 극단적으로 줄이거나 손해를 보면서까지 시장점유율을 높이며 경쟁업체를 압박했다. 결과적으로 일본의 메모리반도체 업체들은 파산하거나 사업을 접어야 했고, 그 결과 메모리반도체 시장은 삼성전자가 독식하는 결과를 낳았다. 원가중심으로 가격을 결정하는 방법은 규모의 경제를 달성할 수 있는 기업에서 사용되는 방식이다.

가격결정에서 경쟁자를 가장 중요하게 바라보는 것이 경쟁중심 가격결정이다. 제품이나 서비스가 유사한 통신 산업과 같은 성숙기 산업에서 주로 사용된다. 통신사들은 서로간의 차별성을 강조하고 있지만, 소비자들은 제품이나 서비스가 비슷하다고 생각한다. 결국 제품의 차별적 요인보다는 가격이 가장 중요한 요인이 되는 것이다.

경쟁중심 가격결정은 다시 시장가격 중심의 가격결정과 경쟁 입찰에 의한 가격결정으로 구분할 수 있다. 시장가격 중심의 가격결정은 시장의 경쟁상황이나 제품의 특성에 따라 경쟁제품의 가격을 토대로 가격을 결정하는 것이다. 애플의 아이폰 제품이 시장에 출시될 때 마다 통신회사들은 가격결정을 최대한 늦추기도 하고, 경쟁자에 대응해서 다른 가격상품을 출시하기도 한다.

경쟁 입찰에 의한 가격결정은 정부기관에서 사용하는 경쟁입찰이나, 소비자들이 모여서 판매자들 간의 경쟁으로 가격을 낮추는 역경매 방식이 대표적이다. 경쟁입찰의 경우 가격을 높이면 이익은 커지지만 성공확률은 낮아진다. 결국 경쟁기업의 반응을 고려하여 입찰에 성공할 확률을 정확히 추정하는 것이 중요하다.

가치 중심 가격결정이란 고객이 느끼는 제품의 가치를 중심으로 가격을 결정하는 것이다. 연극을 보러 가면 2층보다는 무대 앞 좌석이 비싸고, 평일보다는 주말이 더 비싼 것과 같다. 가치 중심 가격결정은 원가중심 가격결정과 달리 목표고객들이 우리 제품과 서비스에 어느 정도의 가치를 부여하고 있는지를 조사하여 이를 중심으로 가격을 결정하는 것이다. 가치 중심 가격결정은 경쟁제품 및 원가를 모두 고려한다는 점에서, 또한 소비자 중심으로 가격을 결정한다는 점에서 많은 기업들이 도입하고 있는 방식이다.

그러나 가치 중심으로 가격을 결정하기 위해서는 제품과 서비스에 대한 명확한 차별성이 존재해야 한다. 비슷한 제품과 서비스에 가격만 높이는 것이 가치 중심은 아니라는 의미이다. 제품과 서비스에 차별성이 존재한다는 전제에서 기업은 소비자 관점의 가치를 파악해야 한다. 이를 위해서는 조사비용이 많이 들고, 사람들이 의견을 명확히 이야기 하지 않는다는 점에서 정확한 측정이 어렵다는 단점이 있다.

고객가치 중심의 가격전략은 개별적인 소비자들의 특징과 그들이 처한 환경적 요인을 이해해야 고객가치를 분석할 수 있다. 고객이 어떤 상황에서 구매를 결정하고, 결정과정에서 누구에게 영향을 받는지, 구매 채널은 어디인

지, 경쟁기업의 가격이나 품질은 어떻게 인식하고 있는지 등의 고객에 대한 다양한 정보가 필요하다.

소비자들은 자신이 원하는 것을 솔직하게 말하지 않는 경우가 많아 고객가치를 측정하기가 쉽지 않다. 예를 들어 가족, 친구, 직장동료 등의 구매과정을 지켜보면 재미있는 현상이 있다. 공짜로 주어도 사지 않을 제품을 높은 금액으로 구입하는 경우이다. '가격이 비싼 것 같은데 왜 구입했어?'라는 질문을 하면 '꼭 필요해서'라는 답변보다는 '이미지가 좋아서', '마음에 들어서' 등 감각적이고 충동적인 구매이유를 듣는 경우가 많다. 여기서 높은 금액이란 내가 생각하기에 높은 가격이지, 제품을 구입한 사람은 적정가격을 지불했다고 생각하는 합리적인 가격을 의미한다. 즉, 가격이 비싸더라도 본인이 가치를 느끼면 그것은 적정가격이 되는 것이다.

사람마다 기준으로 삼는 가치가 달라서 가격, 성능, 유용성만을 따져서 구매하지는 않는다. 현재 돈은 충분한지, 이 제품을 사는 것이 지금 상황에서 나에게 얼마나 중요한지, 얼마나 자주 이것을 구매하는지, 얼마나 긴급한지, 나와 어울리는지 등에 따라 구매를 하기도 하고, 미루기도 한다. 또한, 의식주에서 필요하여 구매를 하는 것도 아니다. 사용하던 제품이 식상해서 새로운 것을 구매하기도 하고, 회사에서 보너스가 나와서 구매를 하기도 한다. 결혼을 하고, 아이가 생기고, 아이가 성장하는 등 생활의 변화로 구매를 하기도 한다.

소득이 다르면 소비수준이 달라지는 것과 같이, 같은 제품도 소비자가 필요로 하는 정도가 다르다. 또한 같은 소비자라고 하더라고 때와 장소에 따라 필요로 하는 정도가 달라진다. 시원한 음료수의 가치는 땀을 많이 흘린 운동 후가 더 큰 것과 같다. 이러한 가격차별화는 우리 주변에서 흔히 경험할 수 있다. 기업은 소비자마다의 가치를 찾아내서 가격차별화를 할 수 있다.

기업이 처한 환경에 따라 원가중심, 경쟁중심, 가치 중심의 가격전략이 결정된다. 앞으로의 가격전략은 판매가격을 높이는 것이 아니며, 경쟁자에 의해 영향을 받는 것이 아니다. 바로 고객의 가치를 제대로 포착하는 것이다. 가격을 결정할 때 원가와 경쟁자를 잊고 가치에 집중하는 방식은 분명 창업자에게 이익과 성장을 보장해주는 가격 결정방식의 기본이 되는것이다.

7. 유통전략

유통경로는 제품과 서비스가 생산자로부터 소비자 및 최종사용자에게 옮겨가는 과정에서 참여하는 모든 개인 및 기업을 말하며, 유통경로 뿐 아니라 서비스도 경로를 갖고 있다.

유통과정에 참여하는 개인 및 기업들이란 생산자, 도매상, 소매상 뿐만 아니라 소비자와 산업용품의 사용자도 포함되며, 소비자의 선호성향이나 구매형태에 따라 유통의 기능과 구조가 변화고 있다. 서비스 경로는 과거에는 주로 물적 제품에 관련해서만 경로를 이야기 해 왔지만 금융 같은 서비스도 엄연히 유통경로를 갖고 있는 것이다. 또한 요즘은 콘텐츠 산업의 발달로 콘텐츠 유통에 대한 관심도가 늘어나고 있다.

지금까지 콘텐츠 상품의 유통은 주로 프로그램 측면에서 다루어져 왔다. 마케팅의 기본 요소인 상품, 가격, 유통, 판촉 등 마케팅 4P(Product, Price, Place, Promotion)에서 유통은 상품(Product)의 영역과 가입자 모집 및 관리를 담당하는 영업(Place) 영역에서 일어난다. 콘텐츠에 익숙한 인력들은 주로 유통이란 단어를 들으면 프로그램 측면의 유통을 떠올릴 것이다. 프로그램 측면의 유통은 생산 규모가 클수록 더 많은 이윤을 창출하는 콘텐츠의 특

성이 적용되는 분야로, 다른 어떤 영역보다 유통을 통한 수익 창출이 중요하다. 2011년 한 해 동안 한국 드라마, 한국 영화, K팝 콘텐츠 수출을 통해 벌어들인 수익이 89조 원으로 추정될 정도로 콘텐츠 유통의 경제적 효과는 거대하다.

콘텐츠 상품의 유통은 가능한 저렴한 비용으로 높은 가치를 창출할 수 있는 저비용 고가치 유통 구조를 수립하는 작업이 가장 중요하다. 이를 좀 더 구체적으로 설명한다면 상품이 소비자에게 전달되는 유통 비용은 최소화하고 고객 유치를 위한 비용(SAC, Subscribers Acquisition Cost)을 고객 집단별로 차등화 하여 설계하는 것이다. 이것이 기본적인 콘텐츠 상품 유통을 구조화하는 기본 단계라 할 수 있다. 2단계는 고객 서비스 강화를 통해 고객의 편이를 추구하고, 3단계는 치열한 경쟁 상황이 도래하더라도 고객을 유지할 수 있는 고객 유지(Retention) 강화 전략을 추진해야 한다.

 고객 접점 유통 채널에 따른 특장점 분석

구 분	방 법	특장점
면대면 유통 채널	대리점 방문	고객 편이, 상품 체험
	영업사원	1:1 밀착
비대면 유통 채널	전단지	정보 제공
	콜센터	고객 서비스 제공
	텔레마케팅	신규 고객 확보
	인터넷	토털 서비스 제공
	TV광고	상품 이미지 강화

출처 : 콘텐츠비즈니스 입문

유통전략의 다변화는 인터넷기능의 발달로 더욱 확대되었다.

인터넷기능이 미디어와 결합되며 이용자들은 콘텐츠를 선택하기 전에 정보를 검색하고 타인의 의견을 수렴하고, 이용 후 자신의 의견과 정보를 공유하고 있다.

적극적이고 능동적인 콘텐츠 이용 행태는 e마케팅의 도입과 활성화를 가져오는 직접적인 원인이 되었다. 콘텐츠 기업들은 e마케팅을 통해 소비자들과 양방향 커뮤니케이션을 활성화하며 콘텐츠의 접근과 이용 빈도 및 평가를 높이는 데 주력하고 있다

e마케팅은 사업자와 소비자를 직접 연결해 소비자의 의견을 가감 없이 청취할 수 있는 장점이 있고, 비용과 시간 또한 절감할 수 있다. 유료 콘텐츠 사업자들은 사업 관련 정보뿐 아니라 유료 결제, 설치와 이전, AS 고객 의견 등 고객관계관리(Customer Relations Management) 전략의 효율적 통로로 평가되며 지속적으로 성장하고 있다.

생활용품 기업인 피죤의 이주연 대표가 시골 보건소에 편지를 보낸 사연이 화제를 모으고 있다. 이 대표는 최근 김천시 산하 태화보건진료소에서 근무하는 김현진 소장에게 응원의 친필편지를 보냈다. 그는 "어려운 환경을 이겨내고 지금까지 진료소를 지켜오신 소장님의 노고에 깊은 경의를 표한다"면서 "저희 제품을 이용해 주신것 또한 감사하다"고 서한을 통해 전했다. 또한 회사 측은 삼성 액티브워시 세탁기와 함께 1년가량 사용이 가능한 세탁세제 및 섬유유연제 10박스를 전달했다.

이 대표가 편지를 보낸 것은 피죤이 지난 6월 인터넷 포털 및 카페를 대상으로 '세탁'과 관련된 고객들의 사연을 받은 것이 계기가 됐다. 이 이벤트는 세탁세제와 섬유유연제 등을 만드는 피죤이 마케팅 일환으로 진행한 것이다. 피죤 측은 최고급 세탁기와 자사 제품의 프리미엄 세트 등을 상품으로 내걸었다.

작은 시골마을 진료소에 상주하며 근무하는 김 소장은 보건소의 세탁기가 잦은 고장으로 작동이 잘 안된다는 사연과 함께 10여년 째 피죤의 비앙카 향 제품만 써 왔다는 사연을 접수했다.

김 소장은 보건진료 뿐 아니라 자체 운영하는 소규모 운동시설과 찜질방, 샤워장을 관리하고 있다. 이 곳이 마을 어르신들의 휴식 및 여가장소로 사용되는 터라 빨래양도 만만치 않다는 것. 하루에 세탁하는 수건만 100여장에 달한다는 설명이다.

피죤 관계자는 "어려운 환경에서 지역 주민들을 위해 노력하는 김소장의 스토리에 감동을 받았다"며 "이번 후원이 피죤 제품을 오랫동안 써온 고객에 대한 감사는 물론이고, 어려운 환경에서 지역 주민들을 위해 노력한 태화보건진료소에 작은 기쁨이 됐으면 좋겠다"고 소감을 밝혔다.

이 대표는 직원들에게 "국내외 경제 상황이 어려워지더라도 좋은 향, 좋은 성분의 품질정책을 유지해 나가야 한다"면서 "앞으로도 100년이 가도 유지되는 친환경 제품으로 고객들에게 사랑받도록 노력할 것"이라고 말했다.

출처 : 아시아경제, 2015

본인이 상품에 대한 구매 또는 서비스를 받으면서 친절 또는 불친절의 사례를 적어보도록
한다.(제출용)

학과 : _____ 학번 : _____ 성명 : _____

CHAPTER

08

물품
관리

CHAPTER 08

물품 관리

01 구매 관리

    구매 관리는 그 기능이 종래에는 단순히 사용부문의 요구에 따라 필요량을 적절한 시기에 적정가격으로 구입하고 이에 따르는 사무 처리를 하는 것으로 이해되었으나, 오늘날에는 기술혁신 및 제품생산의 고도화로 인해 구매업무의 내용이 복잡해졌음은 물론, 구매업무의 중요성이 증대되고 있다. 이에 따라 구매 관리는 그 기능의 효과적 수행을 위해 단순히 소요자재의 구매업무만을 취급하는 범주를 벗어나, 경영활동 전반과 연결되어 이익의 원천으로서 보다 창조적인 구매활동을 필요로 하게 되었다.

    이를 위해서 과학적인 구매 관리활동이 요구되는데, 그 내용은 다음과 같다.

❶ 용도에 따라 가장 적정하고 적합한 것을 찾아 구입한다.(구매의 가치분석·구매시장조사·품질관리)

❷ 납기(納期)에 늦지 않도록 구입한다.(납기 관리)

❸ 일정한 재고를 필요로 하는 제품과 자재에 대해서는 재고를 될 수 있는 대로 최소한도로 하면서 특히 재고 고갈의 위험도 없앤다.(적정재고관리)

❹ 우량 업체 또는 업자로부터 구입한다.(구매 시장조사·납품업자의 선정·외주 관리)

❺ 적절한 수송수단으로 구입한다.(수송 관리)

❻ 최저의 구매비용으로 구입한다.(구매 비용관리)

❼ 사용 중 발생된 잔재(殘材)의 유효적절한 활용(잔재 관리) 등이다.

이 밖에도 구매 관리기능의 능률화와 관련하여 구매조직의 합리화, 유리한 조건의 구매방법선택 등이 뒤따라야 할 것이다.

구매 관리월보는 거래처의 물품 거래와 관련하여 거래 내역을 관리하기 위해 작성하는 문서로 구매 제품에 따른 예정 계획을 수립하여 실제 구매 제품에 대한 현황을 대조하여 분석하기 위해 작성된다. 분석을 통해 구매 자금을 효율적으로 관리할 수 있으며 자금 방향을 파악할 수 있다. 또한 예정사항과 실적을 비교하여 구매 관리업무를 효과적으로 수행할 수 있으며 구매 관리월보를 통해 제품 구매가 필요한 시기에 따라 유리한 가격을 제시할 수 있으므로 체계적인 구매 절차를 시행할 수 있다. 구매 관리는 구매업무에 있어 매우 중요한 활동으로 이익을 발생할 수 있다.

- 구매 제품에 따른 전표번호를 기록한다.
- 예정 구매 제품에 따른 품명과 수량을 기록하고 단가 금액도 기록한다.
- 구매 관리에 대한 구입 기일과 구매처를 분명하게 작성한다.
- 실제 구매한 제품의 구매처를 기록한다.
- 제품의 수량과 단가를 기록하여 금액을 작성한다.
- 예정 제품과 실제 제품의 기록을 비교할 수 있도록 정확하게 작성한다.

구매관리기법

가치분석법

밸류 엔지니어링(value engineering)또는 가치공학이라고도 하며, 구매 관리에 IE(industrial engineering)를 도입한 것으로 어떤 상품이나 용역을 그 용도와 관련하여 그 가치를 분석하고 요구되는 최소의 질을 보장할 수 있는 좀 더 값이 싼 디자인이나 부속품, 또는 재료로 조직적으로 대체해 나감으로써 구매원가를 절감하는 기법이다.

이 기법에서 고려되어야 할 요소는, ① 목적 및 용도, ② 용법, ③ 대체 가능성, ④ 부품 생략여부, ⑤ 원가절감방법 및 가능성 등이다. 또한 이 기법은 구매부문에 전문기술자를 참가시켜 ① 현재의 구매품을 재검토, 가격이 인하되도록 개선하고, ② 신제품 설계에 있어 원가절감에 필요한 자료들을 제공, 협동하며, ③ 업자를 포함한 적극적인 협동체제를 확립, 업자의 전문지식 · 정보 · 아이디어를 받아들이는 등의 제활동을 하게 한다.

표준화 및 단순화법

표준화는 생산활동에 있어서 정상적인 혹은 표준에 맞는 재료나 부품, 표준작업 방법을 사용하도록 하는 구매원가 절감의 한 기법이다. 이와 같이 재료나 부속품 그리고 그 작업방법을 표준화함으로써 대량구매의 이점을 얻을 수 있고, 또 작업과정에서 노무자들이 빨리 그 작업에 익숙해질 수 있어 노동능률이 향상되어 원가절감이 가능해진다. 단순화는 구입해야 할 원료나 소모품 등의 품목이나 종류를 될 수 있는 한 적게 줄이고 또 창고에 보관할 재고품의 종류를 적게 하여 원가를 절감하는 구매원가 절감의 한 방법이다. 이와 같이 재료의 크기나 모양 및 그 질의 종류를 줄여 단순화가 이루어진다면, 재고관리나 장부정리상 이점은 물론 작업과정에서도 많은 노무비의 절약이 가능해진다. 나아가 단일품목의 대량구입이 가능하기 때문에 할인의 혜택 등 여러 원가절감이 가능해진다.

ABC 분석

ABC 분석은 '가치의 크기에 대응한 노력의 투입' 원리에 근거한 재고관리 방식으로서 재고품의 과부족을 균형화 또는 평준화시켜 주는 수단으로 이용하기 위한 분석방법이다. 모든 부품 및 재료를 A · B · C의 3집군(集群)으로 분류하여 비용이 크고 수량이 적은 A품목, 반대로 비용이 낮고 수량이 많은 것은 C품목, 그 중간을 B품목으로 하여, A품목에 대해서는 각별한 주의를 기울여 중점적으로 재고관리를 하고, B품목에 대해서는 적당히 하는 대신 C품목(혹은 그 이하)에 대해서는 최저로 주의를 기울이는 재고관리 방법이다. 이 ABC분석에 의한 재고관리를 통해 구매원가의 절감은 물론 구매 관리의 효율화를 기할 수 있다.

🖱 경제적 주문량

재고자산의 구입량은 구매에 따르는 비용이나 구입대가의 에누리 (allowance)나 할인(discount)을 얻기 위해, 가능하다면 1회 대량으로 구매하는 것이 유리하며, 재고유지비용을 감소하기 위해서는 소량주문이 유리하다. 이와 같이 양자의 비용을 합계해서 최소로 되는 주문량이 가장 유리한 구매량인데 이를 경제적 주문량이라 한다

02 재고 관리

재고관리라고 하면 일반적으로 재고수량을 관리하는 것으로 생각하는 경향이 있다. 물론 수량관리가 중요한 것임에는 틀림없지만, 재고관리가 수량관리만을 주안으로 하는 것은 아니다. 오늘날과 같은 정보사회에서 기업은 여러 정보들을 접하게 되며, 이러한 정보들을 잘 파악하여 기업이 도태되지 않도록 하는 것이 재고관리이다.

기업에는 적든 많든 비축되는 물품이 있게 된다. 이 물품을 관리하여 기업의 목표를 달성할 수 있도록 하는 것이 재고관리의 역할이라고 말할 수 있다. 재고관리를 잘 수행하면 다음과 같은 이점을 가질 수 있다.

먼저 자금의 운용이 수월해지고, 재고에 필요되는 투자액을 극단적으로 0으로 할 수 있기 때문에 기업경영이 수월해진다. 또한 재고관리에 필요한 자

금을 경영의 다른 자금으로 돌릴 수 있어 새로운 측면에서의 발전가능성을 높일 수 있다. 따라서 생산관리가 최적 상태로 되어질 수 있게 된다. 또한 재고관리는 공정관리를 훌륭하게 추진시킬 수 있는 기초가 된다. 즉 기업이 생산하는 물품에 결점이 있을 때, 재고관리를 통해서 공정상의 문제점을 근본적으로 제거할 수 있다. 그밖에 운반관리와 창고관리도 효율적으로 행해질 수 있게 되며, 곳곳에 산재하기 쉬운 물품을 깨끗이 정돈함으로써 공장의 시설계획 및 배치가 좋아진다.

재고관리의 역할을 수행하기 위한 재고관리의 업무내용은 재고관리의 방침, 재고품목, 재고품의 구분, 재고수량, 재고통제, 재고기간, 재고방법, 재고설비, 재고비용, 정보처리와의 관계, 재고관리의 운영, 재고관리 조직 등이다.

공급자주도형 재고관리는 유통업체가 제조업체에 판매·재고정보를 전자문서교환으로 제공하면 제조업체는 이를 토대로 과거 데이터를 분석하고 수요를 예측하여, 상품의 적정 납품량을 결정하는 시스템 환경이다. 유통업체는 재고관리에 소모되는 인력, 시간 등의 비용절감 효과를 기대할 수 있고, 제조업체는 적정생산 및 납품을 통해 경쟁력을 유지할 수 있다.

의류 입출고·재고 관리 실시간으로
게리웨버, IOT 채용…매출 30% 급증

"재고 수량과 사이즈 재고 위치가 바로 파악돼 판매기회를 놓치지 않아요." 사물인터넷 전문기업 큐빗에 따르면 세계 유명 패션그룹인 '게리 웨버(GERRY WEBER)'가 스타시스템을 도입한 후 재고 관리로 매출이 30% 높아졌다.

'게리 웨버'는 2013년 각 매장마다 의류 입출고와 재고 관리를 실시간으로 할 수 있는 큐빗 스타시스템을 도입했다. 이 시스템은 실시간 위치추적이 되는 최첨단 무선전파인식(RFID) 솔루션이다. 게리 웨버 관계자는 "실시간으로 재고 위치와 수량 파악을 한 눈에 할 수 있게 돼 관리비용 절감 효과가 나타났다"고 말했다.

이 관계자는 "재고가 있는데 진열이 안 돼 있거나 상품이 있는데 사이즈를 못 찾을 때 고객에게 빠르게 보여 줄 수 있어 판매 기회가 높다"고 말했다.

큐빗의 스타시스템은 태그가 붙은 사물 이력과 위치가 파악돼 실시간 추적이 가능하다. 나사의 무선데이터 통신전송 시스템을 응용한 기술이다. 기존 리시버 감도를 10만배 이상 향상시켰으며 장애물에 관계없이 200m까지 태그인식이 가능해졌다. 인식률도 거의 100%에 가깝다. 하나의 스타시스템으로 최대 9만2903㎡ 관리가 가능하다.

큐빗 김종우 대표는 "이 시스템을 도입한 기업 본사가 창고를 포함해서 전 매장 재고를 실시간으로 확인할 수 있기 때문에 필요한 상품에 대한 추가생산과 재고 물량 수거, 할인 행사에 빠르게 대처할 수 있다"고 설명했다.

그는 "재고율이 떨어진 만큼 매출 향상에 매우 효과적이어서 소매 관련 업계에서 스타시스템이 주목받고 있으며 제조 공정에서는 자산 관리와 보안 안전관리까지 여러 산업분야에서 적용된다"고 말했다.

한국섬유신문. 2015. 06. 15.

사례에서 보듯이 재고관리(inventory management)는 수요와 공급 사이의 불일치에 대한 완충작용을 도모하여 원활하게 작업이 이루어지도록 하는 것으로, 그 목적은 자재와 최종제품의 계획, 보관, 이동 및 통제이다. 즉, 재고관리의 목적은 최소의 비용으로 원하는 서비스 수준을 유지하기 위하여 적절한 물품을 적절한 가격으로 적절한 시기에 구입하는 것이다.

(1) 재고관리의 기능

❶ 시간 요소 : 제품이 최종 소비자에게까지 도달하는데 긴 소요시간이 필요한데, 재고는 이러한 시간의 한계를 극복할 수 있게 한다.

❷ 불연속성 요소 : 제품의 흐름은 납품업자 → 공장 → 창고 → 도매업자 → 소매업자 → 고객이며, 각 지역사이에는 실시간으로 흐르지 못하고 서로 독립적으로 운영되기 때문에 재고가 필요하게 된다.

❸ 불확실성 요소 : 재고는 수요예측의 오차, 납기지연으로 인하여 발생 가능한 품절 가능성을 완화시켜준다.

❹ 경제성 요소 : 재고는 대량구매에 의한 할인이나 수송비 절감 또는 주문비의 절약을 도모할 수 있고 또한 자재비의 상승에도 대처할 수 있게 한다. 또한, 제조원가를 절감하기 위해 평준화 생산을 달성하여 비수기에도 지속적인 생산을 하여 성수기에 대처할 수 있도록 한다.

(2) 재고의 기능에 따른 재고 분류

❶ 안전재고 또는 완충재고 : 운송의 지연이나 계획에 없는 생산 중단의 위험 또는 예기치 못한 고객 수요의 증가에 대비한 재고로서 미래의 불확실성에 대한 보호기능을 갖고 있다.

❷ 분리재고 : 생산을 동일하게 맞춰나갈 수 없는 이웃하는 공정이나 작업들 사이에 필요한 재고이다.

❸ 예상재고 또는 계절재고 : 계절적인 성수기의 수요에 대비하는 재고로써 생산요소를 계획할 수 있다.

❹ 운전재고 : 한번 주문한 양으로 다시 주문할 때까지 이용하는 동안에 필요한 재고로써 운전재고 또는 경제적 주문량(생산량)재고라고 한다.

❺ 운송 중 재고 : 주문은 이루어졌지만 아직 납품이 이루어지지 않고 운송 중에 있는 재고이다.

❻ 투기재고 : 원자재의 부족 또는 고갈이나 인플레이션 등에 따른 가격인상에 대비하여 미리 확보해두는 재고이다.

 ABC분석

1951년 데키(H. F. Deckie)에 의하여 제창된 재고관리기법으로서 이를 파레토 분석기법 또는 통계적 선택법이라고도 한다. ABC 분석에서는 수량은 적으나 비용이 많이 드는 것을 A급 품목집단에, 수량은 많으나 비용이 적게 드는 것을 B급 품목집단에 그리고 수량은 더욱 많으나 비용이 가장 적게 드는 것을 C급 품목집단에 등급별로 구분하여 관리한다. ABC 분석의 일반적인 구분점은 다음과 같다.

구분	전 품목에 대한 비율(%)	총 사용금액에 대한 비율(%)
A	5~10	70~80
B	10~20	15~20
C	70~80	5~10

A급 품목집단은 가장 효과적으로 그리고 철저히 관리되어야 하고, B급과 C급은 관리를 간소화하고 효율을 높이는데 중점을 두어야 한다. A급 품목집단은 사용빈도가 높고, 고가품목으로 연간 사용량이 많거나 연간 사용금액이 높은 품목을 말한다. C급 품목집단은 연간 사용량이 적고 싼 품목이거나 사용빈도가 지극히 낮고 연간 사용금액이 낮은 품목이다.

ABC 분석은 과거 실적자료의 과학적이고 합리적인 분석과 기타 고려되어야 할 요소의 통계적 자료의 효과적 활용 없이는 실효를 거두기 어렵다.

03 물류 관리

생산에서 소비에 이르기까지의 물적 유통(物的流通)을 합리적이고 효율적으로 만드는 일로 운송, 보관, 하역으로 나눌 수 있다.

(1) 운송시스템

운송이란 인간과 물자를 한 장소에서 다른 장소로 이동시키는 물리적 행위를 말한다. 운송의 형태는 자동차운송, 철도운송, 해상운송, 항공운송이 있다.

(2) 보관시스템

보관(storage)이란 물품의 생산과 소비의 거리를 조정하여 시간적 효용을 창출하는 기능을 가지고 있다. 물류 활동 면에서 보관은 생산에서 소비에 이르는 물량l 흐름의 일부이므로 적시에 원료 및 부품을 공급하여 생산을 원활하게 하고 또한 그 제품을 수요에 적합하게 출하하여 판매효과를 높이는 것이 주요 기능이다.

창고와 자재취급에 소요되는 비용은 수송비 및 생산, 구매비와 상쇄되는 효과가 있다. 즉, 일정량의 재고를 창고에 유지함으로써 기업은 경제적인 생산규모와 순서를 유지해서 생산비를 낮출 수 있다. 이렇게 하여 기업은 불확실한 수요패턴과 변화에 대응하기 위해 생산량을 불규칙하게 변동시키는 것을 피할 수 있다. 또한, 창고에 재고를 보관함으로써 한 번에 대량의 화물을 운송하게 되어 수송비를 절감하는 효과를 얻을 수 있다. 따라서 보관시스템의 목적은 적정수준의 재고보유를 통하여 창고비, 생산비 그리고 수송비가 상쇄되어 총비용이 최소화되게 하는 것이다.

물품의 운송 및 보관과 관련하여 발생되는 작업으로 각종 운반 용구에 화물을 싣고 내리는 것을 의미한다. 보관을 위한 입·출고, 창고에서의 쌓기와 내리기 또는 이에 부수된 구분 및 품목 갖추기 등 모든 작업을 의미한다.

(3) 하역시스템

❶ 물품이 생산지부터 소비지까지 이동하는 유통과정, 즉 포장, 보관, 운송의 과정에서 일어날 수 있는 물품의 파손 등의 위험으로부터 물품을 보호하기 위한 기능

❷ 물품의 외형을 미화시켜 소비자로 하여금 구매의욕을 불러일으킬 수 있도록 하는 판매촉진 기능

❸ 기능면에서 운송과 보관의 일부를 형성하고 있으므로 하역자체가 갖는 가치보다는 운송, 보관 능력의 효율 향상을 지원하는 기능

CHAPTER

09

재무

CHAPTER 09

재무

01 재무관리

기업이 필요로 하는 자금을 합리적으로 조달하고, 조달된 자금을 합리적으로 운용하는 것을 말한다. 재무관리의 기능은 학자에 따라 각각 달리 표현되고 있으나, 자본조달결정과 투자결정이 가장 핵심적인 기능이라고 할 수 있다. 투자결정은 불확실한 미래에 얻을 대가를 예상하고 자금을 투입하는 결정을 말한다.

그래서 어떤 투자 대안에 대한 가치를 평가한다든가 자본의 할당과 관련되는 문제를 해결해야 할 경우 위험 및 불확실성이라는 요인이 고려되어야만 한다. 투자결정은 자본의 조달에 의해 뒷받침되는 것이므로, 자본조달결정도 투자결정과 함께 중요한 문제가 된다. 자본조달결정은 여러 가지 자본조달의 원천 중에서 가장 저렴한 비용을 갖고 있는 원천을 선택하는 문제와 자본구조를 형성하는 문제가 초점이 된다.

　재무관리의 기능은 기업의 모든 기능간의 내부조정적인 의미를 내포하고 있으며, 실제로 기업의 모든 의사결정이 자금의 흐름을 필요로 하는 것이기 때문에 재무관리의 목표는 기업의 목표와 일치하게 된다. 일반적으로 기업의 목표는 이윤의 극대화이며, 이것은 주주나 기업의 소유가치 또는 부의 극대화임을 뜻한다. 그러므로 자본비용을 극소화하고 투자가치를 극대화하도록 자본조달결정과 투자결정을 하고, 이를 통해 기업의 목표를 달성할 수 있도록 하는 것이 재무관리이다.

02 회계

　모든 기업과 국가를 포함한 많은 비기업 조직들은 끊임없이 화폐ㆍ재화를 거래한다. 영리를 추구하는 집단이라면 그 조직의 경제적 상태와 경제활동의 성과를 평가하는 데 필요한 정보로 회계를 한다.

　일련의 정식화된 절차에 따라 재무업무를 정리, 기록하는 것을 부기라고 하며, 이를 통해 얻어진 자료를 정리하여 주주ㆍ채권자ㆍ중개인ㆍ공무원 등과 같은 조직 외부의 사람이 사용할 수 있도록 분기 또는 연도마다 문서화하는 경우, 그것을 재무회계라고 한다. 또한 조직관리를 계획하고 조직 활동을 조정하기 위해 대개 월 단위로 문서화되는 경우 이를 관리회계라고 한다. 회계제도는 일상적인 업무에 필요한 재무기록을 작성하고 조직의 자산을 관리하기 위해 조직 내부의 통제체계를 구성하는 데도 도움을 준다. 또한 납세신고서나 그 외의 공식보고서를 작성하는 데 필요한 자료를 제공한다.

재무회계를 통해 작성되는 정기보고서에는 재무상태표·손익계산서·자본변동표·현금흐름표·주석 등 5가지가 있다.

재무상태표는 일정 시점을 기준으로 기업이 운영하고 있는 자산이나 재원, 기업의 부채, 기업 소유자의 지분을 정리·작성한다. 이때 소유자의 지분은 주식의 구매를 통해 소유자들이 제공하는 자금과 유보이익을 합친 것이다.

손익계산서는 일정기간 동안 조직 운영을 통한 총수익, 조직 운영에 투입된 비용, 순수익을 정리한다.

자본변동표는 대개 현금이나 운전자본 등의 자금이 일정기간 동안에 어떻게 조달되고 활용되었는가를 분석한다.

현금흐름표는 일정기간 동안 현금유입과 현금유출에 대한 정보를 제공한다.

상각 또는 감가상각으로 알려진 자산비용의 분배, 소득 측정, 당해 수익에 대한 비용의 대응, 화폐의 구매력 변동에 따른 비용의 조정 등 복잡한 문제는 수많은 관습상의 규칙과 실무적인 지침에 따라 이루어진다.

조직 내의 회계 담당자가 작성한 회계서류는 철저한 정확도를 유지하고 회계실무의 관행에 부합하도록 다시 조직 외부의 회계감사관이 검사하고 의견을 표명한다. 이들 감사관은 독립회계사로 보통 공인회계사(certified public accountant/CPA)로 불린다. 관리회계의 목적은 조직을 운영하는 데 소요되는 여러 가지 비용과 그 비용을 서로 비교할 수 있는 기준에 관하여 확실하고 시기적절한 정보를 제공하는 것이다. 또한 예산편성을 지원하고 예산에 기초해 성과를 평가하여 이윤과 같은 조직의 성과를 분석하기도 한다. 그리고 회계 담당자는 특정한 사업을 일정 수준으로 운영하는 데 필요한 현금의 크기를 예측하여 경영자에게 보고한다.

이윤목표량이 사업전략의 주요구성부분이기는 하지만 이러한 정보 또한 지불만기의 채무를 청산할 수 있는 기업의 유동성을 확보해준다는 점에서 필수적이다.

재무제표 보는 방법

　재무제표란 기업의 자산과 부채 및 자본, 이익과 손실의 발생과정, 그리고 실제 현금흐름을 나타내는 표이다. 자산과 부채는 재무상태표로 나타내고, 이익과 손실의 발생과정은 손익계산서, 그리고 실제 현금흐름은 현금흐름표로 나타낸다. 재무제표는 기업을 평가하는 수단이다.

재무상태표에서 차변의 합과 대변의 합은 언제나 일치하게 된다.

재무상태표
2015년 12월 31일 현재(단위 : 백만원)

자산		부채	
유동 자산	6,500	유동 부채	4,200
현금 및 현금성자산	4,000	매입채무	1,000
매출채권	1,700	단기차입금	2,500
재고자산	800	미지급금	700
		비유동부채	8,900
비유동자산	9,400	사채	2,600
투자자산	3,500	장기차입금	6,300
유형자산	5,000	부채총계	13,100
무형자산	900	자본	
		자본금	2,000
		이익잉여금	800
		자본총계	2,800
자산 총계	15,900	부채와 자본 총계	15,900

화폐증권　주식 등　채권(타인자본)　주식(자기자본)

재무상태표
2015년 12월 31일 현재(단위 : 백만원)

자산		부채	
유동 자산	6,500	유동 부채	4,200
현금 및 현금성자산	4,000	매입채무	1,000
매출채권	1,700	단기차입금	2,500
재고자산	800	미지급금	700
		비유동부채	8,900
비유동자산	9,400	사채	2,600
투자자산	3,500	장기차입금	6,300
유형자산	5,000	부채총계	13,100
무형자산	900	자본	
		자본금	2,000
		이익잉여금	800
		자본총계	2,800
자산 총계	15,900	부채와 자본 총계	15,900

수익 〉 비용
총수익 = 총비용 + 순이익
수익 〈 비용
총비용 = 총수익 + 순손실

손익계산서	
2015년 1월 1일~2015년 12월 31일(단위 : 백만원)	
수익	25,000
매출 원가	20,000
매출 총이익	5,000
기타 수익	3,000
물류원가	2,000
관리비	250
기타 비용	750
금융원가	1,500
법인세비용차감전순이익	3,500
법인세비용	700
계속영업이익	2,800
중단영업손실	400
당기순이익	2,400

재무상태표 자산(재고자산) 감소 및
자산(매출채권 및 현금) 증가

운영자금 및 투자를
위한 자금조달비용

주식가치
상승

채권 발행
또는 증자

자본 변화(배당 또는 내부유보)

재무상태표	
Ⅰ. 유동자산	Ⅰ. 부채
1. 당좌자산	1. 유동부채
2. 재고자산	2. 비유동부채
Ⅱ. 비유동자산	Ⅱ. 자본
1. 투자자산	1. 자본금
2. 유형자산	2. 자본잉여금
3. 무형자산	3. 자본조정
4. 기타 비유동자산	4. 기타포괄손익누계액
	5. 이익잉여금(또는 결손금)

자산

자산은 남에게 빌린 여부와 관계없이 자신(또는 기업)이 가지고 있는 재산의 총액을 말하며, 기업회계기준서상 자산은 유동자산과 비유동자산으로 분류하도록 하고 있다.

유동자산은 당좌자산과 재고자산으로, 비유동자산은 투자자산, 유형자산, 무형자산, 기타비유동자산으로 세분한다.

(1) 유동자산

유동자산이란 1년 또는 정상적인 영업주기 내에 현금화 또는 실현될 것으로 예상되는 자산은 유동자산으로, 이외의 자산은 비유동자산으로 분류한다.

❶ 사용의 제한이 없는 현금 및 현금성 자산

❷ 기업의 정상적인 영업주기 내에 실현될 것으로 예상되거나 판매목적 또는 소비목적으로 보유하고 있는 자산(정상적인 영업주기 내에 판매되거나 사용되는 재고자산과 회수되는 매출채권 등은 재무상태표일로부터 1년 이내에 실현되지 않더라도 유동자산으로 분류한다.)

❸ 단기매매 목적으로 보유하는 자산

(2) 당좌자산

당좌자산은 유동자산 중 기업이 원할 경우 즉각적인 현금화가 이루어질 수 있는 자산을 말한다. 즉, 당좌자산은 유동자산으로 분류되는 자산 중 재고자산에 속하지 아니하는 자산을 말한다.

(3) 재고자산

재고자산은 기업이 현재 판매를 위하여 생산 중인 자산 또는 생산을 위하여 직간접으로 소비되는 자산 및 판매를 위하여 보유하고 있는 자산을 총칭하는 말이다.

(4) 비유동자산

비유동자산이란 설비자산이라고도 부르며, 기업이 장기간 영업활동을 수행하기 위하여 보유하는 자산 또는 장기간 타인의 사용이 제한된 자금적 자산을 총칭하여 사용하는 말이다. 여기서 장단기의 구분은 통상적으로 1년을 기준으로 판단한다.

(5) 투자자산

투자자산이란 타기업 지배와 장기시세차익 및 배당 등을 목적으로 장기간 보유하고 있는 자산으로써 유형자산, 무형자산에 속하지 않는 자산을 말한다.

(6) 유형자산

유형자산은 재화의 생산이나 용역의 제공, 타인에 대한 임대, 또는 자체적으로 사용할 목적으로 보유하는 물리적 형체가 있는 자산으로서 1년을 초과하여 사용할 것이 예상되는 비화폐성자산을 말한다.

(7) 무형자산

무형자산은 재화의 생산이나 용역의 제공, 타인에 대한 임대 또는 관리에 사용할 목적으로 기업이 보유하고 있으며, 물리적 형체가 없지만 식별가능하고, 기업이 통제하고 있으며, 미래 경제적 효과와 이익이 있는 비화폐성자산을 말한다.

> **SK텔레콤, 이익잉여금 1조2500억원 '더 쌓았다'**
> **LG유플러스도 2천억원↑… KT만 9천억원 감소**
>
> 국내 이동통신 시장의 선두 업체인 SK텔레콤이 지난 1년 간 회사 안에 1조원이 훌쩍 넘는 이익잉여금을 쌓은 것으로 나타났다.
> 빨라지는 무선통신 속도만큼 소비자들의 통신요금 부담도 늘어가는 상황이어서 이동통신 요금 인하를 요구하는 목소리는 점점 더 커질 것으로 보인다.
> 10일 〈파이낸셜투데이〉가 금융감독원 전자공시시스템에 공시된 SK텔레콤과 KT, LG유플러스 등 이통3사의 분기보고서를 분석한 결과, 이들 업체의 올 1분기 말(3월 31일) 기준 이익잉여금은 총 23조6183억원으로 전년동기(23조1290억원) 대비 2.1% 증가했다.
> 이익잉여금은 기업의 경상적인 영업활동과 고정자산의 처분, 그 밖의 자산의 처분 및 기타 임시적인 손익거래에서 생긴 금액 중 주주에게 배당

금으로 지급하거나 자본으로 대체되지 않고 남아있는 부분을 의미한다. 즉, 기업이 영업활동을 통해 벌어들인 현금 중 사내에 쌓아둔 돈인 셈이다.

이동통신 3사 이익잉여금

단위 : 원
출처 : 금융감독원

23조
1,290억

2014년 1분기 말

23조
6,183억

2015년 1분기 말

회사별 이익잉여금	
회사명	액수
SK텔레콤	14조297억원
KT	8조8076억원
LG유플러스	7810억원

2015년 1분기 말 기준
출처 : 금융감독원

업체별로 보면 SK텔레콤과 LG유플러스의 이익잉여금이 늘고 KT만 줄어드는 추세를 보였다. 부진한 실적 개선에 모든 역량을 쏟아 붓고 있는 KT를 제외한 나머지 이통사들은 사내에 현금을 차곡차곡 쌓은 셈이다.

SK텔레콤의 이익잉여금은 올 1분기 말 기준 14조297억원으로 가장 많았다. 전년동기(12조7726억원)와 비교하면 9.8% 증가했다. LG유플러스의 이익잉여금 역시 7810억원으로 같은기간(5787억원) 대비 35.0% 급증했다. 증가율만 놓고 보면 이통3사 중 가장 높았다.

반면 KT의 이익잉여금은 9조7777억원에서 8조8076억원으로 9.9% 감소했다.

출처 : 파이낸셜투데이, 2015.7

CHAPTER

10

지속가능 경영

지속가능
경영

    1992년 유엔 지구정상회의에서 인류 차원의 새로운 성장 패러다임으로 선언한 '지속가능개발'을 경영활동에 도입한 것으로 기업의 환경경영과 사회 공헌 활동 등을 포괄하는 개념으로 경영 활동에 환경과 사회적인 이슈가 부각되면서 기존의 경영 방식 전반을 다시 검토하는 과정에서 등장했다. 기업의 모든 경영 활동 과정을 경제적 수익성, 환경적 건전성, 사회적 책임성을 바탕으로 통합 추진해 지속가능 발전을 추구하는 경영 활동을 말한다. 지속가능경영은 사회 책임경영(CSR)으로 기업의 사회적 책임과 동일한 개념이기도 하다.

 # CSR(Corporate Social Responsibility)

기업 활동에 영향을 받거나 영향을 주는 직간접적 이해 관계자에 대해 법적, 경제적, 윤리적, 자선적 책임을 감당하는 경영 기법을 말한다. 기업의 수익 추구와는 무관하며 주로 기업의 평판 관리에 활용된다고 보는 시각이 있는가 하면, 기업의 수익 추구와 밀접한 관련을 맺고 있다는 해석도 있다. 2013년 2월 한국경제연구원은 '다시 CSR을 말하다: 기업의 사회공헌의 새로운 방향'이란 세미나를 열고 "기업들의 사회공헌 활동을 '노블레스 오블리주'를 실현하는 행위가 아니라 (기업 영속을 위한) 투자 행위로 봐야 한다"라고 말했다.

CSR은 주로 자선, 기부, 환경보호 등 사회공헌 활동으로 나타난다. 전국경제인연합회가 2010년 펴낸 『2010 기업 · 기업재단의 사회공헌백서』에 따르면, 한국 기업의 CSR은 매년 큰 폭으로 증가하고 있다. 2004년 1조 2,284억 원, 2005년 1조 4,025억 원, 2006년 1조 8,048억 원, 2007년 1조 9,556억 원, 2008년 2조 1,604억 원으로, 매년 8~23퍼센트 증가해왔다. 글로벌 금융위기 직후인 2009년의 경우에도 국내 주요 기업의 CSR 관련 지출은 전년보다 22.8퍼센트 늘어난 2조 6,517억 원이었다.

기업은 자선과 기부 등을 내세우며 사회적 책임을 다하고 있다고 강조하지만, CSR은 기업의 필요나 선택에 따라 이뤄지기 때문에 다른 측면의 단점을 가리는 수단으로 활용될 여지가 있다는 지적도 있다. 자선과 기부의 이면에서는 입점 업체들에게 각종 판촉비용 부담까지 강요하는 유통업체들의 횡포, 비자금 조성과 편법 재산상속 등 갖가지 사회 문제가 반복적으로 발생하고 있다는 비판이다. 사회적 논란거리가 많은 기업일수록 CSR에 더 적극적이라는 분석도 있다. 예를 들어, 올림픽과 월드컵 등 세계적인 스포츠 이벤트는 CSR의 경연장이기도 하다. 세계의 이목이 집중되는 스포츠 이벤트를 통해 기업의 이미지를 친사회적, 윤리적, 친환경적으로 치장할 수 있기 때문이다. 고칼로리 · 고당분 정크푸드를 판매한다는 비판을 받고 있는 코카콜라와 맥도날드는 '지속가능성'을 기치로 내건 2012년 런던올림픽에 후원사로 참여해 사회적 가치를 생각하는 기업이라는 이미지를 각인시키기 위해 안간힘을 썼다는 평을 받았다.

가치 중시경영은 기업경영의 최우선순위를 가치창출에 두는 것을 의미한다. 경영의 초점을 매출액 증대나 시장점유율 확대, 단순한 적정이익 확보에 두는 것이 아니라 중장기적 가치에 초점을 두는 것이다.

가치경영은 특히 진정한 이익이라고 할 수 있는 '현금흐름(Cash Flow)'을 장기적으로 최대화하는 것을 목표로 한다. 이를 위해서는 미래의 현금흐름 예상치를 현재의 가치로 계산해 경영관리지표로 만들어야 하는 만큼 가치경영은 기업의 성과측정과 의사결정과정을 명확히 하는 효과를 가져다 준다.

요컨대 기업경영의 근본으로 돌아가 외형적 성장이나 장부상의 이익이 아니라 실질적 이익이 나도록 경영을 혁신시킨다는 것이 가치 중시경영의 기본개념이다.

또한 가치 중시경영을 위해서는 기업이 창출한 가치가 시장에서 정확히 평가돼 투자자들의 이익이 적정수준으로 보장되어야 한다. 이를 위해서 '부가시장가치(MVA : Market Value Added)'와 경제적부가가치(EVA : Economic Value Added) 개념이 중시된다.

'부가시장가치(MVA)'는 기회비용의 관점에서 기업이 투자자의 금액을 얼마나 효과적으로 활용하여 부가가치를 높이고 있는가를 나타내는 것이다.

'경제적부가가치(EVA)'는 기업이 벌어들인 영업이익 가운데 세금과 자본비용을 뺀 금액, 즉 투하자본과 비용으로 실제로 얼마나 이익을 많이 벌었는가를 나타낸다.

투하자본수익률은 기업이 투하자본으로 얼마의 세후 영업이익을 올렸는가를 나타내는데 세후 영업이익을 투하자본으로 나누어서 구한다.

$$
\begin{aligned}
투하자본수익률(ROIC) &= \frac{세후영업이익}{투하자본} \\
&= \frac{매출액}{투하자본} \times \frac{세후영업이익}{매출액} \\
&= (투하자본회전율) \times (매출액세후영업이익률)
\end{aligned}
$$

결국, 투하자본수익률을 높이기 위해서는 투하자본의 회전율, 즉 활동성을 높이거나 매출액 세후영업이익률, 즉 마진을 높이는 것이 관건이다.

경제적 부가가치란 기업이 영업활동을 통하여 창출한 부가가치를 의미. 투하자본수익률과 가중평균자본비용의 차이에 투하자본을 곱한 값으로 기업이 영업활동을 통하여 달성한 이익에서 투입된 총 자본비용을 뺀 다음에 기업이 창출한 경영성과이다. 회계적 이익은 타인자본비용만을 반영하여 계산된 손익결과인데 반해서 경제적 부가가치 또는 경제적 이익은 자기자본의 사용에 따른 기회비용까지 포함하는 가중평균자본비용을 기업이 창출한 수익에 대하여 차감함으로써 보다 실질적인 기업의 경영성과가 측정가능하다.

$$
EVA = 투하자본(IC) \times [투하자본수익률(ROIC) - 가중평균자본비용(WACC)]
$$
〈양적 측면〉 〈질적 측면 : 초과수익률〉

02 윤리경영

　21세기 세계경제는 하나의 거대한 블록화된 단위 구조로 형성된 경제 기반 위에서 영위되고 있다. 이러한 세계경제의 새로운 흐름은 우리나라로 하여금 국제화, 글로벌화를 지향하지 않으면 안되도록 환경이 변화하고 있다.

　국제경제의 틀 속에서 세계 각국은 새로운 경제질서의 패러다임을 받아들이지 않을 수 없을 정도로 각국의 경제는 세계경제의 질서 속에서 상호 빈번한 교류와 접근 내지는 거래가 이루어지고 있다. 이렇게 글로벌화된 경제체제에서 세계 각국은 새롭게 제시되고 있는 국제적 기준에 의해 거래 요건이다.

　환경문제를 무역 장벽과 연계한 그린라운드(GR: Green Round), 노동여건과 근로 기준을 무역 장벽과 연계한 블루라운드(BR: Blue Round), 과학(科學, science)과 기술정책을 연계한 테크노라운드(TR: Technology Round), 규제라운드라고 불리는 경쟁라운드(CR: Competition Round), 비윤리적인 기업의 제품 및 서비스를 규제하고자 하는 윤리라운드(ER: Ethics Round) 등 무역거래에 있어서 새로운 기준들이 국제거래에 있어 중요한 거래기준으로 자리잡고 있다. 만약 이를 충족시키지 못했을 경우 국제경쟁에서 낙오자가 될 수 밖에 없는 새로운 환경에 노출되어 있는 것이다.

　특히, 최근에 접어들어 뇌물이나 부정부패 등을 강력하게 규제하고자 하는 부패라운드(CR: Corruption Round)의 전개로 국제거래에서 윤리적 기준을 갖춰가는 것이 매우 중요한 과제로 대두되고 있다. 부패라운드는 미국의 주도하에 OECD에서 시작되었다.

　미국은 1976년부터 해외부패행위법(foreign corruption practice act,

U.S.A) 등을 통해서 외국에서의 뇌물행위는 비록 현지국에서 문제를 삼지 않는다 하더라도 미국 국내법에서 처벌하도록 하고 있다. 이러한 부패라운드의 전개는 국제거래 관계에서 윤리경영을 가장 중요한 거래기준의 하나로 제시하고 있으며, 결과적으로 윤리라운드(ER)로 발전해 모든 기업이 윤리강령을 갖도록 하는데 영향을 미쳤다.

OECD에서는 1992년 2월에 외국 공무원 뇌물방지협약을 발효했으며, 2000년에는 국제 공통의 기업윤리강령을 발표하는 등 윤리경영을 가장 중요한 국제거래기준의 하나로 삼고 있다. 우리나라에서도 1999년 2월에 전경련이 기업윤리강령을 발표함으로써 본격적인 윤리경영의 시대를 맞게 되었다.

윤리경영이란 "회사경영 및 기업 활동에 있어 '기업윤리'를 최우선 가치로 생각하며, 투명하고 공정하며 합리적인 업무 수행을 추구하는 경영정신을 의미"한다. 이는 기업경영에 있어서 무엇보다도 윤리, 즉 이익을 추구하는데 투명한 가치관으로 무장하고 공정한 업무를 수행하는 것을 의미한다. 유사한 의미로 "기업이 시장의 윤리, 즉 시장의 질서를 준수하는 동시에 사회적 실체로서 권리와 의무를 다하는 경영"이라고 정의하기도 한다. 이러한 정의는 윤리경영의 개념을 사회적 책임까지를 포함하고 있어 국민권익위원회의 정의보다 좀 더 광의의 의미를 포함하고 있다고 할 수 있다. 즉, 기업의 사회적 책임인 경제적 책임과 법적 책임, 윤리적 책임, 자선적 책임까지를 포함하는 개념으로 볼 수 있는 것이다.

- 그린라운드(GR: Green Round) : 환경문제를 무역 장벽과 연계한 다자간 협상이다.
- 블루라운드(BR: Blue Round) : 노동여건과 근로 기준을 무역 장벽과 연계한 다자간 협상이다.

- 테크노라운드(TR: Technology Round) : 과학과 기술정책을 연계한 다자간 협상이다.
- 윤리라운드(ER: Ethics Round): 비윤리적인 기업의 제품 및 서비스를 규제하고자 하는 다자간 협상이다.
- 부패라운드(CR: Corruption Round): 뇌물이나 부정부패 등을 강력하게 규제하고자 다자간 협상으로 미국의 주도하에 OECD에서 시작하였다.
- 윤리수준의 발전단계 : 무도덕한 단계와 준법단계, 대응단계, 윤리관 태동단계, 그리고 윤리선진단계로 구분할 수 있다.

윤리경영에서 다루는 주요 연구영역은 크게 4가지 영역으로 구분하여 설명할 수 있다. 즉, 윤리의 영역과 윤리의 성격, 윤리의 주체 그리고 관리기능을 중심으로 연구하고 있다. 이를 구체적으로 살펴보면 다음과 같다.

(1) 윤리의 영역

윤리의 영역 혹은 그 행위가 미치는 영역을 중심으로 연구를 하는 것을 의미한다. 여기에는 대내적 기업윤리영역과 대외적 기업윤리영역으로 구분한다. 대내적 기업윤리영역에서는 조직 구성원이 기업조직에 대해 갖게 되는 윤리의식 등을 주요 연구대상으로 한다. 반면에 대외적 기업윤리영역에서는 조직 구성원이 기업의 이해관계자 집단에 대해서 갖는 윤리의식을 연구영역으로 한다.

(2) 윤리의 성격

윤리의 성격 혹은 내용에 따른 연구영역을 보면 소극적 윤리영역과 적극적 윤리영역으로 구분하여 연구한다. 소극적 윤리영역이란 바람직하지 못하거나 비윤리적인 문제를 주요 연구대상으로 한다. 반면에 적극적 윤리영역은 바람직한 문제를 더욱 강화시키는 문제를 주요 연구대상으로 하는 것을 의미한다.

(3) 윤리의 주체

윤리경영에서 다루는 윤리의 주체에 관한 문제는 윤리의 주체를 2가지로 구분한다. 즉, 기업 자체를 윤리의 주체로 하는 경우와 조직 구성원을 윤리의 주체로 설정하여 연구하는 것을 의미한다. 기업 자체를 윤리의 주체로 하는 경우에는 기업에 대한 사회적 기대와 요구에 기업이 어떻게 대응해야 할 것인가를 주요 연구과제로 삼는다. 반면에 조직 구성원을 기업윤리의 주체로 설정하는 경우에는 경영자 윤리와 종업원 윤리로 구분하여 어떤 책임과 자세로 임해야 하는지를 주요 연구대상으로 삼는다.

(4) 관리기능

윤리경영에서 다루는 관리 차원의 윤리경영의 기능문제는 다양한 부문을 포함하고 있다. 즉, 환경문제와 관련된 윤리경영, 허위광고 등과 같은 마케팅 관련 윤리문제, 내부자거래 등과 같은 재무관리 차원의 윤리문제, 생산관리, 회계관리, 정보관리 등과 관련된 제반 윤리문제를 주요 연구대상으로 삼고 있다.

환경문제와 관련된 윤리문제는 각종 환경오염과 관련된 문제를 주요 연구대상으로 하며, 지구온난화 등 국제적 환경 이슈와 환경 관련 국제 협약 등을 주요 이슈로 다룬다.

03 친환경 경영

　지금껏 친환경 콘텐츠와 상품들은 일부의 대안 기업이나 시민단체를 중심으로 이루어져왔던 것이 사실이다. 그러나 이제는 글로벌 기업들도 이러한 흐름에 동참하고 있다. 특히나 주목할만한 것은 이러한 변화가 새로운 제품을 위한 개발 과정뿐 아니라 기존의 서비스나 상품들에도 적극적으로 도입되고 있다는 점이다. 즉 이제는 핵심 제품 개발에 친환경을 더하는 방식으로 새로운 브랜드 스토리를 창조하고 있는 것이다.

　세계에서 가장 많이 팔리는 음료는 무엇일까? 셋 중 한 명은 코카콜라를 떠올릴 것이다. 전세계 수천만이 코카콜라를 마신다. 그 만큼 사용되는 자원도 많을 것이다. 음료수가 많이 소비 될수록 포장재의 원료도 소비된다. 특히 많은 음료 회사들이 사용하고 있는 페트병은 환경 오염에 치명적이다. 코카콜라는 이러한 문제를 해결하고자 다양한 방법으로 제품을 혁신하고 있다. 그 대표적인 것이 바로 플랜트보틀이다. 플랜트보틀은 코카콜라사에서 개발한 환경 친화적 용기를 말한다. 플랜트보틀은 지난 2009년 처음 상용화되어 현재까지 전 세계 20여 개국에서 사용 되고 있다. 기존 페트병의 경우 100% 화석연료로 제작 된다. 그러나 플랜트보틀의 경우 30% 가량을 식물성 소재로 대체하였다. 화석연료의 사용을 줄이기 위한 나름의 노력인 것이다.

　플랜트보틀'은 에틸렌글리콜(MEG)을 석유가 아닌 사탕수수에서 추출한다. 그럼에도 일반적인 페트병에 비해 제품의 완성도가 결코 떨어지지 않는다. 지난 2012년 동아일보 기사에 따르면 플랜트보틀로 인해 2011년 16만 배럴의 석유를 절약했고 이산화탄소 배출량 6만3025t을 감축 했다고 한다.

이는 자동차 약 1만2000대가 운행하지 않는 것과 동일한 수치 라고 한다. 코카콜라사는 1969년부터 지속가능한 환경을 위해 친환경 혁신적인 제품 개발을 지속적으로 추진해 왔다. 또한 제품의 생산 및 유통과정에 있어 환경에 미치는 영향을 면밀히 분석하는 등 환경에 대해 끊임없는 노력을 기울여왔다. 환경을 생각하는 친환경용기인 '플랜트보틀' 역시 그러한 노력의 결과이다. 플랜트보틀의 경우 일부 식물성 소재를 활용해 만든 것이지만 앞으로는 연구개발을 통해 100% 식물성소재를 사용한 제품을 선보일 예정이라고 한다.

또한 코카콜라사는 공병 재활용 캠페인에도 적극적이다. 일본 코카콜라사의 경우는 넨도 스튜디오와 함께 다 쓰고 버려진 콜라병을 모아 이를 다시 분쇄해 새로운 용기를 만드는 원료로 재활용 하고 있다. 또한 예술가들과 함께 콜라병과 콜라박스를 활용한 정크 아트를 선보임으로써 생활 속 재활용 문화 확산에도 기여하고 있다. 공병 재활용을 문화 예술을 활용 소비자들에게 더욱 파급력 있게 전달하는 과정이 매우 흥미롭다. 전세계적으로 물건을 포장하는 포장재는 매년 상당량이 소비된다. 쓰레기 문제로 몸살을 앓고 있는 현대 사회에서 결코 간과 할 수 없는 문제이다. 그렇기에 최대한 포장재를 간소화하는 노력이 있어야 한다. 더불어 포장재의 원료를 쓰레기가 장기적으로 쌓이지 않도록 친환경 생분해성 소재를 적극 활용해야 한다. 또한 포장재를 재활용 하는 노력도 필요하다. 코카콜라 사는 이 3가지 원칙을 비교적 잘 수행한다는 점에서 시사점이 있다

또한, 우리가 일상 생활에서 더욱 깨끗한 세탁을 위해서 쓰는 것이 바로 세제이다. 세제의 경우 장기적으로 물과 땅을 오염시킨다는 점에서 대표적인 반환경적인 상품으로 손꼽기도 한다. 그러나 이미 우리 일상 생활에서 일반화된 세제를 사용하지 않기란 어렵다. 차선의 대안이 필요하다. 비록 세제를 사용하지만 조금 더 환경 친화적인 방법을 찾아볼 수는 있다. 주로 세제

와 비누 등을 생산하는 세계적인 생활용품제조 업체인 P&G의 독특한 친환경 상품이 눈길을 끄는 이유이다. P&G에서 개발한 찬물 전용 세제 타이드 콜드 워터(Tide cold water)가 그것이다.

타이드 콜드 워터는 낮은 온도에서도 천과 옷의 색상에 손상을 주지 않으며 높은 세탁력이 장점이다. 온수를 사용하지 않고도 깨끗한 세탁을 할 수 있어 에너지 절감에 효율적이다. 또한 그 만큼 비용절감효과도 볼 수 있다. 실제로 타이드 콜드 워터를 사용해 7개의 짐(7 loads)을 세탁해본 결과 온수 세탁에 비해 년간 $6.99 절약 효과를 보았다고 한다. P&G는 본 제품을 출시와 동시에 환경 단체인 세이브 에너지 어필리에이션(Save Energy Affiliation)과 함께 찬물 세탁과 관련한 장점 등을 홍보하고 온, 오프에서 대대적인 캠페인을 진행 하고 있다. 또한 연계 캠페인으로 the National Fuel Funds를 통해 저소득 가정에 에너지 요금을 지원한다

이 밖에도 P&G는 다양한 친환경 프로그램을 시행하고 있다. 대표적인 정책으로는 전세계 45개 폐기물 제로 공장을 운영 하고 있다. '폐기물 제로'는 폐기물을 땅속에 매립하지 않고 생산단계에서 발생하는 모든 폐기물을 재활용하는 것을 말한다. 지난 2007년 부다페스트 공장을 시작으로 지속적으로 포장재를 줄이고 다양한 재활용 활동을 통해 매립되는 쓰레기의 양을 줄여왔다. 이들 말에 따르면 일례로 멕시코에 위치한 화장지 브랜드 샤민(Chamin) 공장에서 남는 종이 슬러지는 지역주민을 위한 저비용 지붕 타일을 제작하는 데 사용했으며 미국의 팸퍼스(Pampers) 공장에서 일회용 기저귀와 물티슈를 생산하는 과정에서 발생하는 조각들은 소파나 쿠션 안에 넣는 소재로 재활용했다고 한다. 또한, 영국에서는 질레트(Gillette) 면도용 크림을 만드는데 발생하는 폐기물을 상업용 잔디를 만드는데 활용하고 있다. 전세계 P&G공장에서 사용되는 재료의 1%만이 폐기물로 처리되고 있다고 한다.

한국P&G 역시 '폐기물 제로'를 위한 다양한 정책을 시행하고 있다. 특히 천안공장에서 폐기물의 88%는 재활용 재료로, 나머지 12%는 소각을 통해 열회수로 사용한다. 또한, 내부 친환경 캠페인 클로버(CLOVER: Chonan LOVE Reduce, Recycle, Reuse)를 진행 하고 있다. 클로버 캠페인은 분리수거의 생활화, 종이 재활용, 에너지 감축을 일상화 하는 것이다. 이로 인해 2006년 이후 이산화탄소 배출량 42%, 전력소모율 11%, 물 사용량 45%를 낮추었다고 한다. 이들의 이러한 노력으로 인해 지난 2010년에는 포브스 코리아에서 사회공헌대상을 수상하기도 했다.

사실 완벽한 친환경이란 없다. 인류 사회가 존재하는 것 자체만으로도 수 많은 상품들을 생산하고 제조한다. 그렇기에 그러한 과정에서 발생하는 환경 오염을 근본적으로 차단하기는 어렵다. 그러나 도구를 생산하고 소비하는 과정에서 최소한의 CO_2만을 발생시키고 환경 오염을 조금씩 줄여나갈 수는 있다. 이러한 기업들의 새로운 시도와 서비스의 차별화가 단지 기업의 이미지 마케팅을 넘어 우리 사회에도 필요한 이유이다.

교토의정서
(기후변화협약에 따른 온실가스 감축목표에 관한 의정서)

교토프로토콜이라고도 한다. 지구온난화 규제 및 방지를 위한 국제협약인 기후변화협약의 구체적 이행 방안으로, 선진국의 온실가스 감축 목표치를 규정하였다. 1997년 12월 일본 교토에서 개최된 기후변화협약 제3차 당사국총회에서 채택되었다.

1995년 3월 독일 베를린에서 개최된 기후변화협약 제1차 당사국총회에서 협약의 구체적 이행을 위한 방안으로서, 2000년 이후의 온실가스 감축목표에 관한 의정서를 1997년 제3차 당사국총회에서 채택키로 하는 베를린 위임사항(Berlin Mandate)을 채택함에 따라 1997년 12월 제3차 당사국총회에서 최종적으로 채택되었다. 의정서가 채택되기까지는 온실가스의 감축 목표와 감축 일정, 개발도상국의 참여 문제로 선진국간, 선진국·개발도상국간의 의견 차이로 심한 대립을 겪기도 했지만, 2005년 2월 16일 공식 발효되었다.

의무이행 대상국은 오스트레일리아, 캐나다, 미국, 일본, 유럽연합(EU) 회원국 등 총 37개국으로, 각국은 2008~2012년까지를 제1차 감축공약기간으로 하여 온실가스 총배출량을 1990년 수준보다 평균 5.2% 감축하기로 하였다. 각국의 감축 목표량은 -8~+10%로 차별화하였고 1990년 이후의 토지 이용변화와 산림에 의한 온실가스 제거를 의무이행 당사국의 감축량에 포함하도록 하였다. 그 예로 유럽연합 -8%, 일본 -6% 의 온실가스를 2012년까지 줄이기로 하였다.

감축 대상가스는 이산화탄소(CO_2), 메탄(CH_4), 아산화질소(N_2O), 불화탄소(PFC), 수소화불화탄소(HFC), 불화유황(SF_6) 등의 여섯 가지이다. 당사국은 온실가스 감축을 위한 정책과 조치를 취해야 하며, 그 분야는 에너지효율향상, 온실가스의 흡수원 및 저장원 보호, 신·재생에너지 개발·연구 등도 포함된다.

의무이행 당사국의 감축 이행시 신축성을 허용하기 위하여 배출권거래(Emission Trading), 공동이행(Joint Implementation), 청정개발체제(Clean Development Mechanism) 등의 제도를 도입하였으며, 1998년 11월 부에노스아이레스에서 개최된 제4차 당사국총회에서는 신축적인 제도 운용과 관련한 작업을 2000년까지 완료한다는 부에노스아이레스 행동계획(Buenos Aires Plan of Action)이 채택되었다.

한국은 제3차 당사국총회에서 기후변화협약상 개발도상국으로 분류되어 의무대상국에서 제외되었으나, 몇몇 선진국들은 감축목표 합의를 명분으로 한국·멕시코 등이 선진국과 같이 2008년부터 자발적인 의무부담을 할 것을 요구하였고, 제4차 당사국총회 기간에 아르헨티나 카자흐스탄 등의 일부 개발도상국은 자발적으로 의무를 부담할 것을 선언하였다. 미국은 전세계 이산화탄소 배출량의 28%를 차지하고 있지만, 자국의 산업보호를 위해 2001년 3월 탈퇴하였다.

2012년 카타르 도하에서 열린 제18차 유엔기후변화협약 당사국총회에서는 2013년부터 2020년까지 8년간을 제2차 감축공약기간으로 설정하고, 온실가스를 1990년에 비해 25~40% 감축하기로 합의하였다. 의무감축대상국은 유럽연합과 오스트레일리아, 스위스를 비롯한 37개국이며, 미국·러시아·일본·캐나다 등 전세계 배출량의 절반 이상을 차지하는 주요 국가들이 불참하였다. 한국은 1차 때와 마찬가지로 개발도상국으로 분류되었으나, 자발적으로 선진국과 마찬가지로 온실가스를 감축하기로 하였다. 2008~2012년까지의 1차 공약기간이 각국 의회의 승인을 받아 법적 구속력을 가진 반면, 2013~2020년까지의 2차 공약기간은 각국 정부 차원의 약속으로 법적 구속력이 없는 차이점이 있다.

저자 소개

최 재 식 .... ○
 • 경기과학기술대학교 기초교양학과 겸임 교수

정 형 모 .... ○
 • 단국대학교 대학원 졸업(경영학 박사)
 • 신한대학교 글로벌통상경영학과 겸임교수
 • 경기과학기술대학교, 인천재능대학교 출강

이 충 호 .... ○
 • 단국대학교 경영대학원 졸업
 • 경기과학기술대학교 출강

김 의 하 .... ○
 • 독일 만하임대학교 경영학박사
 • 한국외국어대학교 글로벌 경영대학 경영학과
 • 경기과학기술대학교 출강

열린 창업 실무

초판1쇄 발행 2016년 2월 25일
재판1쇄 발행 2017년 3월 20일

지은이   최재식 · 정형모 · 이충호 · 김의하
펴낸이   임 순 재

펴낸곳   **한올출판사(주)**
등 록   제11-403호
주 소   서울특별시 마포구 모래내로 83(성산동, 한올빌딩 3층)
전 화   (02)376-4298(대표)
팩 스   (02)302-8073
홈페이지   www.hanol.co.kr
e-메일   hanol@hanol.co.kr

값 16,800원 ISBN 979-11-5685-385-5